As paixões do ego
complexidade, política e solidariedade

As paixões do ego

complexidade, política e solidariedade

Humberto Mariotti

Palas Athena

Título original: *As paixões do Ego – Complexidade,*
política e solidariedade
Copyright © Humberto Mariotti, São Paulo, 2000

Coordenação editorial: Emilio Moufarrige
Revisão de provas: Lucia Brandão Saft Moufarrige
Projeto Gráfico: Maria do Carmo de Oliveira
Capa: Fabio Miguez
Foto de capa: Daniela Moreau

Composição e impressão:
Gráfica Palas Athena

Catalogação na fonte do Departamento Nacional do Livro

M342p

    Mariotti, Humberto
       As paixões do Ego : Complexidade, política e solidariedade / Humberto Mariotti. – São Paulo : Palas Athena, 2000.
       356 p. : 16 x 23cm.

    ISBN 978-85-7242-029-7

    Inclui bibliografia.

       1. Complexidade (Filosofia). 2. Civilização – Filosofia. 3. Ego (Psicologia). I. Título.

CDD-154.24

Direitos adquiridos para a língua portuguesa, pela
PALAS ATHENA EDITORA
Rua Leôncio de Carvalho, 99 – sala 1 – Paraíso
04003-010 – São Paulo – SP – Brasil
fone/fax:. (011) 3259.5426
www.palasathena.org.br   editora@palasathena.org.br

3ª Edição - 2008

SUMÁRIO

Antes de começar 15
Agradecimentos 19
Prefácio 21
Introdução 27
    De Ptolomeu a Copérnico 29
    O linear, o sistêmico e o complexo 29
    A difícil passagem à prática 32
    Padrões e competências 35
    A trava do condicionamento 37

1. OS PENSAMENTOS LINEAR E SISTÊMICO   39

As origens do condicionamento 39
    História e arqueologia 44
    Vencer e derrotar 45
    O duplo vínculo 47
    Questionadores ingênuos 47
    O possível e o impossível 51
As muitas lógicas 54
    Razão e sofrimento 55
    A ótica míope do recorte 56
O mundo dividido e o raciocínio sumário 60
"Jurisprudências firmadas" 61

O jogo e seus resultados.............................. 62
A confiança relativa 63
Lições da história 65
A rigidez do preconceito.............................. 66
O pensamento sistêmico................................ 70
    Autopoiese 71
Determinismo e acoplamento estruturais 72
Representacionismo e construtivismo 76
As comunalidades...................................... 80

2. A DANÇA DOS CONCEITOS   83

O linear, o sistêmico e o complexo: uma retomada 83
O que é complexidade 87
Os operadores cognitivos 89
    O pensamento sistêmico............................... 90
    A idéia de circularidade............................. 92
    A circularidade produtiva............................ 94
    O operador hologramático............................. 95
    O operador dialógico................................. 95
    A transacionalidade sujeito-objeto 96
Modernidade e pós-modernidade 104
    As metanarrativas 109
    O realismo ingênuo 111
Razão, racionalidade e racionalização 113
A tirania dos adjetivos.............................. 116
Mistérios, problemas e diversidade 117

3. A DANÇA DOS CONCEITOS (II)   123

A mente mecânica: fatos, números e pessoas 123
O núcleo duro 126
Teorias, sonho e realidade 127
Conhecimento, sabedoria e conhecimento sábio 128
Apolo e Dionísio 129
O complexo cérebro-mente 131

As veredas da alteridade 134
   A ética do outro 139
Ciência, magia, misticismo e o ranço autoritário 140
   O lugar da não-ciência 144
Diferença e repetição 148

4. ÉTICA, POLÍTICA E COMPLEXIDADE   153

O valor natureza humana 153
O valor verdade 162
O valor certeza 165
O valor confiança 168
O valor coisa e o valor processo 171
O valor cultura 173
O valor qualidade 175
O valor competência 179

5. ÉTICA, POLÍTICA E COMPLEXIDADE (II)   185

O valor inclusão 185
O valor liberdade 188
   Uma escola matrística 192
A apropriação da democracia 195
   A democracia vista como meio de conquistar o poder 199
   A democracia vista como meio de restringir a liberdade
      de informação e opinião 199
   A democracia vista como meio de justificar a exclusão social . 199
   A democracia vista como meio de opor os direitos do
      indivíduo aos da sociedade 200
   A democracia vista como justificadora da lei e da ordem
      draconianas 200
   A democracia vista como justificadora do controle e
      do confronto 200
   A democracia vista como justificadora da hierarquia,
      da autoridade e da obediência 201

    A discordância democrática vista como meio invariável de luta pelo poder 201
    A democracia vista como justificadora da "competitividade" e da idéia de progresso 202
    A democracia vista como justificadora do imediatismo 202
    A democracia vista como justificadora da repetição 203
    A democracia vista como o menor dos males 203
    A democracia apresentada como "vantagem competitiva" 204
    Educação para a mediocridade 205

6. A DINÂMICA DA REINTEGRAÇÃO   213

Os dois universos 213
Viver, aprender, mudar 215
A busca da "verdade" 217
    Olhar e participar 219
Mudança de sistema de pensamento 221
    Pais e filhos 222
Percepção: as realidades do mundo 224
    O universo da percepção 226
    Percepção e linguagem 227
    O componente alucinatório e as distorções cognitivas 228
Os sistemas de transformação 233
    À procura dos fenômenos 233
A reflexão inclusiva 236
    O automatismo concordo-discordo 237
    A arte de esperar 239

7. A DINÂMICA DA REINTEGRAÇÃO (II)   247

A auto-observação   247
    Atenção passiva: a fenomenologia da inocência 248
    O lugar da razão 250
    O começo da auto-observação 254
    A auto-observação e o ego 255
    A consciência encarnada 257

Apegos, dependências e repetição 259
Solidariedade: o mito do curador ferido 260
"O poder letal da espada" 262
A carreira dos objetos-máquina 265
O centauro vulnerável 268
O equívoco da "auto-ajuda" 270

8. A DINÂMICA DA REINTEGRAÇÃO (III) 273

Tolerância e compaixão 273
A tolerância e a democracia manipulada 277
"Competitividade" e transformação 280
O lugar do inferno 282
Respeitar a diversidade: uma tarefa difícil 285
Rumo a uma nova cultura 286
Competência, economia social e sustentabilidade 289
Sociedades de parceria 293

9. A ESTRATÉGIA DO ABRAÇO 295

Saber ver 295
Saber esperar 300
A biologia da espera 303
Saber conversar 304
Saber amar 310
A biologia do amor 311
Saber abraçar 314
As encruzilhadas do eu 318

10. PONTO FINAL 323

Notas 325
Referências bibliográficas 329
Apêndice 343

Para a Fernanda

ANTES DE COMEÇAR

O que é complexidade? O que é o pensamento complexo? Quais são as suas aplicações? A proposta central deste livro é responder a essas perguntas. Escrevi-o para um público não especializado e o fiz a partir de referenciais vindos de várias disciplinas e autores, como se verá ao longo dos capítulos.

A obra é basicamente introdutória. No entanto, sempre que houve oportunidade acrescentei a minha contribuição pessoal, fruto de pesquisas e de minha experiência como psicoterapeuta e coordenador de atividades de grupo. Cuidei também de desenvolver alguns dos aspectos que em geral são pouco abordados nos textos que se ocupam da complexidade e assuntos afins.

Trata-se de um trabalho não apenas expositivo, mas também de reflexão e reorganização de idéias. Ao longo de todo o texto, minhas preocupações fundamentais foram a orientação didática e as aplicações à prática cotidiana. Para tanto, procurei utilizar a linguagem mais simples possível, não hesitando em usar repetições e propor exemplos, sempre que julguei necessário esclarecer ou redefinir pontos obscuros ou controversos. Busquei ainda evitar a proliferação de notas e o excesso de citações, utilizando-as apenas quando indispensáveis à clareza e à indicação da autoria das idéias e argumentos examinados e discutidos.

No fim do livro há uma lista de referências bibliográficas, que evidentemente não pretende ser exaustiva. Seu objetivo é indicar as principais fontes que proporcionaram base às minhas reflexões, bem como mostrar os trabalhos mais importantes e mais acessíveis sobre os temas abordados.

Como disse no início, este livro tem como ponto de partida e de apoio a obra de alguns autores fundamentais. Cito em primeiro lugar o antropólogo inglês Gregory Bateson, meu antigo professor e um dos pioneiros nesses estudos.

Na seqüência, surge o pensamento de outro pioneiro. Trata-se de Edgar Morin, admirável figura humana e, como se isso não bastasse, sociólogo, antropólogo e filósofo conhecido e respeitado em todo o mundo como introdutor do pensamento complexo. Sua abordagem à complexidade reúne muitas das contribuições mais importantes sobre o tema, inclusive no que se refere às aplicações à educação.

Em seguida vêm os chilenos Humberto Maturana e Francisco Varela, criadores da biologia da cognição. Trata-se de cientistas também mundialmente conhecidos. O conjunto de suas obras vem contribuindo de modo relevante para o entendimento da condição humana. É nesse registro que vários de seus conceitos serão apresentados, discutidos e incorporados ao meu método de analisar a complexidade.

Além de Bateson, Morin, Maturana e Varela, também me apoio em várias das idéias de Jiddu Krishnamurti, outro pensador de expressão mundial. Estou ciente de que a menção do seu nome neste contexto poderá causar surpresa em algumas pessoas. Mas quero advertir que é um equívoco vê-lo como um guru ou místico, qualificações que ele próprio acabou contestando e que certamente não traduzem a essência do seu pensamento.

Com efeito, ao longo destas páginas o leitor terá ocasião de constatar como muito do que hoje se discute no âmbito das ciências da complexidade (em especial a cibernética de segunda ordem) já era por ele insistentemente exposto há décadas. Vários desses aportes foram depois adotados e complementados pelo físico David Bohm, que por um significativo período de sua vida colaborou com Krishnamurti.

Também devo muito ao trabalho do matemático e educador brasileiro Ubiratan D'Ambrosio. Trata-se de um pensador da maior importância, por sua participação nos atuais esforços de questionamento do racionalismo iluminista como pensamento único, e também pela introdução da transdisciplinaridade e da etnomatemática em nossa cultura.

O leitor afeito ao tema complexidade e correlatos há de compreender e ter paciência com um certo grau de reiteração que permeia as páginas deste livro. Peço-lhe que leve em conta que, como foi dito no começo, trata-se de uma obra escrita para não-especialistas, para quem boa parte das idéias e argumentos aqui apresentados são inéditos.

Além disso, ela pode ser considerada parte do empenho daqueles que hoje, no mundo inteiro, buscam contribuir para a reforma do sistema de pensamento atualmente hegemônico e suas aplicações à educação, à ética, à ação política, ao mundo das empresas e, sobretudo, à solidariedade entre as pessoas.

H.M.

AGRADECIMENTOS

Quero agradecer às pessoas que de modo direto ou indireto ajudaram na preparação deste volume. Sou particularmente grato a Cristina Zauhy, Lia Diskin e a todos os membros do Grupo de Estudos de Complexidade e Pensamento Sistêmico da Associação Palas Athena (São Paulo).

H.M.

PREFÁCIO

Humberto Mariotti honrou-me com o convite para prefaciar este belíssimo livro. Sua proposta conduz à espiritualidade, no sentido amplo do termo. A obra é uma reflexão sobre a natureza humana e as relações entre os homens, sintetizando o pensamento original do seu autor. Uma rica bibliografia nos mostra que, ao longo dos anos, ele tem procurado manter um diálogo do seu pensar com o de inúmeros pesquisadores, revelando intimidade com grandes filósofos da antigüidade e da modernidade. As duas primeiras frases deixam bem claro o pensamento de Mariotti: "Ninguém faz nada sozinho. Precisamos do outro desde que nascemos: é ele quem confirma a nossa existência e a recíproca é verdadeira".

Reconhecer a essencialidade do outro fundamenta o profundo apelo humanístico desta obra, como mostra uma de suas últimas frases: "Estou falando de algo que possa livrar-nos de um padrão de vida segundo o qual em muitos casos a palavra é separada do real, a justiça se preocupa menos com o sofrimento dos homens do que com a letra da lei, e esta, não raro, busca verdades que pouco ou nada têm a ver com o cotidiano das pessoas".

Essas citações falam, da maneira mais simples, mais direta e ao mesmo tempo mais abrangente, sobre a dignidade do ser humano. Para chegar a esse momento culminante, Mariotti examina várias teorias que, ao longo da curta história da humanidade, têm sugerido e apoiado atitudes e comportamentos. Sua excelente formação científica como médico e psicoterapeuta, e sua vasta cultura humanística, permitem-lhe fazer uma crítica aguda das grandes correntes filosóficas do passado e do presente. Seu discurso é claro e didático sem ser trivial, erudito sem ser prolixo, profundo e rigoroso sem ser impertinente.

O homem é um organismo vivo, complexo na sua definição e no seu funcionamento, com um órgão responsável pela organização e execução de suas ações. Um corpo e uma mente mutuamente essenciais. Uma só entidade. Talvez o maior equívoco da filosofia ocidental tenha sido ver o ser humano como um corpo mais uma mente. O conhecimento tem focalizado um e outro, muitas vezes privilegiando um sobre o outro. Mostrar o equívoco dessa dicotomia permeia o livro de Mariotti. Ele nos fala da consciência encarnada como o principal âmbito da auto-observação, e destaca as dificuldades que o entendimento humano tem para separar o que sentimos do que somos.

Num capítulo inicial, faz uma breve exposição do que pretende e reconhece as influências recebidas, destacando Edgar Morin, Humberto Maturana e Jiddu Krishnamurti. Revela ainda, no decorrer do livro, a forte contribuição do pensar abrangente de seus mestres Gregory Bateson e Rollo May. Assim o seu trabalho vai sendo construído, e ele segue trocando idéias com alguns dos mais importantes pensadores do presente e do passado, sem a preocupação de concordar com eles ou discordar de um ou de outro.

O pano de fundo sobre o qual a exposição vai sendo montada é o pensamento complexo. Ao dizer que o pensamento linear é pautado exclusivamente pela ordem, e portanto incapaz de entender a desordem pura, Mariotti orienta o leitor, em poucas páginas, para a compreensão das grandes correntes desse novo modelo mental, e alerta para as tentativas revisionistas de filosofias frustradas.

Fundamentalmente, ele tem uma proposta transdisciplinar. Ataca a arrogância do saber concluído, das certezas convencionadas e propõe a humildade da busca permanente. O comportamento do ser humano resulta de duas grandes pulsões: a sobrevivência do indivíduo e da espécie e a transcendência do momento. No encontro com o outro, que também está em busca de sobrevivência e transcendência, desenvolve-se a comunicação.

Na resposta à pulsão de sobrevivência, o homem define suas relações com a natureza e com o outro. E indaga "por quê?", "como?". Na busca de respostas, incursiona no passado e no futuro, desenvolvendo mitos e artes, religiões e ciências. Numa relação simbiótica, sobrevivência e transcendência distinguem o ser humano das demais espécies e definem seu comportamento. O comportamento de cada indivíduo é aceito pelos seus próximos quando subordinado a parâmetros que denominamos valores. Uma excursão pela história revela que novos meios de sobrevivência e de transcendência fazem com que esses valores mudem.

Mas, como nos mostra Mariotti, alguns deles precisam permanecer. São o respeito pelo outro, a solidariedade e a cooperação, que constituem uma ética maior. Sem ela a qualidade de ser humano se dilui. Mas por que estamos caminhando em direção contrária a essa ética, sem a qual a espécie não pode sobreviver? Essa questão, que tem sido a motivação dos grandes sistemas filosóficos, das religiões, dos sistemas de conhecimento e da política, é o foco deste livro.

A democracia é a realização política dessa ética maior. Mariotti nos leva a perceber que uma estrutura de poder deformadora tem se apropriado do processo democrático. Seguindo e complementando Maturana, aponta treze tipos de conversações negadoras da democracia, que estão presentes no nosso cotidiano. Propõe também uma estrutura de poder que possa recuperar para a prática diária os valores democráticos originais.

Mas que estrutura seria essa? O autor expõe dois grandes cenários culturais – a cultura do patriarcado e a cultura matrística –, e mostra a relação da primeira com o pensamento linear e a intimidade da segunda com o pensamento complexo.

O estudo aprofundado dessa intimidade fornece os instrumentos necessários para a proposta que está na razão de ser desta obra, que é explicar o pensamento complexo. A explicação vem de maneira indireta, distinguindo os cinco saberes desse modelo mental: saber ver, saber esperar, saber conversar, saber amar e saber abraçar.

Por fim, a mensagem que permeia os vários capítulos do livro é sintetizada em uma frase, que vale por um convite para que todos pratiquem o pensamento complexo, "o marco inaugural do longo processo de busca da espiritualidade".

Ubiratan D'Ambrosio
Professor Emérito da UNICAMP (São Paulo)
Consultor da Organização dos
Estados Americanos (OEA) e da UNESCO

(...)
Restam outros sistemas fora
do solar a col-
onizar.
Ao acabarem todos
só resta ao homem
(estará equipado?)
a dificílima dangerosíssima viagem
de si a si mesmo:
pôr o pé no chão
do seu coração
experimentar
colonizar
humanizar
o homem
descobrindo em suas próprias inexploradas entranhas
a perene, insuspeitada alegria
de con-viver.

Carlos Drummond de Andrade

INTRODUÇÃO

*O objeto de um raciocínio vale menos
do que a maneira de raciocinar.*
Gustave Flaubert

Ninguém faz nada sozinho. Precisamos do outro desde que nascemos: é ele quem confirma a nossa existência e a recíproca é verdadeira. Logo, não há desenvolvimento humano sem desenvolvimento interpessoal. Não se vive sem ajuda – e toda ajuda vem de alguém.

É na convivência com os outros que encontramos forças para aprender a lidar, por exemplo, com os equívocos da moda. No momento, um dos principais deles tem sido chamado de "competitividade". Por trás desse termo se esconde toda uma estratégia de preparação de seres humanos cada vez mais egocêntricos, para quem vencer implica sempre derrotar alguém. Para gente assim, vencer significa eliminar o outro – esse mesmo outro de quem depende a confirmação da nossa existência.

A atual glorificação da "competitividade" beira o alucinatório. Ao que parece, as pessoas imaginam que um modo de vida que a cada dia provoca mais exclusão social não trará maiores conseqüências. É como se os assaltos, os seqüestros e todas as demais formas de violência e abalo social fossem coisas abstratas. Como se elas só acontecessem aos outros. E como se não tendessem, como tendem, a aumentar em escala mundial.

Para que possamos tomar uma posição menos equivocada diante da "competitividade" (mas sem deixar de exercer a competência, no trabalho, nos negócios, na vida, enfim), é preciso reexaminar três aspectos do desenvolvimento humano que em geral têm sido ignorados pelos textos que tratam das chamadas "vantagens competitivas": a ética, a política e a solidariedade. Qualquer discussão de problemas humanos que deixar de lado essas dimensões é incompleta. Na melhor das hipóteses, apenas nos proporciona noções superficiais e ilusórias. Na pior, além de fazer isso nos aliena. Este livro inclui capítulos sobre esses temas, mas eles estão presentes de forma direta ou indireta ao longo de toda a sua extensão.

A partir de um novo entendimento dessas variáveis, pode-se começar a construir ou consolidar valores que nos capacitem a agir de modo a ser competentes sem ser destrutivos. Em outras palavras, alcançar um grau de desenvolvimento que permita que os resultados de nossas idéias e ações produzam cada vez menos exclusão, e que a vitória de uns não implique sempre o afastamento de muitos – o que cedo ou tarde acabará derrotando a todos.

Seria muita ingenuidade acreditar que a competição destrutiva entre as pessoas e instituições irá desaparecer da noite para o dia. Estou falando de algo mais concreto, que pode ser posto em prática: maneiras de ao menos diminuir a selvageria da "competitividade", ou, por outra, de estabelecer na teoria e na prática as diferenças entre "competitividade" e competência. Para que isso seja possível, é necessário o desenvolvimento de um conjunto de valores que ainda não fazem parte do cotidiano de muitas pessoas, em especial entre as chamadas elites. Sem eles, continuaremos incorrendo no engano de seguir denominando de desenvolvimento humano o que na realidade é um adestramento para a competição predatória.

DE PTOLOMEU A COPÉRNICO

Para que esse desenvolvimento seja significativo, é indispensável uma grande mudança no sistema de pensamento predominante em nossa cultura. Esse modelo – o pensamento linear – é simplificador, fragmentador e excludente. Nele hoje se baseiam quase todas as ações humanas. Sua reforma é um empreendimento extremamente difícil (Edgar Morin a compara à passagem da visão de mundo de Ptolomeu para a de Copérnico), mas nem por isso menos necessário.

Porém, a própria existência e hegemonia do modelo mental linear constituem as maiores dificuldades para que essa necessidade seja entendida e a reforma posta em prática. Dessa maneira, as transformações individuais e sociais que dependem dessa mudança continuarão incompletas, e enfrentarão imensas dificuldades até que se consiga realizá-la.

Desenvolver o potencial humano equivale a consolidar certos valores e percepções e pô-los em prática. Com o padrão de pensamento dominante no mundo de hoje, fica muito difícil trabalhar nesse sentido. Uma das causas mais importantes dessa dificuldade é a nossa tendência à submissão a teorias, ideologias, modismos, técnicas de "auto-ajuda" e assim por diante.

É muito trabalhosa a tarefa de desenvolver o potencial de indivíduos como nós, tão voltados para a superficialidade, a credulidade e a obediência. Eis por que hoje se dá cada vez mais ênfase ao trabalho em pequenos grupos – núcleos não-especializados e autodirigidos, que respeitem a individualidade de seus componentes sem dar espaço ao excesso de individualismo, que leva à competição predatória e à exclusão.

O LINEAR, O SISTÊMICO E O COMPLEXO

Neste ponto, convém introduzir as principais diferenças entre os modelos linear e sistêmico de raciocínio, bem como esboçar o conceito de pensamento complexo. Em primeiro lugar, lembremos o exemplo de Joseph O'Connor e Ian McDermott. A Terra é plana? É claro que sim: basta olhar o chão que pisamos. No entanto, como mostram as fotografias dos satélites e as viagens intercontinentais, ela é obviamente redonda. Concluímos então que do ponto de vista do pensamento linear, de causalidade imediata, a Terra é plana. Uma abordagem mais ampla, porém, mostra que ela é redonda e faz parte de um sistema.

Precisamos dessas duas noções para as práticas do cotidiano. Mas elas não são suficientes, o que nos leva a ampliar o exemplo desses autores e dizer que: a) do ponto de vista do pensamento linear a Terra é plana; b) pela perspectiva do pensamento sistêmico ela é redonda; c) por fim, do ângulo do pensamento complexo – que promove a complementaridade dos dois anteriores – ela é ao mesmo tempo plana e redonda.

Agora tomemos e ampliemos um outro exemplo bem conhecido, do consultor de sistemas Daniel Aronson. Imaginemos que uma plantação está sendo devastada por insetos – os Insetos A. Em uma circunstância como essa, a primeira providência em que se pensa é: se há insetos, deve-se usar inseticidas. Tal é a orientação do pensamento linear, a chamada direção causal. Supomos que o uso do inseticida resultará sempre na eliminação ou redução acentuada da praga: quanto mais inseticida menos insetos.

De fato, esse é em geral o resultado que se observa num primeiro momento. Entretanto, se acompanharmos a evolução do sistema por prazos maiores, veremos que a prática mostra que depois de sucessivas aplicações o pesticida já não age como antes, seja porque os Insetos A adquiriram resistência, seja porque outras pragas (vamos chamá-las de Insetos B), com as quais eles viviam em equilíbrio, encontraram agora condições para proliferar, livres de seu predador natural. O problema então se agrava, porque a plantação passa a ser devastada pelos Insetos A remanescentes e também pelos Insetos B.

A linearidade do raciocínio inicial deixou de levar em conta a complexidade do sistema, que inclui dois (ou mais) tipos de praga e as relações de equilíbrio entre elas, além de muitas outras variáveis – sem falar na agressão ao solo e à água pelo pesticida, que se estende às pessoas que consomem os produtos dessa lavoura e assim por diante. Além do mais, de nada adiantaria trocar de inseticida: uma vez mantida a linearidade do raciocínio, os resultados decepcionantes continuariam os mesmos.

Nesse exemplo, se do ponto de vista linear o raciocínio era "quanto mais inseticidas menos insetos", do ângulo sistêmico ele passa a ser "quanto mais inseticidas mais insetos". Isto é, quanto mais soluções lineares mais problemas sistêmicos. Ainda nesse caso, uma solução sistêmica incluiria providências múltiplas, como a introdução de outro ou outros tipos de inseto – os Insetos C –, que fossem predadores tanto da praga A quanto da B e cuja ação, somada à de outras medidas, poderia conduzir o sistema a um novo tipo de equilíbrio dinâmico. São providências sustentáveis, que constituem o que se chama de manejo integrado de pragas.

É o caso então de perguntar: se esse manejo integrado, sistêmico, é tão eficaz, por que não é posto em prática com mais amplitude e freqüência? A resposta é óbvia: porque nosso cérebro está unidimensionalizado pelo modelo mental linear. Mas essa resposta não é tão simples quanto parece. Há muitas outras dimensões a considerar. Uma delas mostra que esse tipo de manejo não é mais largamente utilizado por causa da natureza de suas relações com o capital e com o tempo. Enfim: porque demora mais para dar lucro.

Expliquemos. Entre a aplicação inicial do inseticida e os primeiros resultados (a diminuição dos Insetos A) o tempo decorrido é relativamente curto. Mas, como vimos, esse tempo representa apenas um primeiro instante, é a primeira resposta do sistema ao estímulo externo. Será preciso esperar um pouco mais, até que toda a estrutura do sistema responda à intervenção, o que no caso se traduz pela atuação dos Insetos B e demais eventos danosos. Esse prazo se chama tempo de espera sistêmico, e é necessário aguardar que ele transcorra, para saber de que maneira o sistema se comportará a médio e longo prazo.

Entretanto, a variável econômico-financeira – a necessidade de colher e vender o mais cedo possível o produto da plantação – gera uma ansiedade que impede que essa espera seja respeitada. Segundo a praxe do mercado, o dinheiro investido precisa ser recuperado

– e com lucro – no menor prazo possível. Logo, pela lógica do capital é preferível agredir o sistema, explorar os seus recursos e abandoná-lo assim que surgirem os primeiros sinais de exaustão. É preciso, pois, mutilar, esgotar, desorganizar, poluir. Essa é a atitude que chamamos de racional e "competitiva".

Aqui a lógica do capital como motora do pensamento linear e por ele movida surge com clareza. A chamada economia de mercado pode ser entendida apenas linearmente. Já a economia dita social – que leva em conta outros aspectos da vida, além dos mecânicos e quantitativos –, precisa, para ser compreendida, do pensamento complexo. Trataremos desse particular com detalhes mais adiante.

A DIFÍCIL PASSAGEM À PRÁTICA

Se é relativamente fácil entender no plano teórico considerações como essas, levá-las à prática é extremamente difícil, porque tendemos sempre a cair na armadilha do pensamento linear. Uma de suas regras básicas é a chamada navalha de Ockham, ou regra da parcimônia. Trata-se de uma denominação que homenageia o filósofo inglês William of Ockham (*c.* 1285-1349), e designa um fenômeno afim da lei do menor esforço. Ela atende aos requisitos-chave da linearidade: a) tendência à simplificação; b) imediatismo; c) busca da causalidade simples: se duas circunstâncias se repetem juntas com certa freqüência, a anterior é sempre a causa e a posterior sempre o efeito. Isto é, as causas são contíguas ou estão muito próximas aos efeitos, e essa proximidade ocorre sempre no mesmo contexto de espaço e tempo. Esse padrão mental foi desenvolvido há muitos e muitos séculos, e tem-se mostrado mais ou menos satisfatório para lidar com os atos e eventos quantitativos e mecânicos da vida.

Vejamos outro exemplo. Nos anos 40 e 50, quando surgiram os primeiros medicamentos eficazes contra o bacilo de Koch, houve comemorações no mundo inteiro. Pensava-se que estava descoberta, afinal, a cura da tuberculose. Contudo, não se valorizou o fato de que já naquela época a doença estava há muitos anos sob controle nos países escandinavos, sem o uso de nenhum medicamento específico.

Hoje, como se sabe, mesmo com todos os fármacos modernos, a tuberculose (como aliás muitas outras infecções) voltou a ser um grave problema em todo o mundo.

O que está acontecendo? A explicação é simples, mas só na aparência. Utilizando a lógica linear, pode-se armar o seguinte silogismo:

a) a tuberculose é causada pelo bacilo de Koch;
b) descobrem-se medicamentos que exterminam esse bacilo;
c) logo, está descoberta a cura.

Ao que parece, são coisas óbvias. Acontece, porém, que o bacilo de Koch só é o causador da tuberculose do ponto de vista do pensamento linear, de causalidade simples, que vê a causa como sempre vizinha do efeito ou muito próxima a ele. Um processo mental mais abrangente levaria em conta outros fatores, como a educação, o estado da economia, o saneamento básico, a atitude dos governos e populações em relação à medicina preventiva, o estado de nutrição das pessoas etc. Eles também são importantes e precisam ser considerados de modo conjunto e sinérgico. Eis a base do pensamento sistêmico.

A prática médica mostra que a presença do bacilo no organismo não produz necessariamente o quadro clínico da tuberculose. É preciso que haja também uma diminuição da resistência orgânica – e aqui interferem os fatores mencionados, o que quer dizer que a primeira premissa do silogismo acima não é totalmente verdadeira. Logo, a conclusão também não o é, como ensina a regra do jogo silogístico e como provam os fatos.

No caso de outros microorganismos, a seqüência bactérias resistentes-antibióticos mais potentes-bactérias mais resistentes chegou a um limite: já existem variedades de *Staphilococcus aureus* que resistem a virtualmente todos os antibióticos conhecidos. Estamos de volta ao ponto de partida, a era pré-antibiótica. Parece incrível, mas essa seqüência está se repetindo, exatamente com as mesmas características, com os sucessivos esquemas de tratamento propostos para outras doenças, como a Aids.

Ao que tudo indica, a ciência médica, nesses aspectos e em muitos outros, ainda não conseguiu sair dos trilhos da linearidade. Apesar dessas e de outras evidências, sabemos que a maioria dos setores da medicina (e de praticamente todas as áreas da atividade humana) continua orientando suas ações por esse padrão de raciocínio. Tudo isso mostra como as pessoas têm uma enorme dificuldade de entender que no mundo natural não existem fenômenos de causa única. Essa dificuldade as impede de imaginar que é praticamente impossível compreender a pluricausalidade por meio do raciocínio silogístico. Mas é a partir desse modelo mental que diariamente são tomadas decisões que influenciam o cotidiano de países inteiros.

Vamos a outra situação. Em inúmeras cidades (São Paulo é um exemplo), há tempos tem sido observado o incessante crescimento do número de automóveis. Em conseqüência, aumenta-se a construção de novas ruas, avenidas, túneis, viadutos etc. Cresce o número de automóveis; intensifica-se a construção de mais dessas vias; multiplicam-se os automóveis; proliferam as ruas; e assim vai a seqüência, sempre com os carros crescendo em progressão geométrica e as ruas em ascensão aritmética. A estagnação completa do trânsito está à vista. A ocupação das cidades pelas máquinas, em prejuízo das pessoas, já é um fato. Mas nada detém a linearidade da tendência, tanto por parte dos fabricantes de veículos quanto do lado dos governantes – e nem mesmo por parte do grande público, que tanto reclama dos problemas que o trânsito o faz enfrentar.

Há muito que se sabe que mais ruas não necessariamente significam um trânsito melhor. Eis o chamado paradoxo de Bräss, que tomou esse nome por causa do alemão Dietrich Bräss, que o estudou nos fins da década de 1960, a partir do trabalho de urbanistas em Stuttgart. Verificou-se que a abertura de uma nova avenida no centro dessa cidade – que estava com problemas de congestionamento – piorou o trânsito em vez de melhorá-lo. Logo em seguida, o fechamento dessa mesma via resultou em melhoria do fluxo dos carros.

Expliquemos. Ocorre que não é apenas o aumento do número de veículos que torna lenta a sua circulação. Tal acontece porque a causa mais importante dessa dificuldade não está nas ruas em si, mas nos cruzamentos, isto é, nas conexões entre elas. Quanto mais ruas mais cruzamentos, e portanto mais possibilidades de lentidão no trânsito. De nada adiantará construir novas e amplas avenidas, se os múltiplos cruzamentos que a elas levarem e delas resultarem formarem uma rede de difícil acesso e estiverem inadequadamente localizados. Esse é um bom exemplo de um dos princípios fundamentais do pensamento sistêmico: o que é realmente importante não são as partes do sistema em si, mas o modo como elas se inter-relacionam.

PADRÕES E COMPETÊNCIAS

Todas essas circunstâncias nos fazem voltar à questão tantas vezes proposta: por que será que, ao longo da história da humanidade, mostramos tanta competência para resolver os problemas da vida mecânica (as questões práticas do cotidiano) e tanta incompetência para solucionar os da vida não-mecânica (aqueles que envolvem sentimentos e emoções), se sabemos que estes são tão importantes quanto aqueles? A resposta, mais uma vez, é óbvia: porque nossa mente está formatada pelo padrão linear de raciocínio, que é por definição excludente e por isso eficaz para lidar com as partes separadas, mas ineficaz para compreender o todo e trabalhar com ele.

Sabemos (embora finjamos o contrário) que a lógica linear não é a única possível. Estamos tão acostumados a aplicá-la a tudo, que nem mesmo nos damos conta de como nos é difícil utilizar – ou até mesmo admitir como legítimo – outro sistema de pensamento. A perspectiva de modos diferentes de pensar provoca sempre uma enorme resistência. O "já conheço", o "não há novidade nisso", e expressões semelhantes, são cautelas típicas desse condicionamento. Para nós, a crítica às idéias novas tornou-se uma reação automática. Estamos condicionados a concordar ou discordar de imediato. Aferrados à separação sujeito-objeto, dividimos tudo em dois lados, o certo e o errado, o falso e o verdadeiro e assim por diante. E o que não conseguimos segmentar é desqualificado e descartado.

O termo "linear" é muito empregado em matemática. Significa a inter-relação de variáveis que, ao serem inscritas em coordenadas cartesianas, geram uma linha reta. Uma seqüência linear não tem ligações colaterais aparentes e segue sempre adiante. "Pensamento linear", "pensamento cartesiano", ou "linear-cartesiano", são as denominações que prefiro para designar a lógica de Aristóteles, tal como praticada hoje em nossa cultura.

Outros sinônimos são: raciocínio linear, lógica linear, lógica do terceiro excluído, lógica clássica, razão clássica, modelo mental linear. Sua contrapartida é o pensamento sistêmico. O modelo linear consolidou-se na Grécia clássica e ampliou-se tempos depois, como uma resposta do Renascimento à Idade Média, época em que tudo era visto em termos de dogmas e teologia. Foi no Renascimento que se firmou o uso da razão aristotélica e da argumentação lógica como balizadores do nosso sistema de raciocínio.

O pensamento complexo integra os múltiplos dados e ângulos de abordagem de um mesmo problema. Para explicá-lo, nada melhor que as formulações de Edgar Morin, seu principal teórico. Segundo ele, esse sistema de pensamento busca reintegrar o que a compartimentação das disciplinas científicas fragmentou e dividiu em especialidades separadas e, em muitos casos, praticamente incomunicáveis. Para tanto, o pensamento complexo busca a religação de domínios separados e conceitos antagônicos, como ordem e desordem, certeza e incerteza, a lógica e a desobediência à lógica. Trata-se de um pensamento de solidariedade, que busca aglutinar noções dispersas. Nas palavras de Morin, o pensamento complexo pratica o abraço e se prolonga na ética da solidariedade.

O ponto de partida para esse modo de pensar é a frase de Pascal: "Considero impossível conhecer as partes sem conhecer o todo, bem como conhecer o todo sem conhecer as partes em particular". O raciocínio sistêmico é um dos principais instrumentos de entendimento e prática do pensamento complexo. Outros serão analisados no próximo capítulo.

A TRAVA DO CONDICIONAMENTO

A procura exclusiva de semelhanças visa a confirmação de que estamos "certos", busca o "alívio" de saber que trilhamos o caminho "correto". O pensamento complexo pressupõe uma abertura para a aleatoriedade, a surpresa, as transformações. Eis por que ele requer que abandonemos a idéia fixa de ter sempre que provar algo, a idéia da coerência constante (como se isso fosse possível), o estar sempre em guarda em relação às contradições – enfim, a atitude de estar sempre competindo.

Quando diante de uma idéia ou perspectiva nova nos virmos na defensiva, é bem provável que nosso ego esteja sendo posto à prova. Por isso, achamos que a melhor maneira de defendê-lo é preservá-lo dessas ameaças. Eis por que estabelecemos a divisão observador-observado, sujeito-objeto, e tendemos a nos agarrar o mais possível à lógica linear e às suas ferramentas clássicas: a crítica incessante e os julgamentos *a priori* (concordo-discordo, gosto-não gosto). A função desses julgamentos é delimitar polaridades e fugir para uma delas, o que nos permite tentar escapar de determinadas situações.

Em suma, nossa mente só vê o que está preparada para ver, isto é, está condicionada. Dito de outro modo:

a) nosso comportamento e visão de mundo são determinados por nossas percepções;

b) nossas percepções são determinadas por nossa estrutura cognitiva;

c) logo, para mudar as percepções (e a partir daí os comportamentos), é preciso mudar essa estrutura;

d) mas sabemos que essa mudança exige um trabalho sobre os fatores que condicionam a mente da nossa cultura. Ou seja: é necessária uma educação que integre os modos linear e sistêmico de perceber e pensar o mundo, isto é, uma educação para o pensamento complexo.

1. OS PENSAMENTOS LINEAR E SISTÊMICO

> *Tudo o que se forma na natureza contrai um débito,*
> *que precisa pagar dissolvendo-se,*
> *para que outras coisas possam se formar.*
> Anaximandro

Neste bloco, trato de mais alguns aspectos dos modelos linear e sistêmico que julgo importantes para a compreensão do pensamento complexo.

AS ORIGENS DO CONDICIONAMENTO

Comecemos buscando uma resposta para a questão: como começou a unidimensionalização de nossa mente pelo raciocínio linear? Para encontrá-la, é preciso falar antes sobre as culturas patriarcal e matrística, e da relação entre elas e a instituição do pensamento linear como manifestação cultural hegemônica.

Para Maturana, a cultura patriarcal européia corresponde à que vivemos hoje em quase todo o mundo. A que existia antes dela tem sido chamada de cultura matrística. Essa expressão se propõe a designar uma situação de convivência na qual as qualidades femininas conduzem a uma postura sistêmica, acolhedora e libertadora. Não que entre os povos matrísticos da Europa antiga não houvesse desavenças, agressões e mortes: o que ocorre é que naquelas culturas esses fenômenos eram exceções e não a regra. Trata-se de um modo de vida no qual a competência prevalecia sobre a "competitividade" – entendendo-se aqui o termo "competência" como a reunião de habilidades necessárias a uma vida com mais solidariedade e menos medo.

É fundamental destacar que neste contexto "femininas" não se refere ao sexo, mas sim a determinadas atitudes de vida que, entre outras coisas, não valorizam o sentido de hierarquia e autoridade. Nada têm a ver, pois, com uma suposta cultura matriarcal em que as mulheres exerceriam o domínio. Da mesma maneira, o modo de ser patriarcal não é apresentado como exclusividade dos homens. Como todos sabem, existem mulheres extremamente patriarcais, sem que isso signifique que elas sejam masculinizadas. Estou falando em modos de vida, não em características de comportamento ligadas à sexualidade biológica.

Tenho plena consciência, porém, de que apesar de todas essas ressalvas e advertências persistirá a tendência a igualar patriarcado a machismo e cultura matrística a feminismo. O que não é de admirar, pois para tanto estamos condicionados. Proponho ao leitor que, ao longo destes capítulos, sempre que a questão surgir observe suas reações, como se estivesse fazendo um teste. Amplio a proposta: convido-o a observar também o próprio autor, por meio do texto. Se fizer isso, acabará percebendo que em uma ou outra passagem pode surgir a tendência a separar, a dividir, a pensar em termos de "ou/ou". Apesar de todas as precauções, tais ocorrências são inevitáveis. A própria estrutura da nossa linguagem põe essas armadilhas em nosso caminho. São pequenas amostras de como é poderosa a força dos condicionamentos que formatam uma cultura.

A expressão "matrística" foi introduzida pela arqueóloga lituana Marija Gimbutas, para designar culturas nas quais homens e mulheres viviam em cooperação e livres de diferenças hierárquicas de parte a parte. As conversações que definem a cultura patriarcal pastora e a cultura matrística européia estão sintetizadas no quadro abaixo, no qual me inspiro no trabalho de Maturana[1] e o complemento:

CULTURA DO PATRIARCADO	CULTURA MATRÍSTICA
• Apropriação	• Participação
• Atitude exploradora e extrativista para com a terra	• Atitude interativa e convivencial para com a terra
• Fertilidade e procriação vistas como processos de crescimento contínuo	• Fertilidade e procriação vistas como uma rede harmoniosa de processos cíclicos de nascimento e morte
• Fertilidade e procriação vistas como fenômenos multiplicadores.	• Fertilidade e procriação vistas como fenômenos qualitativos.
• Repressão ao controle da natalidade como meio de regulação populacional	• Aceitação do controle da natalidade como meio de regulação populacional
• Sexualidade feminina condicionada à procriação e controlada pelo patriarca	• Sexualidades feminina e masculina vistas como manifestações de sensualidade e ternura
• A desconfiança é vista como um *a priori* nos relacionamentos interpessoais	• A confiança é vista como um *a priori* nos relacionamentos interpessoais
• As relações interpessoais são baseadas no modelo autoritarismo-obediência-vigilância-controle	• As relações interpessoais são baseadas no modelo amizade-cooperação-companheirismo-consenso
• Desejo de domínio. A guerra e a competição predatória são encaradas como virtudes e modos naturais de convivência.	• Desejo de interpessoalidade. Questionamento da guerra como instrumento de solução de desavenças
• Apropriação do conceito de verdade	• Relativização do conceito de verdade
• A idéia de temporalidade predominante é a linear	• A idéia de temporalidade predominante é a circular
• O misticismo é visto como um modo de submissão a autoridades cósmicas e transcendentes	• O misticismo é visto como um processo participativo, harmônico e dinâmico
• Os deuses são iracundos, legiferantes, arbitrários e vingativos. Suas decisões são irrecorríveis	• As deusas são acolhedoras e facilitadoras de relações legítimas e harmoniosas
• O pensamento predominante é o linear: não aceita refletir sobre os paradoxos e diferenças e valoriza a seqüencialidade e a repetição	• O pensamento predominante é o sistêmico: aceita refletir sobre os paradoxos e diferenças e valoriza a circularidade e a diversidade
• Não-aceitação da imprevisibilidade e da aleatoriedade	• Aceitação da imprevisibilidade e da aleatoriedade
• Não há oposição natural entre homens e mulheres, mas estas são subordinadas aos homens em função da apropriação da procriação	• Não há oposição entre homens e mulheres nem subordinação de parte a parte
• O modo de vida patriarcal influencia homens, mulheres e crianças ao longo de toda a vida	• O modo de vida matrístico influencia homens, mulheres e crianças ao longo de toda a vida

Em resumo, a cultura do patriarcado valoriza o modo de vida voltado para o domínio, ao passo que a cultura matrística prefere o modelo orientado para a interpessoalidade.

Convém esclarecer que aquilo que Maturana chama de "sistêmico", quando se refere ao modelo mental predominante na cultura matrística, não corresponde ao conceito de pensamento sistêmico que utilizo neste livro. Em meu modo de entender, o pensamento sistêmico se refere à dimensão mitológica/simbólica/mágica da mente humana. Sua contrapartida é o pensamento racional/lógico/empírico, que chamo de linear. São polaridades, portanto. A complementaridade dos dois, como vimos há pouco, compõe o pensamento complexo. Dessa forma, em minha terminologia o modelo mental predominante na cultura matrística era o pensamento complexo, não o sistêmico. No fundo, porém, não há discrepância entre o que penso e o que diz Maturana. Uma simples releitura do quadro sinóptico acima mostrará que, ao falar em "sistêmico", o cientista chileno está se referindo ao que chamo de pensamento complexo. No fim das contas, o que importa é reter a noção de que na cultura matrística ainda não existia a fragmentação do pensamento humano e sua polarização, com a posterior (e crescente) hegemonia do pensamento linear.

No patriarcado, ser pobre é considerado o sinal máximo de fraqueza. Não dar sinais de debilidade é um imperativo: é proibido não ter dinheiro ou aparentar esse estado. Na perspectiva patriarcal, a pobreza é explicável pela falta de "competitividade" e agressividade. Não se trata, pois, de uma circunstância da vida, e sim de um efeito ligado a uma causa. Torna-se assim difícil falar em justiça social, porque nesse modelo de convivência a pobreza é considerada uma pena a ser cumprida, ou seja, ela própria é vista como um justiçamento dos que não souberam competir e vencer.

Eis uma das formas pelas quais a cultura patriarcal se autojustifica. Os efeitos indesejáveis da industrialização, por exemplo, têm sido repassados para os pobres, os perdedores dessa luta. Sabemos que as indústrias poluidoras têm sido transferidas para os países dependentes, e essa situação ainda é vista por muitos como algo extremamente positivo, um grande triunfo a comemorar.

Na visão do patriarcado, os problemas produzidos pela força e pelo autoritarismo (e aqui não falo apenas das ditaduras, mas também da dominação por meio do "mercado") são resolvidos pela aplicação de mais força e mais autoritarismo, porque na perspectiva patriarcal não existem problemas sem solução. Qualquer contestação a essas determinantes é sempre considerada culpa de fatores alheios ao sistema e/ou um desafio à autoridade. Assim, as pessoas precisam ser constantemente vigiadas, a desconfiança atinge com freqüência níveis paranóicos e tudo se reduz a binômios como amigo/inimigo, a favor/contra, situação/oposição.

Qualificativos como "guerreiro", "batalhador", "demolidor", "campeão" e similares são vistos como altamente positivos. Como a palavra de ordem é apropriar-se de tudo o que estiver ao alcance, as pessoas vêem umas às outras como objetos de presa e os emblemas sociais predominantes são o cofre, a chave, o código secreto, a senha, o seguro, as garantias, a vigilância, o regulamento, a suspeita, as ressalvas e assim por diante. A lei e a ordem são consideradas dimensões exclusivas, num mundo cuja essência é a convivência da regularidade com a aleatoriedade e da ordem com a desordem. Essa circunstância produz a ilusão da vida eterna (que deve ter a mesma concretude e perenidade dos bens de raiz) e dá lugar à negação do jogo, da festa e da alegria.

No modo de vida patriarcal o outro é tudo o que está além do ego. Nossas próprias dimensões inconscientes são vistas como ameaças que precisam ser reprimidas. As outras pessoas são consideradas meros figurantes no espetáculo do mundo. É necessário explorá-las e extrair delas o mais que se puder, descartando-as em seguida, como fazemos com a terra e seus frutos. As sociedades totalmente administradas, descritas e questionadas pelos pensadores Theodor Adorno, Max Horkheimer e Herbert Marcuse (que as chamava de sociedades unidimensionais) são a expressão sociopolítica desse afã controlador.

História e arqueologia

Muito do que hoje se sabe sobre as culturas patriarcal e matrística vem de estudos arqueológicos feitos principalmente nas áreas do Danúbio, Bálcãs e Mar Egeu. Essas pesquisas estão documentadas nas obras de Gimbutas, e sintetizadas no livro de Riane Eisler *The chalice and the blade* (*O cálice e a espada*).

A cultura matrística é anterior à do patriarcado. Dos povos paleolíticos, basicamente matrísticos, que viviam na Europa há mais de 20.000 anos, alguns se tornaram coletores e agricultores, enquanto outros se deslocaram para a Ásia, junto com os rebanhos de onde tiravam o alimento. De lá voltaram mais tarde à Europa, já transformados em povos pastores.

Os achados arqueológicos mostram que essa cultura pré-patriarcal européia (a matrística) foi destruída pelos povos pastores (que hoje chamamos de indo-europeus) que vieram do Oriente para onde alguns haviam emigrado antes, e começaram a invadir a Europa há cerca de sete mil anos, ou seja, por volta de 5000 a.C.[2] Dessa forma, a cultura do patriarcado transformou-se em cultura do patriarcado europeu.

Como acabamos de ver, os povos patriarcais indo-europeus viveram a sua fase de pré-patriarcado. A forma como eles passaram ao modo de vida patriarcal é teorizada por Maturana em seus livros *El sentido de lo humano* e *Amor y juego: fundamentos olvidados de lo humano*, este em colaboração com Gerda Verden-Zöller. Para ele, essa transformação ocorreu quando esses povos se transformaram em pastores. Antes disso, costumavam acompanhar os deslocamentos dos rebanhos que os alimentavam e permitiam que animais como os lobos também se alimentassem dessas manadas. Havia, então, um regime de comensalismo. Num dado momento, porém, passaram a matar os lobos com a finalidade de apropriar-se das manadas para seu uso exclusivo.

Embora ainda não seja possível explicar como e por quais motivos ocorreu essa mudança, quero destacar que ela estabeleceu uma divisão. Os homens já não mais viviam com os rebanhos: estes agora lhes pertenciam, eram o objeto para os quais eles representavam o sujeito. A relação que mantinham com os rebanhos passou de complexa a linear: as pessoas segregaram um domínio – o rebanho – no qual não se consideravam incluídas, e desse modo consolidou-se a divisão donos de rebanho/rebanho.

Mudou o modo básico de pensamento da coletividade, que antes era complexo (participativo) e permitia entender a comunhão das pessoas com os rebanhos, as pastagens, outros animais (como os lobos) – com a natureza, enfim. A divisão binária fez com que o pensamento linear se tornasse suficiente para compreender, descrever e justificar os acontecimentos e as práticas do cotidiano. Já não havia necessidade da visão de mundo complexa, porque desaparecera a situação básica que a tornava útil. Por isso deveria, daí por diante, ser mantida em um plano secundário. Eis a principal conseqüência do modo de vida patriarcal: ele marcou o início do longo processo de moldagem da mente humana pelo modelo mental linear.

Vencer e derrotar

Já vimos que a apropriação dos rebanhos começou, na metáfora de Maturana, com a matança dos lobos. A justificativa desse tipo de morte exigiu um novo padrão mental, porque já não se tratava apenas de vencer (utilizar os rebanhos mais do que os lobos o faziam), mas de vencer derrotando o competidor (utilizar os rebanhos e não permitir que os lobos fizessem o mesmo).

Sustento que nesse momento começou a consolidação de um dos traços mais fortes da cultura patriarcal: a competição predatória, que consiste não apenas em vencer, mas fazê-lo com a satisfação de derrotar o adversário – e de tal forma que ele não mais represente nenhuma ameaça. Esse modo de agir foi, muito depois, celebrizado por Maquiavel em *O príncipe*. Numa passagem desse livro, o autor florentino diz que se ofendermos uma pessoa devemos fazê-lo de tal modo que ela fique impossibilitada de se vingar. Em outro trecho, acrescenta: "Quem se torna senhor de uma cidade habituada a viver livre, e não a destrói, pode estar certo de que por ela será destruído".

Há um artigo do jornalista Janio de Freitas que sintetiza bem essa situação, ao falar da morte do piloto de corridas de automóvel

Ayrton Senna, em acidente durante uma prova. Freitas especula sobre quem ou o que poderia ser culpado pelo acontecido. E logo descarta o raciocínio de causalidade simples, que tende a atribuir a culpa a causas imediatas e visíveis, como defeitos no carro, na pista, no regulamento da corrida e assim por diante.

Termina concluindo que havia um defeito anterior a todos esses e que com eles se conjugava, compondo essa crença profundamente arraigada que é a própria essência da "competitividade" da cultura do patriarcado: a necessidade não apenas de vencer, mas também de eliminar o outro, de levar às últimas conseqüências a agressividade, a implacabilidade e o afã de excluir.

Esse é o defeito primário, conclui Freitas. E acrescento: é o motor de todos os demais, que refluem sobre ele e o realimentam incessantemente. Todos nós somos, em grau maior ou menor, afetados pela unilateralização de nossos cérebros pelo modelo linear, que nos leva a pensar que o lado mais agradável da vitória é derrotar alguém.

Eis o chamado jogo de soma zero: uma interação na qual para que um ganhe o outro tem inevitavelmente de perder. Essa circunstância pode até ser inevitável em certos casos, mas não o é necessariamente em todos. A idéia invariável do outro como adversário, como inimigo a exterminar, é uma das marcas fundamentais da "competitividade" da cultura do patriarcado. Essa postura descarta a alternativa de que o outro possa ser superado pela competência, mas preservado para que possa por sua vez aprender a vencer, isto é, a ser competente. O ideal da "competitividade", pelo contrário, é vencer eliminando o outro para que o vencedor seja sempre o primeiro e o único, jamais o segundo. O que põe à mostra uma das faces mais grotescas desse realismo ingênuo: é como se pudesse existir primeiro sem segundo – como se pudéssemos existir sem os outros e, pior ainda, como se pudéssemos ser os primeiros e únicos sem ser também os últimos.

Nosso cérebro está naturalmente preparado para o pensamento complexo, ou seja, seus neurônios funcionam não apenas em termos da binariedade zero/um, sim/não, mas estão também preparados para lidar com situações complexas, nas quais é preciso pensar em termos de "talvez" ou "e se?" Fica fácil, então, compreender por que o pensamento linear tornou-se hegemônico: porque para entender a lógica do patriarcado e levá-la à prática ele é tudo de que precisamos – pouco importando que isso estreite e obscureça a nossa percepção de mundo.

O duplo vínculo

Se os valores e as práticas da cultura do patriarcado são regidos pelo raciocínio linear, podem ser facilmente defendidos pela argumentação dita "lógica". São também eficazmente expressos por meio de discursos totalizantes, deterministas e supostamente aplicáveis a todas as pessoas.

Maturana assinala que na cultura matrística pré-patriarcal as crianças eram ensinadas a pensar de modo sistêmico, para se tornarem capazes de lidar com a complexidade natural da vida. Ao chegar à idade adulta, continuavam a pensar e a agir do mesmo modo, porque a cultura em que viviam fluía em congruência com a complexidade, a aleatoriedade e a incerteza do mundo natural.

Na atual cultura do patriarcado, elas de certo modo ainda são criadas mediante os valores de solidariedade e respeito à legitimidade humana do outro. Quando crescem, porém, deparam-se com o oposto e têm de se haver com a apropriação, a exclusão, o autoritarismo e a "competitividade".[3] Bateson chama a isso de duplo vínculo (*double bind*), termo que criou para falar de situações em que as pessoas se vêem diante de solicitações contraditórias, ao mesmo tempo em que são pressionadas a escolher qual caminho seguir. Estudos feitos por ele e outros revelaram que muitos dos pacientes diagnosticados como esquizofrênicos tinham história de circunstâncias de duplo vínculo na infância.

Questionadores ingênuos

Em palestras, seminários e ocasiões semelhantes, tenho encontrado quem ponha em questão os achados arqueológicos relativos à cultura matrística, e o modo como Maturana os trabalha para elaborar a sua teoria da apropriação dos rebanhos como marco inicial do estabelecimento da cultura patriarcal pastora. Argumenta-se, por exemplo, que tais achados não são provas convincentes.

É interessante examinar essa linha de argumentação, porque ela acaba se constituindo num exemplo clássico de como funciona a mente linear, para a qual provas convincentes são as que satisfazem aos parâmetros de imediatismo e causalidade simples e atendem ao requisito de coerência num mesmo contexto de espaço e de tempo. Dessa maneira, o que se passou há sete mil anos ou mais dificilmente poderia ser invocado como evidência adequada.

Trata-se de uma posição esquemática. Os que a assumem poderiam dizer, por exemplo – e já ouvi essa alegação, no que se refere à hipótese dos lobos –, que a teoria de Maturana é ingênua. Na verdade, ao proceder assim estão projetando nela a sua própria ingenuidade, pois aparentemente não percebem que se trata de uma proposta de compreensão, e que a imagem dos lobos é uma metáfora didática. Aliás, as ciências usam metáforas em abundância, sem que com isso percam o seu valor como instrumentos de compreensão do mundo.

Com efeito, como destaca Riane Eisler, a quase totalidade do que hoje se sabe sobre a Antigüidade baseia-se em suposições e deduções – e aqui se incluem os registros que temos de culturas importantes como Babilônia, Suméria e Creta. No fim das contas, o que importa é saber que de fato existiram culturas pré-patriarcais, cujo modelo de convivência era diferente do padrão autoritário, competitivo e paranóico que vivemos hoje.

Para o imediatismo da visão patriarcal, sete mil anos é muito tempo. É com base nesse mesmo raciocínio que se costuma dizer que a natureza humana é visceralmente má e sempre será, porque sempre foi assim. Esse tipo de equívoco só pode ser comparado a outros dois. O primeiro, já lembrado, consiste em imaginar que na cultura matrística não havia lutas, violência, assassinatos e coisas semelhantes. O outro resume-se em pensar que o raciocínio linear e a cultura do patriarcado são sempre maus, e dessa forma têm de ser imediatamente descartados e substituídos pelo pensamento sistêmico e pelo modo de vida matrístico, que são invariavelmente bons e por isso mesmo únicos e imutáveis.

Na ingenuidade dessa perspectiva, desde sete mil anos quer dizer desde sempre. Essa espécie de reducionismo nos impede de considerar que sete mil anos é realmente muito tempo em termos de indivíduos, culturas, ou mesmo civilizações, mas é um intervalo mínimo quando se fala em evolução humana. Como se sabe, os chamados tempos históricos constituem apenas uma pequena fração da trajetória do ser humano sobre a Terra. Não nos esqueçamos de que o *Homo sapiens* surgiu há cerca de 40 milênios, com o aparecimento quase súbito da linguagem organizada.

Há ainda outra alegação, também corriqueira: se vamos viver setenta, oitenta anos, ou algo assim, que nos importa o que vai acontecer depois que não estivermos mais aqui? É como pensar: "No centro da cidade há violência e muitos assaltos, mas isso não me interessa porque nunca vou lá". É como repetir a célebre frase de Mme. de Pompadour: "Depois de nós, o dilúvio". São exemplos de como o raciocínio linear nos faz excluir tudo o que não se encaixa no nosso individualismo. Também não entendemos que ações mínimas podem levar a consequências amplas, porque simplesmente não sabemos pensar assim. Não é à toa, então, que a falta de solidariedade apareça como uma das características fundamentais da nossa cultura.

Além disso, pensar em termos de causalidade imediata, tanto em relação ao espaço quanto a respeito do tempo, estimula as pessoas a não assumir responsabilidades. Esse modo de raciocinar facilita os argumentos do tipo "não sei", "não é da minha área", e similares, e nos põe à vontade para lançar a culpa de nossos problemas em fatores externos. Como estamos acostumados a traçar fronteiras além das quais não nos incluímos, julgamos que nada temos a ver com o que está fora de nós. Dispensamo-nos de respeitar o que existe nesse domínio, a começar pelos nossos semelhantes, cuja legitimidade humana temos tanta dificuldade de reconhecer. Para que, afinal de contas, assumir responsabilidades em relação a quem não respeitamos?

O mesmo se observa em relação à liberdade. Sabemos que nossas escolhas levam às nossas ações, que por sua vez criam hábitos e valores. Atribuir um valor supra-humano à liberdade é recusar-se a assumir as responsabilidades que irão dar apoio a essa mesma liberdade. Para nós, é cômodo pensar assim e agir de acordo. Repitamos que essa atitude nos faz fugir à responsabilidade por tudo aquilo que não estiver imediatamente próximo de nós, isto é, por tudo o que estiver fora do alcance do pensamento linear. É por isso que não queremos aprender a pensar de modo diferente, com mais amplitude: no fundo, suspeitamos que isso nos trará mais responsabilidades a assumir. Quando afirmo que o uso unilateral do raciocínio linear estreita e obscurece o nosso horizonte mental estou me referindo exatamente a esse tipo de situação.

A cultura do patriarcado, reforçada pelo projeto da modernidade, acabou separando a mente do corpo. Este foi apropriado para a produção de energia mecânica, indispensável para atender às necessidades do produtivismo. Quanto à mente, precisava também ser afastada de cena, para evitar que as pessoas pensassem, chegassem às suas próprias conclusões e protestassem contra a apropriação do corpo.

A apropriação da mente foi feita em especial pelas ideologias. Tomou-se também a providência de manter a apropriação da subjetividade das pessoas, oferecendo-lhes toda sorte de estímulos alienantes, isto é, incitando-as a competir entre si pela posse de bens materiais e a satisfação quase que exclusiva dos sentidos. Tudo isso funciona, como se sabe, por meio de uma cuidadosa divisão entre o que é cultura (no sentido de educação) – que deve ser visto como algo ligado ao entretenimento –, e as "coisas sérias", relacionadas ao trabalho. Estas, na linguagem dos tecnocratas, "agregam valor".

O culto ao Estado-nação e seu poder institucional é um dos instrumentos principais do patriarcado, e com ele vêm o nacionalismo, o bairrismo, a intolerância e o desrespeito à diversidade – óbvias manifestações de fragmentação destinadas a reforçar a "verdade" básica: a existência de uma realidade única que deve ser vista de maneira igual por todo mundo, esta por sua vez indispensável para a disseminação da idéia de progresso do *Homo economicus* – o nosso conhecido tecnocrata. Enfim, todas as providências foram tomadas para o estabelecimento da sociedade de competição e o desaparecimento da sociedade de parceria.

Uma das maneiras de fazer com que um ideário, cultura ou conhecimento pareça transcendental (isto é, revelado a partir de fora e não produzido pelo espírito humano) é reforçar o fato de sua origem estar num tempo muito distante – o que pode ser também aplicado à cultura matrística, se ela for considerada do ângulo do pensamento clássico. Nossa cultura está firmemente convencida da existência de uma linha reta de tempo, na qual o passado, o presente e o futuro se sucedem *ad infinitum*. Por isso, qualquer ponto situado num passado remoto nos parece também topograficamente distante.

É dessa forma que teorias ou conhecimentos surgidos pela primeira vez há séculos ou milênios nos parecem fora de alcance, e como tal são idealizados a ponto de acabarem se transformando em verdades totais. Quanto mais antigo o conhecimento, mais venerável e mais sacrossanto ele se torna – e portanto mais externo a nós e à nossa condição de homens comuns, por natureza maus e indignos de confiança.

A "transcendentalização" do conhecimento equivale a torná-lo muito afastado do homem comum e colocá-lo sob o controle do patriarca. Num dado instante, esse conhecimento apropriado torna-se algo venerável (para isso está sob a guarda de uma figura austera e autoritária), e assim válido para todos, inquestionável e de aceitabilidade obrigatória. Essas considerações se aplicam em especial aos credos políticos e ideológicos, mas estende-se a algumas propostas psicoterapêuticas de extração patriarcal, o que não significa que necessariamente os seus fundadores tenham tido essa intenção ao criá-las. É evidente que o problema não são os credos em si, mas sua apropriação por posturas imperiais, que não admitem questionamentos nem renovação.

O possível e o impossível

Tudo isso nos conduz, mais uma vez, à unidimensionalidade de sempre. Esta permitiu, por exemplo, que o escritor francês André Malraux dissesse: "O século 21 será místico ou não existirá". Também abriu espaço para que Lenin afirmasse: "Menosprezar de qualquer forma a ideologia socialista, desviar-se dela por mínimo que seja, significa fortalecer a ideologia burguesa".

O cunho autoritário, reducionista e excludente de assertivas como essas poderia nos levar a concordar com aqueles que dizem que, neste fim de século, a "competitividade", a ganância e a certeza de que as vitórias só valem quando o adversário é eliminado acabaram produzindo a emergência de um misticismo compensatório. É claro que não é assim – mas isso não pode ser entendido apenas por meio do raciocínio linear.

Nos dias atuais, a grande maioria das pessoas está convencida de que sempre houve guerras, e de que sempre existiu esse ânimo de competição predatória ao qual estamos tão acostumados. Mas convém lembrar que a cultura do patriarcado existe há cerca de sete mil anos, e a matrística existiu por muitos milhares de anos mais. Para Gimbutas, o importante é que as pessoas fiquem sabendo que houve culturas sem deuses punitivos e que viveram durante longo tempo sem guerras. Mas convém acrescentar que a formatação mental a que estamos submetidos praticamente impede a compreensão desses fatos e, mais ainda, as suas implicações práticas.

Ao contrário do que pode parecer, a cultura matrística não excluía os valores masculinos. Segundo Gimbutas, nesse modo de convivência os homens tinham sua posição legítima, faziam o seu próprio trabalho e exerciam os seus próprios poderes. Havia também deuses masculinos e armas para a caça. O que hoje se propõe não corresponde a simplesmente substituir a cultura patriarcal pela matrística. Se assim fosse, estaríamos apenas mais uma vez pondo em prática os nossos condicionamentos, que nos dizem: "Se o poder não estiver com os homens, estará com as mulheres: ou patriarcado ou matriarcado".

É claro que não é assim. O que se vem propondo é o reexame de um modelo de convivência que se perdeu, para verificar o que dele se pode aproveitar para as nossas condições atuais. Infelizmente, porém, a experiência vem mostrando que a simples compreensão do que representa essa proposta parece ser uma tarefa extremamente difícil para a mente linear-cartesiana. O bom senso recomenda concluir que, se houve mudança do modelo matrístico para o patriarcal, uma evolução na direção de um modo neomatrístico é ao menos concebível. A não ser, é claro, que se possa ter absoluta certeza de que o ser humano é irremediavelmente mau. O que não é o caso, pois também não estamos absolutamente certos de que ele é essencialmente bom.

Mas há ainda outro modo de refletir sobre a questão, que consiste em argumentar que, se estamos sob o patriarcado há seis ou sete mil anos, é lícito supor que uma evolução no rumo de um modo de convivência similar à cultura matrística, se ocorrer, levará outro tanto. Trata-se de um raciocínio um tanto primário, convenhamos. Entretanto, além de não ser totalmente descabido ele conduz a mais outro, que por sua vez considera que atualmente as coisas não mudam no mesmo ritmo de outros tempos. As comunicações, as técnicas de divulgação, convencimento e pressão política são hoje infinitamente mais rápidas e eficazes (e as ferramentas de destruição também).

Convém considerar ainda que o modo neomatrístico de convivência vem sendo atualmente proposto por necessidade de sobrevivência. Na passagem para o modelo patriarcal, havia o medo suscitado pela pretensa predatoriedade dos lobos. Mas, como ficou provado, estes não eram os cruéis predadores que pensávamos (e que muitos continuam, para sua conveniência, imaginando). Os maiores predadores somos nós mesmos. E agora, que a vida na Terra começa a se tornar cada vez mais problemática em conseqüência da linearidade de nossos pensamentos e ações, a questão de como sobreviveremos está mais do que nunca em pauta.

De todo modo, é importante mais uma vez deixar bem claro que também não se trata de abolir a cultura do patriarcado para pôr em seu lugar a matrística. O que hoje se vem buscando, em muitas partes do mundo, é um movimento de complementaridade, traduzido pelo entrelaçamento dos modelos linear e sistêmico de pensamento e, portanto, de convivência. Eis o que tem sido procurado. Nada nos garante que é possível pôr tudo isso em prática – mas nada nos garante também que é impossível. O assunto será retomado de várias outras formas adiante.

AS MUITAS LÓGICAS

Ao falar de lógicas, é claro que meu objetivo não é propor a polarização como instrumento de raciocínio. A própria história da lógica mostra que ela se subdividiu ao longo do tempo em muitos tipos. Além da lógica formal ou dialética existem muitas outras, como as polivalentes, a genética, a algorítmica e as chamadas não-consistentes, como a lógica nebulosa (*fuzzy logic*) e assim por diante.

A necessidade de chegar ao não-linear por meio do linear, ou melhor, de insistir na conveniência de uma complementaridade entre esses dois modos de pensamento, é que torna necessário o artifício didático da divisão bipolar. Apesar do risco de esquematicismo, não há outro meio de buscar o entendimento.

Não nos esqueçamos de que nosso sistema educacional adotou o modelo do jogo com regras rígidas – a competição –, quando precisaria incorporar de modo mais regular a festa, o lado dionisíaco que abre os horizontes da criatividade. Talvez no futuro seja possível construir um mundo em que o valor "competitividade" (o jogo puro) evolua para o valor competência (o jogo mais a festa), e possamos chegar a uma sociedade em que o apolíneo e o dionisíaco possam transacionar sem repressões excessivas de parte a parte. Com a predominância do pensamento linear isso não é possível – mas precisamos dele como porta de entrada para tentar chegar lá.

"Lógica" vem do grego *logos*. Para Heráclito de Éfeso, o *logos* é a ordenação das coisas do mundo. Pode ser falado ou escrito e resulta da interação das polaridades. É a síntese que emerge do diálogo dos opostos: bem e mal, quente e frio, noite e dia, alto e baixo, seco e úmido, dentro e fora. A noção de ordem é intuitiva. Existe uma ordem implícita na desordem. É o que Heráclito, num de seus fragmentos, chama de harmonia oculta: "O contrário em tensão convergente; da divergência dos contrários, a mais bela harmonia".

A noção de ordenação das coisas reaparece em Aristóteles. Na lógica aristotélica, as conclusões são verdadeiras desde que as premissas o sejam. Se afirmamos as premissas e negamos a conclusão, estamos diante de uma contradição e em desacordo com esse modelo de pensamento.

No sistema aristotélico, A é igual a A. Tudo o que não for A é descartado (lógica do terceiro excluído). A não pode ser igual a B, nem a mais nada. Só há duas alternativas: ou sim ou não. A noção de "talvez" é incompatível com esse modelo mental. Utilizamos a lógica aristotélica a todo momento em nosso dia-a-dia. E é bom que assim seja, porque sem ela não poderíamos conduzir nosso cotidiano. O que não é lógico, porém, é imaginar que esse seja o único processo mental útil à vida prática.

Nos cruzamentos de trânsito das grandes cidades, por exemplo, se estamos convencidos de que todo menino de rua é drogado e ladrão, o que se aproxima do nosso carro com a mão estendida também o será. Sabemos que há exceções, mas o preconceito, alimentado pela linearidade (na qual aliás se baseia), é mais forte do que a tolerância. Afinal, aprendemos na escola que A só pode ser igual a A e o resto fica excluído – inclusive os meninos de rua, que no limite acabam se tornando ladrões de fato, porque a lógica da exclusão impede que a sociedade tome providências para evitar esse desfecho.

Razão e sofrimento

A razão instrumental, cuja base é o pensamento cartesiano, só nos revela parte do que precisamos saber. A história mostra que a maioria dos movimentos de reforma tem acentuado uma das dimensões da situação humana e excluído as demais. Algumas das propostas de mudança e renovação foram radicais, mas com freqüência resultaram em fracassos quase que completos.

Houve benefícios, é claro, mas surgiram outras conseqüências que merecem ser lembradas. A pregação do Evangelho, por exemplo, levou ao estabelecimento da Igreja Católica institucionalizada e também à Santa Inquisição e outras perseguições. Os ensinamentos dos racionalistas do século 18 conduziram às guerras napoleônicas. As doutrinas de Marx desaguaram no Grande Terror – os expurgos de Stalin.

Numa palavra, as boas intenções de todas essas propostas foram distorcidas pela rigidez do modelo mental linear e muitos milhões de pessoas pagaram o preço. É claro que esse não é o único fator envolvido, mas parece não haver dúvidas quanto à sua importância no processo.

E agora, ao começar o século 21, estamos como sempre às voltas com nossa incapacidade de aprender com a experiência. Essa é uma das conseqüências mais perversas do raciocínio linear: o fato de sabermos que muitos dos conhecimentos novos se baseiam em conhecimentos anteriores não é o bastante para que evitemos os equívocos a que eles levaram.

Se pensarmos em termos de sofrimento humano, deduziremos que os erros da mentalidade de acumulação do capital não deveriam ser repetidos, porque sempre trouxeram dor e sofrimento para muitos. Mas se levarmos em conta o ponto de vista quantitativo, econômico-financeiro, concluiremos que a perda de uns é conseqüência do ganho de outros: é a regra do jogo. Os não-competitivos perderam mas a fortuna material se acumulou, e isso é o que conta na lógica do capital. É essa a história que vem se repetindo pelos séculos afora, detalhe por detalhe. Hoje, como sempre, a "competitividade" privilegia o que há de mais limitado e primitivo no homem e ignora a totalidade da condição humana – mas nem por isso as pessoas deixam de falar com entusiasmo nos benefícios da globalização da economia.

Enquanto nosso cérebro continuar – contra as suas potencialidades – unilateralizado pelo pensamento linear, veremos o mundo segundo referenciais predominantemente mecânicos e quantitativos, que serão fatalmente repassados para as nossas práticas cotidianas. Foi o que aconteceu com duas das grandes propostas de solução dos problemas da humanidade – o capitalismo e o marxismo –, que em vez da previsibilidade e da segurança que se propunham a instaurar, acabaram produzindo medo e insensibilidade.

A ótica míope do recorte

Na lógica linear, qualquer hipótese forma uma base para percepções cujo principal objetivo é buscar dados que a reforcem. Quase sempre, só vemos o que queremos ver. As hipóteses são um modo de estarmos prontos para perceber, e o fazemos de tal forma que é mais provável que percebamos *isso* do que *aquilo*. Se estamos comprometidos com determinada idéia, iremos recortá-la do que lemos e do que vemos ou ouvimos – de qualquer âmbito, enfim. Ela então será a figura e seu contexto será o fundo. Logo, somos nós próprios, por meio de nossas crenças ou modelos mentais, que determinamos consciente e inconscientemente que figuras iremos perceber.

Acresce que temos uma certa vergonha de ser intuitivos. Não fosse isso bastante, juntemos um componente que é nosso velho conhecido: a fragilidade do ego, que tentamos esconder por meio do pensamento linear. Uma das manifestações da debilidade egóica é a sua baixa resistência à frustração, que por sua vez leva ao imediatismo. Como a criança que não sabe esperar pela mamadeira, continuamos cada vez mais impacientes e querendo tudo sempre na hora, de preferência sem fazer nenhum esforço.

Sabemos que do ponto de vista da lógica linear as causas são contíguas ou muito próximas aos efeitos e, além disso, estão sempre no mesmo contexto de espaço e tempo. Essa crença nos leva a ser sôfregos e imediatistas, e o resultado é que quanto mais insistimos em procurar causas vizinhas aos efeitos mais deixamos de localizar as que não o são. Essa circunstância faz com que as causas que queremos remover se tornem cada vez mais atuantes e continuem a produzir, em escala crescente, os efeitos que queremos evitar. Quanto mais imediatistas formos, mais dificuldade teremos para obter resultados imediatos.

Mesmo assim continuamos insistindo, e desse modo a fragilidade do ego reforça a linearidade, que reforça a fragilidade do ego. O resultado é previsível (a linearidade é sempre previsível): quanto mais resultados negativos (ou falta de resultados) conseguirmos, mais tenderemos a atribuir a culpa a fatores externos. Se estivermos trabalhando em grupo, por exemplo, e dispusermos de algum poder, as pessoas que estiverem conosco pagarão por isso: acabaremos descartando as melhores, as mais criativas – justamente as que poderiam ajudar-nos a sair da linearidade.

É dessa maneira que fracassam muitos trabalhos grupais. Quando descartamos as pessoas que chamamos de incompetentes (o que quase sempre inclui as que não pensam como nós), em geral tendemos a substituí-las por outras que compartilham a nossa maneira de pensar. Desse modo estamos afagando o nosso ego, mas ficamos cada vez mais presos aos trilhos da repetição.

Substituir uma coisa por outra "melhor" implica um duplo julgamento: a) o que existia antes era pior; e b) o atual, o "meu", é melhor. Essa posição excludente vem do conceito de verdade da cultura do patriarcado: eu tenho razão (estou de posse da verdade) e você não, logo serei o vencedor e você o vencido. Como estamos habituados a descartar as coisas para substituí-las por outras, qualquer sistema não-cartesiano nos assusta, porque temos medo de que ele nos tire da rotina à qual estamos acostumados e a substitua por algo desconhecido. De pouco ou nada adiantam palavras tranqüilizadoras, que nos assegurem que se adotarmos o modelo complexo não teremos de abrir mão do linear: continuaremos desconfiando de qualquer forma.

A abordagem excludente transparece na estratégia de "esconder o jogo", de não revelar nosso modo de pensar ao "adversário", mesmo que isso acabe prejudicando o próprio processo de solução do problema no qual estamos ambos empenhados. Essa posição é tipicamente egóica: se alguém tem de ganhar serei eu. O brilho dos egos em disputa é considerado mais importante do que a solução da dificuldade. É como se os debatedores de algum modo se dessem conta da pouca eficácia do sistema de pensamento que estão usando, e por isso centrassem o debate em suas habilidades pessoais.

Vejamos algumas das características da lógica linear:

- *Necessidade de causa*. Tudo tem que ter uma causa explicável.
- *Causalidade simples*. As causas estão sempre em linha com os efeitos e são sempre imediatamente anteriores ou estão muito próximas a eles. Se uma coisa vem logo depois da outra de modo repetido, a segunda é o efeito e a primeira a causa.
- *Coerência*. Nesse contexto, coerência quer dizer conforto, acomodação. O raciocínio linear está sempre vigilante contra o

perigo da contradição. "Cair em contradição" é a grande maldição da nossa sociedade.
- *Horror ao imaginário.* "Você não está sendo objetivo" é uma observação muito freqüente, que aparece sempre que as pessoas procuram explicações para efeitos que não sejam "concretos", isto é, que não façam parte do mesmo contexto das causas.
- *Monocordismo.* "Não mude de assunto" é uma fórmula comum de defesa, utilizada sempre que as pessoas são confrontadas com algo que ameaça fazê-las "sair do sério", "sair da linha" ou "perder o fio da meada".
- *Objetividade.* Há sempre um sujeito (o observador) que observa e julga um objeto (o observado) e transforma esse julgamento num discurso. A objetividade deve conferir ao observador o que ele chama de "isenção" ou "imparcialidade". Isto é: a partir de uma estrutura de pensamento dividida, parcializada, o observador pretende ser sintético e imparcial.
- *Quantificação.* A tendência a interpretar tudo em termos quantitativos varia na razão direta da exclusão dos aspectos humanos de uma determinada situação.
- *Reatividade.* O modelo linear é reativo, e essa reatividade se mostra pela tendência a tentar destruir ou descartar tudo o que é novo. Está sempre à procura da repetição e fugindo da diferença, procurando demonstrar que o novo não é tão inédito assim.
- *Seqüencialidade, ordem direta.* "Você não está sendo claro" é uma reclamação corriqueira, que surge sempre que as pessoas se defrontam com algo fora da ordem linear – algo que para elas está fora do padrão começo-meio-fim e é, portanto, perigoso.
- *Utilitarismo e imediatismo.* "Para que serve isso?". "Não vejo como isso pode ser aplicado na prática". Não nos esqueçamos de que a lógica linear vem predominando em nossa cultura há pelo menos seis ou sete mil anos. Não é de estranhar, pois, que a maioria das pessoas imagine que ela seja a única possível, ou pelo menos a única adequada à vida "prática" e aos assuntos "sérios".

O MUNDO DIVIDIDO E O RACIOCÍNIO SUMÁRIO

Bateson afirma que em nossa cultura as crianças foram ensinadas a definir as coisas como se elas fossem isoladas umas das outras. Dessa forma um substantivo é um nome, um verbo é uma palavra de ação e assim por diante. As relações entre substantivos e verbos não são ensinadas. Um automóvel, por exemplo, pode ser definido como um veículo automotor de quatro rodas. Se ficarmos por aí, torna-se muito mais fácil vender carros, transmitir a idéia de automóvel como benefício.

Tal é a postura do raciocínio sumário, que evita colocar essas máquinas num contexto em que as vantagens possam ser examinadas em relação às desvantagens, como a poluição, os congestionamentos de trânsito (que sugere a idéia do anti-automóvel), os acidentes (nos quais aparece a correlação automóvel-morte), a construção de cidades voltadas para os carros (o automóvel como concorrente do homem) e assim por diante.

O raciocínio sumário também impede que sejam apreciadas as vantagens de um sistema eficaz de transportes coletivos. Mas já sabemos que é muito difícil introduzir uma atitude comunitária na vigência de uma mentalidade que favorece o individualismo e a exclusão. Tudo o que queremos são produtos e situações de vida "exclusivos". Quanto menos "outros" ao nosso lado, melhor.

Além disso, a falta de noção de contexto diminui a habilidade das pessoas para estabelecer relações de custo-benefício. Em conseqüência, sua capacidade de escolha se enfraquece e elas se deixam cada vez mais determinar por orientações externas. Tornam-se assim incapazes de optar por: a) não ter automóvel; b) tê-lo e utilizá-lo de um modo que não as exponha aos inconvenientes das cidades congestionadas, onde os veículos se transformam cada vez mais em estorvo a uma qualidade de vida razoável; c) usar transporte coletivo, nas cidades onde eles existem e funcionam ao menos razoavelmente.

Essa circunstância, por sua vez, dificulta o entendimento de providências limitadoras do uso dos carros para diminuir a poluição. A fragmentação do raciocínio, aliada a outros fatores de ordem cultural, torna complicado convencer as pessoas de que o transporte coletivo é uma solução melhor para o cotidiano das grandes cidades, e que isso não necessariamente as impede de possuir seus amados automóveis. O raciocínio fragmentado diminui também a capacidade desses indivíduos para entender a demagogia das propostas dos políticos que falam em construir cidades para o automóvel e não para o homem. O que importa assinalar é que no mundo de hoje o raciocínio linear acabou se transformando num sistema de crenças. E quanto mais racionalizado e institucionalizado, quanto mais seguidores tiver um sistema desse tipo, mais ele se afastará da essência da condição humana.

"JURISPRUDÊNCIAS FIRMADAS"

"Da discussão nasce a luz" – eis a máxima que vem orientando a nossa sociedade há séculos. Trata-se de um pressuposto razoável, mas não com o tipo de condicionamento a que estamos submetidos. Ele nos levou a acreditar que, diante de uma determinada questão, dois ou mais debatedores esgrimindo argumentos "racionais", acabarão chegando a uma conclusão que será boa para todos. E não apenas isso: também acreditamos que essas soluções, transformadas em registros históricos, serão sempre eficazes para ajudar na resolução de problemas semelhantes que surgirem no futuro.

Aristóteles afirmava que todo conhecimento novo se baseia em conhecimentos preexistentes. Pode-se argumentar que se essa afirmativa fosse sempre correta não poderiam existir experiências novas. Mas isso não quer dizer que não se precisa olhar para trás, nem que conhecimentos anteriores sejam sempre desprovidos de valor. É evidente que valem, e muito. Mas a experiência mostra que a maior parte deles só é útil para a vida mecânica, justamente porque esta é repetitiva.

Quando voltarmos atrás em busca de orientação, é importante ter em mente que os registros acumulados foram em sua maioria obtidos por meio do raciocínio cartesiano. É preciso ter cuidado ao fazer essas consultas, e não esquecer de que se nos orientarmos apenas pelo passado haverá possibilidades bem maiores de sermos guiados pela repetição do que pela diferença.

Além do mais, como vimos, é preciso levar em conta a nossa tendência a idealizar o que passou – os "bons tempos". Quanto mais remoto o passado, mais o idealizamos. Essa é a base da tradição, dos referenciais históricos e, na justiça, das "jurisprudências firmadas", que para boa parte das pessoas são tidas como sempre legítimas, e dessa forma justificadoras da aplicação do pensamento linear à não-linearidade da vida e das ações humanas.

E assim seguimos: vivendo, pensando e agindo em linha e aplicando esse modelo de pensamento onde ele é eficaz (a vida mecânica) e onde ele não o é (os problemas humanos não-mecânicos). Tal conduta tende a artificializar o natural e em geral leva a resultados pífios em termos de qualidade de vida. Pior ainda, deforma a nossa mente e nos induz a tentar justificar esses resultados argumentando que se eles são tão medíocres é porque tudo muda, menos a natureza humana. Pode ser. Mas até o momento não se experimentou alterar de maneira efetiva o modo de olhar: modificar o sistema de pensamento e, a partir daí, verificar o que acontece com essa natureza que acreditamos ser imutável.

O JOGO E SEUS RESULTADOS

O que o pensamento complexo propõe, em vez de ficar apenas discutindo resultados, é que é preciso também questionar o processo mental por meio do qual eles foram obtidos. A própria lógica linear tem impedido que essa proposta seja colocada em prática com a abrangência e profundidade necessárias.

Na tradição da argumentação dita lógica – que privilegia a racionalização e a consulta ao passado – essa proposta tem sido submetida ao debate "racional" e por meio dele tem sido recusada por muitos, porque "não faz sentido". Estamos convencidos de que o debate que chamamos de racional é um jogo com regras fixas, e que fugir delas é deixar de ser *sapiens*. Debatemos nem tanto para esclarecer as coisas, mas para decidir quem é mais hábil, quem "ganhou" o debate. Foi assim que aprendemos desde a escola primária e é o que vemos na televisão (os debates políticos, por exemplo) e também nas universidades.

Não é de estranhar. Sabemos que São Tomás de Aquino retomou a lógica de Aristóteles e, nela apoiado, partiu para tentar mostrar que o certo era o que dizia a sua Igreja e não o que falavam os hereges. Como se sabe, a Igreja teve uma influência decisiva na formação das estruturas universitárias em todo o mundo. Foi assim que a lógica aristotélica, retrabalhada pelo tomismo, tornou-se o instrumento básico da educação ocidental.

Hoje, vemos técnicas de negociação que tentam nos convencer de que estão buscando soluções lógicas e justas, mas que de saída propõem separar as pessoas do problema. "Não é nada pessoal, trata-se de resolver uma divergência de opiniões", é o que se afirma. Não é nada pessoal mas está sendo vivido por pessoas. Separá-las dos problemas corresponde a separar o sujeito do objeto, o observador do observado. Equivale a apartar os seres vivos de seus processos vitais, descaracterizar a vida e transformá-la num jogo em que os sentimentos e emoções são substituídos por regras e regulamentos. No fim, as soluções encontradas são chamadas de "justas" e "humanas".

E muitos ainda se admiram quando constatam que essa estratégia não dá os resultados que desejam, e que os conflitos continuam depois da assinatura de tratados e acordos cujas decisões refletem o mesmo sistema de pensamento que levou às desavenças. Ou então – o que é pior – não se admiram: acham que é assim porque sempre foi assim e que já estamos fazendo o máximo que podemos. O debate que chamamos de racional é, pois, irracional. Suas conclusões são sempre limitadas e em geral dão origem a outros debates, também ditos racionais, que por sua vez produzem novas discussões, que se supõe terem a mesma racionalidade e assim *ad nauseam.*

A CONFIANÇA RELATIVA

O propósito do debate "racional" é descartar ao máximo as variáveis, a aleatoriedade, a imprevisibilidade e a impermanência. Visa, pois, excluir os seres humanos – porque somos tudo isso: aleatórios, impermanentes e imprevisíveis. Seu objetivo não explícito é retirar das pessoas a sua humanidade e eliminar das situações humanas o que é mais profundamente humano. Trata-se de um jogo mecânico, para ser jogado por mentes mecânicas.

Quando dizemos que uma coisa faz sentido, em geral estamos querendo mostrar que ela não desafia a linearidade do nosso sistema de pensamento, isto é, não nos ameaça. Essa coisa então "faz sentido" para a lógica tradicional, pouco importando que não faça sentido algum em relação às necessidades da vida humana não-mecânica. A própria situação que nos leva a falar da vida como se ela fosse dividida em compartimentos estanques – o mecânico e o não-mecânico – revela até que ponto fomos preparados para abrir mão de nossa unidade, tudo isso em nome de uma segurança que simplesmente não existe.

Vivemos num estado mental em que a maioria de nossas expectativas é linear. Olhamos para um ponto único da reta à nossa frente, à espera do que pode vir de lá. Como estamos acostumados a eliminar o mais possível as variáveis, melhor será que o que vier não nos obrigue a pensar muito. Sabemos que temos um potencial e tudo mais, mas mobilizá-lo nos obrigaria a sair da nossa acomodação.

Dizemos o tempo todo que gostamos do novo, do original, mas as pessoas com idéias e ações novas e originais nos assustam. De certo modo até as homenageamos e reverenciamos, mas cuidamos de estabelecer uma fronteira bem nítida entre elas e nós. Damos-lhe o nome de "artistas", ou coisa semelhante, e as admiramos com um misto de inveja e desconfiança. No fundo as vemos como gente estranha, excêntrica, a quem certas liberdades são permitidas, desde que permaneçam em seu mundo e não nos ameacem demais.

Apelamos para o conhecido (ou o que supomos ser conhecido) à menor ameaça de confrontação com uma idéia nova. Citamos autores, damos exemplos históricos e assim por diante. Fazemos o jogo do "sempre foi assim". Buscamos a padronização, não a diversidade. Queremos o pensamento único, não a multiculturalidade.

Dizer "isso é antigo", ou "já foi feito antes", é com freqüência uma forma de resistir à mudança, de correr para a segurança do conhecido. É uma maneira de afirmar que a natureza humana sempre foi assim e que não adianta querer mudá-la. A suspeita paranóide funciona do mesmo modo. Suspeitamos de tudo aquilo que pensamos ser novo. A desconfiança (e também a prudência excessiva) é, evidentemente, uma forma de proteção contra o inédito.

Mas a confiança condicional também pode servir para esse fim. O bom senso nos diz que confiar é abrir-se para o que é novo, expor-se à vida. Porém, o mais comum é confiarmos nas pessoas porque imaginamos que elas não vão inventar novidades, não vão nos trazer surpresas. Tendemos a confiar nas pessoas de quem esperamos – e acabamos obtendo – repetição, não diferença.

Esse tipo de confiança é a aprovada pelo raciocínio linear e corre paralela ao conservadorismo. É a confiança condicional: confio em você, desde que você se adapte à minha definição de pessoa confiável. É a confiança relativa dos companheiros de ideologia. Melhor seria, claro, que a confiança como valor humano não precisasse de ressalvas. Mas uma situação assim requer que as relações interpessoais sejam orientadas por uma alteridade bem diferente da que vivemos hoje.

Nossa tendência a eliminar é mais forte que a necessidade de integrar. Não sabemos ouvir. Quando alguém nos diz alguma coisa, em vez de escutar até o fim logo começamos a comparar o que é dito com idéias que já temos. Esse processo mental – que chamo de automatismo concordo-discordo – quando levado a extremos é muito limitante. Ouvir até o fim, sem concordar nem discordar, tornou-se muito difícil para todos nós. Não sabemos ficar, mesmo que temporariamente, entre o conhecido e o desconhecido. Confundimos o desconhecido com o nada. A frase do escritor americano William Faulkner "entre a dor e o nada eu prefiro a dor", traduz nosso apego à repetição.

LIÇÕES DA HISTÓRIA

A história está cheia de exemplos de como a lógica cartesiana não dá os resultados esperados e também de como nos mostramos incapazes de aprender com nossos erros e fracassos. Erich Fromm observa que assim como Freud, em seus primeiros escritos, acreditou que a libertação do homem de seus tabus sexuais o levaria à saúde mental, Marx convenceu-se de que quando o ser humano se livrasse da exploração capitalista ele se tornaria bom, livre e cooperativo. Em ambos os casos o modelo mental linear revelou-se supersimplificador.

Já na década de 40, Fromm havia notado a necessidade de pensar sistemicamente, embora não usasse esse termo. Dizia que a concentração de esforços em qualquer direção, com exclusão das demais, tinha efeitos destrutivos para a totalidade do que se queria alcançar. Afirmava que esse era o maior dos obstáculos ao progresso do ser humano e apontava três exemplos importantes: a) o Cristianismo, que se preocupou muito com as mudanças espirituais e nem tanto com as sociais; b) o Iluminismo, que estimulou a razão, o julgamento independente e a igualdade política, mas pouco fez em termos de modificações sócio-econômicas; e c) o Socialismo, em especial o marxista, que ressaltou a necessidade de mudanças sócio-econômicas mas deixou de lado a transformação interna das pessoas.

Nesses e em outros exemplos históricos, o que salta aos olhos é a nossa incapacidade de aprender pela experiência. Nos dias atuais todos esses equívocos se reproduzem, detalhe por detalhe, com a escalada do neoliberalismo, que dá excessivo valor à "competitividade" e ao lucro, ignorando quase por completo o lado não-econômico/financeiro da existência humana. Não que o capitalismo em si seja mau (nem bom). O que precisamos entender é que ele é apenas a polaridade hoje em pauta, o retrato atual da unidimensionalidade de sempre, que se repete, monótona, ao longo da interminável linha reta da cultura do patriarcado.

A RIGIDEZ DO PRECONCEITO

O pensamento linear é um dos instrumentos mais eficazes para criar e manter atitudes preconceituosas. Na gênese dos preconceitos, o primeiro fenômeno a considerar é que nosso juízo se afasta do que observamos. Em conseqüência, somos levados a querer encaixar a experiência vivida em referenciais os mais simples e práticos possíveis. Trata-se da aplicação da já mencionada navalha de Ockham, ou regra da parcimônia: diante de várias opções escolhemos sempre a mais simples, a que se adapta mais rapidamente aos fatos com que estamos lidando. Esse enquadramento tão rápido parece ser o ideal, mas serve apenas para ajudar-nos a fugir à realidade. É, pois, um exercício de racionalização.

Outro artifício é o argumento *ad hominem*. Trata-se de destacar quem argumenta e não o que é argumentado. É muito usado para rejeitar uma idéia ou concepção só porque vem de alguém de quem não gostamos ou com quem não concordamos, ou o contrário. Um dos exemplos mais comuns é observado na bibliografia de muitas publicações. Pondo em prática o preceito "quem não está comigo está contra mim", muitos livros são julgados sem leitura. De acordo com os autores citados (ou não citados) em uma determinada bibliografia, o texto é de saída julgado e rejeitado no ato (ou aceito sem análise, conforme o caso). Parte-se do princípio de que ao incluir uma determinada referência o autor concorda com ela e vice-versa. Logo, para que dar-se ao trabalho de ler?

O automatismo concordo-discordo é típico da orientação da lógica da cultura do patriarcado, que faz da desconfiança uma reação automática. Com efeito, numa cultura competitiva e reativa como a nossa, gostar dos outros e confiar neles não é nada fácil. O argumento *ad hominem* está na gênese dos preconceitos e continuará existindo e predominando enquanto durar a hegemonia desse sistema de pensamento.

O primeiro passo para a formação do preconceito é separar o fato do juízo que fazemos dele, isto é, pôr o julgado no lugar do dado. Trata-se, pois, de uma variante da separação sujeito-objeto. Sempre que isso acontece ficamos com uma idéia-padrão, à qual recorreremos quando estivermos em situações semelhantes. O preconceito precisa da repetição, de referenciais passados, e abomina a diferença, as situações mutantes e a criatividade. Dessa maneira o que antes podia (ou não) ser concebido, agora é preconcebido. Trata-se de uma espécie de mecanismo de defesa contra a realidade.

Dessa forma, pomos de lado a vida e a substituímos por pressupostos. O que antes era experiência se estilhaçou e agora só restam fragmentos de percepção, dos quais escolhemos os que nos parecerem mais convenientes. Essa é a essência do julgado. Nossa cultura é predominantemente orientada desse modo. Somos propensos a colocar o que *deve ser* no lugar do que *é*. Eis o universo da regra e do julgamento, que mesmo necessário em muitos casos é simplesmente devastador em inúmeros outros.

O preconceito tem acompanhado o homem desde os tempos imemoriais. Tal acontece porque ele acabou considerado algo muito natural pela maioria de nós. Aliás, esse é um modo muito comum de nos desculparmos mutuamente por sermos preconceituosos. Trata-se da conhecida indulgência do senso comum, como sempre reforçada pelo ânimo simplificador do raciocínio linear: se todos pensam e agem assim, é porque deve estar certo. De qualquer modo, como o preconceito se apoia na repetitividade da história e nas "verdades objetivas", pode-se dizer que se não conseguirmos ao menos atenuar nossa dependência desse estado mental, dificilmente seremos capazes de reconhecer a legitimidade humana do outro.

Por conseguinte, para que possamos continuar a levar adiante o nosso cotidiano de competição predatória e exploração mútua, é indispensável que os preconceitos existam. É por meio das idéias preconceituosas que se estabelece quem é forte e quem é fraco, quem é melhor e quem é pior, física, intelectual ou ideologicamente. A racionalização está sempre a serviço desse movimento mental. Se refletirmos sobre os demais fatores que alimentam as idéias preconceituosas, cairemos sempre em variantes mais ou menos explícitas do processo racionalizador.

A acumulação continuada de idéias preconceituosas acaba nos levando a assumir uma visão paranóica de mundo. Passamos a ter medo de tudo, e dessa forma as experiências tendem a ser examinadas não em si mesmas, mas à luz desse medo, que molda e cristaliza nossas idéias. Estas terminam filtrando nossas experiências e nos impondo veredictos sobre se o que pensamos e fazemos é ou não válido e permitido. O resultado é que acabamos fazendo quase tudo às escondidas e, pior ainda, fingindo que podemos nos esconder também de nós mesmos, o que por sua vez realimenta o sentimento de culpa. Tudo isso junto gera ainda mais preconceito. Está fechado o círculo.

Quanto mais autoritária for uma sociedade, mais preconceituosa ela será. O autoritarismo se baseia nessa amálgama de micropreconceitos, cuja progressiva construção vai aos poucos consolidando o reinado do medo e da paranóia. Mas nem por isso as pessoas deixam de ter necessidade de expressar o que sentem – só que não podem fazê-lo livremente, por causa da carga de idéias estereotipadas com que deparam a cada passo, que se expressam por meio de interdições, censura, entraves burocráticos e assim por diante. Essa energia não pode permanecer sempre represada e tende a se exteriorizar sob a forma de sintomas vários, de cujo conjunto cuida a medicina psicossomática. É interessante sublinhar que esses quadros clínicos são com freqüência chamados de doenças da civilização, como se ficar doente fosse um preço a mais que tivéssemos de pagar para ter acesso ao chamado progresso e à sua pretensa interminabilidade.

Entretanto, mesmo nos casos em que essas vias de escape funcionam, o acúmulo de frustrações se mantém acima do tolerável. É então que partimos para a caça aos "culpados". Para não errar o alvo (e também para evitar o sentimento de culpa), fingimos não saber, por exemplo, que nem todo menino de rua é drogado e que nem todo mendigo de sinal de trânsito está ali para roubar nossos preciosos relógios. Está aberto o caminho para elegermos os bodes expiatórios.

O próximo passo é a internalização dos estigmas. Formam-se assim modelos mentais, muitos deles inconscientes, aos quais recorremos sempre que nossas frustrações se tornam intoleráveis. É nesses momentos que os projetamos naqueles alvos que, por isso ou por aquilo, terão de pagar por nossa incapacidade de ver as coisas com um mínimo de abertura.

É um equívoco pretender examinar qualquer questão sem ao menos tentar entender a imensa rede de preconceitos que a envolve. Essas atribulações atormentam o ser humano desde sempre. Seja como for, sem que se consiga pelo menos a atenuação das idéias preconcebidas (o que não pode ser feito apenas por meio do modelo mental linear), problemas como a exclusão social, por exemplo, jamais serão resolvidos.

O PENSAMENTO SISTÊMICO

Considere uma lâmpada comum de leitura, que está sobre a mesa. Você a acende. Começando pelo bulbo, acompanhe o fio, que desce e vai até à tomada na parede. Dela saem outros fios, que vão para as instalações elétricas do prédio. A próxima conexão é com o transformador da rua e depois, passo a passo, segue-se para uma estação abaixadora de voltagem. Dessa estação, por meio de cabos transmissores, sucessivas conexões ligam a sua lâmpada de mesa a uma grande central produtora de eletricidade – uma usina hidroelétrica, digamos.

Para que ela possa funcionar é preciso que haja água represada, cuja força movimentará as turbinas. Para que haja água, é preciso que chova. Para que chova, é preciso que existam condições ambientais adequadas. É necessário, por exemplo, que não existam desmatamentos nas nascentes dos rios, porque destes e das matas é que sai parte da evaporação que irá formar as nuvens.

Eis um exemplo de pensamento sistêmico, que mostra como tudo está interligado. Porém, nossa educação formal nos ensina a pensar em termos de partes separadas, e assim perdemos quase que totalmente a capacidade de identificar as ligações entre as coisas e os fenômenos.

Já sabemos que o pensamento sistêmico por si só não conseguiria resolver os nossos problemas. Por isso, ele precisa ser complementado pelo linear e vice-versa. Da lâmpada até a tomada na parede há uma linearidade. A partir daí, para se chegar à fonte de energia que faz brilhar a luz, teremos de percorrer um trajeto cada vez mais sistêmico, até nos diluirmos na totalidade e na complexidade do mundo natural. Nossa tendência é pensar que esse modo de raciocinar é "interessante" ou "curioso", quando na verdade ele representa a própria essência da vida.

Um sistema é um conjunto de dois ou mais componentes inter-relacionados e interdependentes – os sub-sistemas –, cuja dinâmica se dirige para um objetivo comum. Qualquer alteração numa das partes se refletirá na totalidade. É a organização do sistema que confere identidade ao conjunto. Se, por exemplo, encurtarmos os pés de uma mesa ou modificarmos o seu tampo, ela mudará de estrutura. Mas continuará reconhecível como mesa, porque manterá a sua organização. Se, porém, a fizermos em pedaços e os separarmos, não será mais reconhecível como tal: perdeu a organização e deixou de ser um sistema.

A organização é a determinante de definição: determina as características essenciais dos sistemas. A estrutura mostra como as suas partes se interligam fisicamente. A primeira identifica o sistema, diz como ele está configurado. A segunda identifica concretamente as partes e mostra como elas se interligam e como o sistema se comporta.

A estrutura pode variar sem que isso desorganize o sistema. Enquanto essas mudanças forem compatíveis com a organização, a identidade do todo permanecerá intacta. Nessa linha, quando falamos em mudança estamos nos referindo basicamente a alterações estruturais, que levam a uma recomposição dos elementos internos – os subsistemas – e daí a novas formas de funcionamento. Uma pessoa pode mudar ao longo da sua vida sem que isso signifique alterações profundas de personalidade.

Autopoiese

Poiesis é um termo grego que significa produção. Autopoiese quer dizer autoprodução. Essa palavra apareceu pela primeira vez na literatura internacional em 1974, num artigo publicado por Varela, Maturana e Uribe, para definir os seres vivos como sistemas que produzem continuamente a si mesmos. Esses sistemas são autopoiéticos por definição, porque recompõem continuamente os seus componentes desgastados. São redes de produções moleculares. As moléculas produzidas produzem a mesma rede que as produz. Pode-se concluir, portanto, que um sistema autopoiético é ao mesmo tempo produtor e produto.

Para Maturana, o termo "autopoiese" traduz o que ele chamou de "centro da dinâmica constitutiva dos seres vivos". Para exercê-la de modo autônomo, eles precisam recorrer a recursos do meio ambiente. São ao mesmo tempo autônomos e dependentes. Trata-se, pois, de um paradoxo. Essa condição paradoxal não pode ser adequadamente entendida pelo pensamento linear, para o qual tudo se reduz à binariedade do sim/não, do ou/ou. Diante de seres vivos, coisas ou eventos, o raciocínio linear analisa as partes separadas, sem empenhar-se na busca das relações dinâmicas entre elas. O paradoxo autonomia-dependência dos sistemas vivos é melhor compreendido por um sistema de pensamento que englobe o raciocínio sistêmico (que examina as relações dinâmicas entre as partes) e o linear – o pensamento complexo.

Maturana e Varela utilizaram uma metáfora didática para falar dos sistemas autopoiéticos que vale a pena reproduzir aqui. Para eles, trata-se de máquinas que produzem a si próprias. Nenhuma outra espécie de máquina é capaz de fazer isso: todas elas produzem sempre algo diferente de si mesmas. Se os sistemas autopoiéticos são um só tempo produtores e produtos, pode-se também dizer que eles são circulares, ou seja, funcionam em termos de circularidade produtiva. Para Maturana, enquanto não entendermos o caráter sistêmico da célula, não conseguiremos compreender adequadamente os organismos.

DETERMINISMO E ACOPLAMENTO ESTRUTURAIS

Segundo Maturana, todo sistema vivo é determinado por sua estrutura, isto é, pela forma como seus componentes se relacionam entre si. O que acontece a um sistema num dado momento depende de sua estrutura nesse momento. É o que o biólogo chama de determinismo estrutural. É essa condição que confere a cada sistema vivo uma percepção de mundo que lhe é peculiar.

Se os sistemas são estruturalmente determinados, não existem dados externos válidos para todos eles. Por isso, "verdades" que valem para todos os homens também não podem existir. Diferentes estímulos externos determinam reações diferentes em sistemas com estruturas diversas. A realidade é percebida de modos diferentes por distintos observadores. Se a percepção depende da estrutura do sistema percebedor, suas mudanças estruturais não são meramente reativas.

O determinismo estrutural não afirma que a realidade é exclusivamente subjetiva: diz apenas que subjetiva é a percepção que temos dela. Além disso, sustenta que a percepção não é determinada unilateralmente, e sim por meio da interação do nosso organismo com o meio. Essa posição não deve ser confundida com o solipsismo, que consiste em afirmar que a realidade externa não existe, que não há nada além do conteúdo das nossas mentes.

Maturana afirma que os sistemas e o meio em que eles vivem se modificam de forma constante e congruente. A esse processo interativo ele dá o nome de acoplamento estrutural. Na sua comparação, o pé está sempre se ajustando ao sapato e vice-versa. É uma boa maneira de dizer que o meio produz mudanças na estrutura dos sistemas, que por sua vez agem sobre ele, alterando-o.

Costumo utilizar, para o mesmo fim, a metáfora do rio e seu leito. Ao fluir, o rio vai abrindo a sua trajetória por entre os acidentes e as irregularidades do terreno – como ensinam os sempre citados versos do poeta espanhol Antonio Machado: "Caminante, no hay camino/se hace camino al andar" ["Caminhante, não há caminho/ o caminho se faz ao caminhar"]. Contudo, nem o rolar das águas nem a geografia das margens determinam sozinhos o curso do rio: tudo acontece junto, de um modo espontâneo e sábio, que mostra como as coisas se determinam e se constróem umas às outras no mundo natural.

O mesmo ocorre com pessoas que vivem juntas. Somos sistemas cuja estrutura muda sem cessar, mas cuja organização (que é a condição necessária para que continuemos vivos) permanece a mesma. O momento em que um sistema se desorganiza é o limite de sua tolerância às mudanças estruturais.

Mesmo sabendo que cada sistema vivo é determinado a partir de sua estrutura, é importante entender que quando dois sistemas estão em acoplamento, num dado instante dessa inter-relação a conduta de um é sempre fonte de respostas compensatórias por parte do outro. Trata-se, pois, de eventos transacionais e recorrentes.

Sempre que um sistema influencia outro, este passa por uma mudança de estrutura, por uma deformação temporária. Ao replicar, o influenciado dá ao primeiro uma interpretação de como percebeu essa deformação. Estabelece-se um diálogo. Forma-se um contexto consensual, no qual os organismos acoplados se influenciam mutuamente. Esse interagir é, de acordo com Maturana, um domínio lingüístico.

Nesse âmbito transacional, o comportamento de cada organismo corresponde a uma descrição do comportamento do outro: um "conta" ao outro como recebeu e interpretou a sua ação. Por isso, é possível dizer que não há competição entre os sistemas vivos. O que existe é cooperação. No entanto, quando à natureza se junta a cultura formatada de modo predominante pelo pensamento linear (como no nosso caso), as coisas mudam – e para pior.

O fato de os sistemas vivos estarem submetidos ao determinismo estrutural não significa que eles sejam previsíveis. São determinados, mas isso não quer dizer que sejam predeterminados. Com efeito, se a sua estrutura muda constantemente e em congruência com as modificações do meio – que são aleatórias –, não se pode falar em predeterminação. Para evitar dúvidas sobre esse ponto, basta ter sempre em mente um detalhe: aquilo que acontece em um sistema num dado momento depende de sua estrutura nesse momento.

O mundo em que vivemos é o que construímos a partir de nossas percepções. Por conseguinte, nosso mundo é a nossa visão de mundo. Se a realidade que percebemos depende da nossa estrutura – que é individual –, existem tantas realidades quantas pessoas percebedoras. Eis por que o chamado conhecimento objetivo é impossível: o observador não é separado do processo que observa. Se somos determinados pelo modo como funcionam as partes que nos compõem (pela nossa estrutura), o ambiente só desencadeia em nós o que ela permite. Um gato percebe o mundo e interage com ele de acordo com sua estrutura de gato, jamais com uma configuração que ele não tem, como a de um ser humano, por exemplo. Do mesmo modo, não vemos um rato como o vê um gato.

Os sistemas vivos são formados a partir de dentro, não a partir de fora, isto é, são *in-formados*. Quando ouvimos um orador, por exemplo, o que entendemos de sua fala depende muito mais de nós próprios do que daquilo que ele está dizendo, por maiores que sejam a sua clareza e eloqüência. Krishnamurti costumava propor que, em vez de escutá-lo de modo "racional", seria importante para os ouvintes procurar perceber o que acontecia em si mesmos em função do que estavam ouvindo. Essa percepção, porém, não deveria se centrar apenas na palavra: precisaria ser total, e para tanto seria bom que incluísse as emoções e as mudanças corporais.

Para Maturana, quando alguém se diz objetivo, na realidade está afirmando que tem acesso a uma forma privilegiada de ver o mundo, e que esse privilégio lhe confere uma autoridade que implica a submissão de quem supostamente não é objetivo. Essa é uma das bases da chamada argumentação lógica. A alegada percepção objetiva significa que a pessoa que a exerce possui a verdade, ou pelo menos está mais perto dela do que quem não é objetivo.

Como nos julgamos capazes de ser objetivos, o mundo é para nós um objeto. Imaginamos que estamos separados dele e o observamos como críticos e avaliadores. E vamos mais longe: por meio do ego, achamos que somos observadores afastados até de nós mesmos. Nosso ego nos observa, avalia as nossas outras dimensões. Nessa ordem de idéias, para que possamos exercer essa suposta objetividade é necessário que haja uma fronteira, uma divisão entre o ego e o mundo, e também entre o ego e o restante de nossa totalidade. Tornamo-nos então divididos. E se assim ficarmos, o mesmo acontecerá ao nosso conhecimento, que por isso resultará limitado.

Eis o que conseguimos, com nossa pretensa objetividade: uma visão de mundo dividida e limitada. É a partir dela que nos imaginamos autorizados a julgar e condenar a "não-objetividade" e a "intuitividade" de quem não concorda conosco. A partir de uma visão dividida e limitada, pretendemos chegar à verdade e mostrá-la aos outros – uma verdade que julgamos ser a mesma para todos. O filósofo Ludwig Wittgenstein diz que nós somos o mundo, e que o mundo do homem feliz é diferente daquele do infeliz. Logo, se estivermos insatisfeitos com ele, a única maneira de mudar algo é mudar a nós mesmos.

REPRESENTACIONISMO E CONSTRUTIVISMO

Para o pensamento representacionista o mundo é a idéia que temos dele, isto é, corresponde à representação que dele fazemos em nossa mente. Isso implica um mundo previamente dado, de existência independente – uma realidade anterior à observação, que conteria informações já prontas. Caberia ao observador extrai-las dela por meio da cognição.

Há quem pense diferente. Maturana e Varela são um exemplo. No seu modo de entender, a cognição não consiste em representações (idéias) que o observador tem de um mundo que lhe é anterior. Em vez disso, o processo cognitivo é uma construção dinâmica e inerente ao fluxo da vida, ao processo de viver. Para esses dois autores, à medida em que se desenrolam as suas vidas, os sistemas vivos vão construindo os seus mundos. Viver é conhecer e conhecer é viver. A vida é um processo de conhecimento. Em conseqüência, se quisermos conhecer os seres vivos e o modo como vivem, devemos estudar as formas pelas quais eles chegam a conhecer o mundo. Ou seja, devemos adotar uma atitude epistemológica. É por isso que Maturana chama a sua teoria de biologia da cognição.

Como são estruturalmente determinados, os sistema vivos constróem seus mundos segundo os referenciais dessa determinação. Isso quer dizer que sistemas semelhantes (seres da mesma espécie, por exemplo) constróem mundos semelhantes. No caso dos seres humanos, esse processo é mais complexo, porque à dimensão puramente biológica somam-se a linguagem e a consciência.

Pode-se dizer que, segundo Maturana e Varela, conhecer é construir. O mundo não é a idéia que temos dele: é a realidade que elaboramos à medida que vivemos, segundo referenciais que estão determinados em nossa estrutura. Os seres vivos constróem o seu próprio mundo – mas não o fazem de forma unilateral, e sim por meio da dinâmica de seu acoplamento com o ambiente.

É também importante notar que Maturana e Varela não negam a existência de um mundo concreto externo ao observador. Também não afirmam que a percepção que este tem dele é ilusória, nem tampouco dizem que o mundo é vazio e que criamos tudo o que nele existe. O que esses autores sustentam é que existe uma realidade material externa a nós, mas ela não tem nenhuma característica pré-estabelecida em relação ao observador. É ao longo de sua percepção e conhecimento do mundo que ele vai construindo tais características.

Consideremos, por exemplo, uma flor. Ela existe materialmente no mundo, mas não existe de um modo objetivo, pré-dado, em relação ao observador. Ao percebê-la, cada um cria a sua própria flor, de acordo com referenciais determinados em sua estrutura. O observador não recebe de modo passivo a representação da flor em sua mente – ele a constrói. A interação desencadeia na estrutura de cada observador o processo cognitivo por meio do qual cada um cria a flor que lhe é possível construir segundo sua estrutura. Em suma, para Maturana e Varela a cognição não é um fenômeno representacional.

As implicações práticas dessas idéias são da maior importância, porque significam o questionamento de um ponto de vista que até então considerávamos indiscutível – a noção de que as informações são retratos fiéis de um mundo que pensávamos ser anterior a nós, e do qual supúnhamos ser possível fazer representações mentais. Isso quer dizer que as informações que trocamos no cotidiano, por meio da linguagem escrita ou falada, não são na verdade descrições objetivas do mundo, ou seja, não são tão informativas como imaginamos.

Essa posição não é fácil de entender e menos ainda de aceitar, porque estamos acostumados a acreditar que a linguagem escrita e falada é capaz de representar verdades sobre coisas e eventos. Quando dizemos "o avião sai às oito horas", acreditamos que estamos passando uma informação clara e objetiva. Esse é o padrão de nossa cultura. Quando falamos que horas são, estamos fazendo uma abstração do contexto temporal em que vivemos, que é apenas parcialmente representativa da complexidade de nossa interação com o tempo e com o mundo. Além disso trata-se de um dado isolado e estático, enquanto o contexto de onde ela foi retirado é muito amplo e está sempre em mudança.

As informações que julgamos transmitir pela linguagem não são tão fielmente representativas da nossa interação com o mundo, como pensamos. A linguagem não pode veicular de modo adequado informações contidas num mundo anterior a nós, porque nossa interação com ele é dinâmica e global. As informações que dele extraímos são apenas recortes de um contexto maior, com o qual estamos em acoplamento estrutural. Entre sistemas vivos sempre em construção e um mundo supostamente já pronto e que lhes é anterior, há claramente uma defasagem. É por isso que só podemos conhecer o mundo à medida em que o construímos.

Nossa linguagem falada e escrita consiste em abstrações e símbolos. É preciso entender essa condição em relação à estrutura do sistema nervoso. Segundo Maturana, esse sistema ao funcionar não faz diferença entre classes de estímulos, isto é, não distingue de onde vêm as suas mudanças de estado. Ele não opera por meio de símbolos, e sim mediante relações concretas de atividade. Os símbolos são criações do observador. O que um observador percebe como equivalências simbólicas na verdade constitui um modo seu de explicação.

O sistema nervoso produz comportamentos que fazem sentido em contextos de relações. Estas, por sua vez, são expressas pelo observador como equivalências simbólicas. Dois mais dois são quatro por causa de uma convenção cultural, não porque essa soma represente uma verdade externa, objetiva e anterior à nossa experiência.

O psiquiatra Ronald Laing observa que é pela experiência (isto é, a interação) que surgimos no mundo uns para os outros, e não por meio da linguagem falada ou escrita. Para ele, uma sessão de psicoterapia é uma troca de experiências, e não um intercâmbio de informações sobre situações anteriores ao encontro do terapeuta com o cliente. É por isso que muitas vezes sessões de psicoterapia gravadas soam para observadores externos como conversas triviais.

Convém repetir: o que chamamos de informação não é tão informativo como pensamos, isto é, não nos forma por dentro (não nos *in-forma*). Lembremos que, de acordo com o determinismo estrutural, o ambiente (e as informações já prontas que ele conteria) apenas deflagra modificações na estrutura dos sistema vivos – mas não especifica quais serão nem como irão se processar. Tampouco diz quais serão as conseqüências dessas mudanças. Tudo isso é definido dentro dos sistemas, pelo que está determinado em sua estrutura. Não é possível *in-formar* um sistema que já está *in-formado*, ou seja, que já está estruturalmente determinado.

Logo, não são as informações que produzem as mudanças, e sim as interações do sistema com o meio, onde estão, é claro, outros sistemas. O que está em jogo é a circularidade da relação entre o observador como sistema vivo e o mundo. Se considerarmos apenas um lado dessa interação – o mundo – (é o que sempre fazemos, dado o nosso condicionamento pelo pensamento linear), e nos colocarmos fora dele, jamais conseguiremos entender a fenomenologia desse processo.

Pode-se, portanto, concluir que conhecer o mundo segundo nossa estrutura é o mesmo que criá-lo de um modo dinâmico e interativo. E isso é diverso de apenas fazer representações passivas dele em nossa mente. Como nossa estrutura muda constantemente, em função de nosso acoplamento com o mundo, segue-se que essa criação está integrada à própria essência de nossa autopoiese, isto é, de nossa vida.

Um dos grandes interesses da nossa cultura – talvez o maior deles – é manter o representacionismo, isto é, conservar a crença de que as informações já vêm prontas de fora e são descrições objetivas do mundo. Se tais informações já vêm prontas, e se sua percepção é representacional (e passiva), basta manipulá-las para manipular as pessoas que as recebem.

Por isso, apoiar a visão de mundo representacionista é de grande interesse para o capitalismo. Como é óbvio, ela é extremamente facilitada e mantida pela formatação mental de nossa cultura pelo pensamento linear. Essa é a principal razão da grande resistência que a visão complexa (e não apenas a sistêmica) de mundo provoca em nossa sociedade. Esse é o âmago da questão. Não se trata da simples vigência de um suposto "velho paradigma", que precisaria ser substituído por um igualmente hipotético "novo paradigma", como muitos acreditam.

Os sistemas não podem ser reduzidos ao meio, e vice-versa. Eis por que de nada adianta tentar atribuir a causa de nossos problemas apenas a fatores externos. Mesmo que isso fosse viável, só poderíamos reagir a eles a partir da nossa estrutura, não em função apenas das determinações ambientais, o que tem conseqüências importantes para nossas relações com os outros. Se a verdade é individualmente percebida, só poderemos nos aproximar dela por meio do consenso. Para obter acordos confiáveis, é preciso que o outro seja confiável – e para isso é indispensável que reconheçamos a sua legitimidade humana.

Enquanto tal não acontecer, as verdades individuais continuarão em conflito e teremos sempre problemas para entender a realidade. Trabalhar com o real é um processo que começa pelo modo de lidar com os outros. Essa circunstância prevê a criação de espaços de convivência, intereducação e intergeração de idéias. Se o ser humano é, como todo ser vivo, uma unidade de conhecimento, viver é fazer parte de um incessante processo de aprendizagem.

AS COMUNALIDADES

No mundo de hoje, existe um conjunto de circunstâncias que têm sido chamadas de comunalidades. São questões de âmbito planetário, não passíveis de solução dentro de fronteiras nacionais. Eis algumas: a Aids, as drogas, o desrespeito aos direitos humanos, o buraco na camada de ozônio, a poluição, o efeito estufa, a radiação nuclear, a baixa qualidade da educação, o desemprego e a exclusão social. Por último, mas de não menor importância, vêm a instabilidade da economia mundial e o fluxo vertiginoso e cada vez mais problemático do capital pelos sistemas financeiros do planeta. Todos esses fenômenos estão inter-relacionados, e essa é a maior dificuldade que os Estados-nação têm de entendê-los e lidar com eles: por estarem fechados em suas fronteiras, não é fácil para os governos pensar em termos de sistema.

As comunalidades são a globalização da infelicidade. A incapacidade dos países de lidar com elas separadamente tem causas múltiplas, mas na base de todas está a insistência em utilizar o modelo mental de causalidade simples como instrumento único de solução dos problemas humanos. A razão linear é insuficiente para planejar e pôr em prática soluções transnacionais e transculturais. Para chegar a elas precisamos de competência, não de "competitividade". Aliás, a experiência tem mostrado que quanto mais "competitividade" mais comunalidades.

No fundo, essas soluções dependem da criação de valores que permitam o reconhecimento da legitimidade humana do outro. Sabemos que isso não é possível com o sistema de pensamento hoje dominante. Desse modo, o mundo continua dividido em sujeitos à procura de objetos: precisam deles para exercer a sua pretensa objetividade, porque dela depende o equilíbrio de seus egos. É espantoso constatar como as pessoas entendem intelectualmente o mecanismo dessa armadilha, mas não conseguem escapar dela.

A solução de questões como as comunalidades requer uma noção de alteridade que não possuímos. A própria continuidade do modelo mental linear como fio condutor de nossos processos educacionais é talvez a maior das comunalidades, porque está na base de todas as demais. É preciso não aceitar esse padrão como o único legítimo, colocá-lo em questão, desafiá-lo. A clássica prescrição cartesiana nos convida a duvidar de tudo o que nos parece evidente. Se assim é, sejamos cartesianos também nesse contexto. A dúvida metódica precisa ser cada vez mais exercida, para evitar que continuemos perdidos nas intermináveis conjeturas de sempre, tentando descobrir quem está com a "razão".

Como se vê, o rigor da polarização não só empobrece o conhecimento produzido em cada período histórico da vida humana, como também vem impedindo que eles sejam fertilizados pela experiência da diversidade.

2. A DANÇA DOS CONCEITOS

> *Refletir quer dizer, ao mesmo tempo: a) pesar, repesar, deixar descansar, imaginar sob diversos aspectos o problema, a idéia; b) olhar o seu próprio olhar olhando, refletir-se a si mesmo na reflexão. É preciso alimentar o conhecimento com a reflexão; é preciso alimentar a reflexão com o conhecimento.*
>
> Edgar Morin

Para compreender a abordagem complexa, são necessários alguns conceitos básicos além dos já apresentados. Alguns deles são bem conhecidos, outros nem tanto. Por isso penso que seria útil expô-los de modo breve, o que será feito ao longo deste e do próximo capítulo. Comecemos com uma retomada dos principais dados sobre os pensamento linear, sistêmico e complexo.

O LINEAR, O SISTÊMICO E O COMPLEXO: UMA RETOMADA

Voltemos a alguns pontos fundamentais:

- Há quem não faça distinção entre os pensamentos sistêmico e complexo. Desde o começo deste livro, porém, venho preferindo denominar de pensamento complexo à complementaridade entre os

modos linear e sistêmico, porque penso que essa providência facilita a compreensão de que esse sistema de pensamento é uma proposta abrangente, "de abraço", como diz Morin.
- Se raciocinarmos em termos de sistema, perceberemos que: a) a organização engloba de maneira dinâmica os objetos isolados; b) as unidades em inter-relação abrangem as unidades isoladas, sem tirar as propriedades intrínsecas de cada uma delas; c) as partes que formam o todo são sub-sistemas do sistema; d) a estrutura, desse todo, muda continuamente; e) o conceito de matéria estática se modifica e aparece a idéia de processo.
- A forma dos objetos não é intrínseca a eles: depende da interação de sua estrutura com o meio. Em termos humanos essa noção impede, por exemplo, que apliquemos rótulos aos outros e dificulta o aparecimento dos preconceitos. Sabemos como é fácil chamar uma pessoa de louca. O difícil é entender a complexidade de sua personalidade e suas mutações constantes, bem como suas interações com a cultura em que ela vive.
- O modelo de Aristóteles (forma e substância) e o padrão de Descartes (objetos fragmentáveis e simplificáveis) formam a base do pensamento linear. Por meio dele é que tentamos entender os objetos isolados, fragmentários, simples e estáticos. Esses parâmetros não nos fazem compreender os sistemas, porque estes são complexos e dinâmicos. Para essa compreensão é preciso usar o pensamento complexo, que permite entender as características sistêmicas básicas que são, segundo Morin, unidade, multiplicidade, totalidade, diversidade, organização e complexidade.
- Recordemos de novo Morin. A explicação de uma totalidade complexa por meio das propriedades de seus componentes isolados e pelas leis gerais que os regulam, acaba super-simplificando e desorganizando aquilo que constitui a própria realidade dos sistemas: a articulação, a unidade na multiplicidade. A desarticulação produz a morte do sistema, porque separa as suas partes e interrompe a sua dinâmica. Para usar uma metáfora do futebol: o pensamento linear permite perceber as equipes que estão em campo e individualizar e analisar seus jogadores, mas só o pensamento

complexo possibilita apreciar a dinâmica do jogo, com suas surpresas, emoções e aleatoriedades.
- O reducionismo resultou na perda da visão de conjunto e na falta de compreensão da complexidade dos sistemas. O resultado foi que nos acostumamos a pensar que as coisas são invariavelmente simples, quando nem sempre o são. Essa atitude nos levou a tentar aplicar soluções simples a questões complexas, como as humanas. Ao perceber que esse procedimento não dava bons resultados, passamos a tentar simplificar as questões complexas para reduzi-las à simplicidade das nossas soluções. Como na velha anedota: "Você sabe como caçar crocodilos com um binóculo e uma caixa de fósforos?", pergunta um. "Não. Como é que se faz?", quer saber o outro. "É simples", retruca o primeiro, "pegue o binóculo, vire-o ao contrário e olhe para o crocodilo: ele ficará muito pequeno. Então você o apanha e o prende na caixinha".
- Soluções simples aplicadas a problemas complexos resultam quase sempre em maus resultados, quando não em catástrofes. Ver, por exemplo, as medidas que têm sido propostas para tentar resolver o problema das devastações florestais.
- O pensamento linear quer simplificar a complexidade e explicar o todo pelas propriedades das partes separadas. A visão complexa procura entender as relações entre as partes e o todo, remetendo um ao outro e vice-versa. Seu ponto de partida é a já citada posição de Pascal, que agora reproduzo na íntegra: "Sendo todas as coisas causadas e causantes, auxiliadas e auxiliantes, mediatas e imediatas, e mantendo-se todas elas por meio de um vínculo natural e insensível, que une as mais afastadas e as mais diferentes, considero impossível conhecer as partes sem conhecer o todo, bem como conhecer o todo sem conhecer as partes em particular". Nem o pensamento linear, nem o sistêmico, quando utilizados isoladamente, são capazes de conseguir isso. Essa é a proposta do pensamento complexo.
- Soluções imediatistas geram resultados imediatos, mas logo levam ao reaparecimento do problema primário. As soluções rápidas acabam produzindo atrasos, porque ignoram a natureza cíclica dos

fenômenos e a conseqüente necessidade do tempo de espera para que os resultados comecem a surgir.
- Por outro lado, nossa dificuldade de esperar vem da compulsão que temos de intervir nos processos naturais, o que nos impede de percebê-los tal como se apresentam à experiência imediata. Essa circunstância, por sua vez, vem de nossa incapacidade de entender a transacionalidade sujeito-objeto. A incapacidade de esperar (ansiedade) é típica da super-simplificação, que gera e é gerada pelo medo de viver experiências e assumir a responsabilidade pelo vivido.
- Os sistemas têm pontos em que as ligações entre suas estruturas são mais delicadas. São os chamados pontos de alavancagem. Quando mobilizados, eles podem gerar mudanças súbitas na totalidade sistêmica. É por isso que muitas vezes pequenas mudanças podem produzir grandes resultados. É o que Peter Senge chama de princípio de alavancagem. Esse princípio explica porque as pessoas precisam do pensamento sistêmico para entender que ações individuais podem levar a efeitos comunitários. Tal compreensão é muito difícil para nós, que nascemos em uma cultura que estimula o individualismo (que é excludente) e dificulta o exercício da individualidade (que leva à visão comunitária).
- O pensamento complexo permite entender que cada coisa é ao mesmo tempo causa e efeito, isto é, torna possível pensar em termos de ciclos que se influenciam mutuamente e ampliar o significado de nossas conclusões.
- As conclusões oriundas do pensamento complexo em geral parecem óbvias. É precisamente por isso que as pessoas tentam desqualificá-las: "É simples demais"; "não pode ser tão fácil assim"; "não pode funcionar na prática"; "já foi dito muitas vezes antes". Numa palavra, confundimos simplicidade (naturalidade) com simplificação. Por isso é que se diz que para muitos de nós o mais difícil é reconhecer o óbvio.
- Os modelos mentais apresentados sob a forma de softwares são um meio eficaz de aprender a trabalhar com o pensamento sistêmico. Funcionam como as teorias. Elas propõem hipóteses, e a

seguir passa-se à prática, que as confirmará ou não. Infelizmente, porém, muitos se deixam alienar pelas teorias (e pelos softwares) e, em vez de vê-los como meios para a compreensão da realidade, passam a encará-los como um fim em si, como uma realidade artificiosa à qual a vida humana e os processos naturais devem ser reduzidos.

- Não sabemos o que realmente somos: os outros é que nos dizem isso. No entanto, tudo fazemos para que eles tenham receio de nos contar o que pensam a nosso respeito.
- O ego é apenas um dos componentes da estrutura do ser humano. Mas sabemos que o todo não pode ser reduzido a nenhuma de suas partes. Essa impossibilidade põe a nu a fragilidade egóica. Por ser uma fração, o ego não tem capacidade para pensar em termos de totalidade, e por isso não pode decidir o que é ou não bom para a totalidade da pessoa. Essa circunstância o leva a decidir sempre em termos imediatistas e auto-referentes. Eis por que o pensamento cartesiano é o instrumento ideal para as necessidades egóicas – o que talvez explique a sua longa hegemonia e a sua enorme resistência às tentativas de complementação.
- Até aqui, podemos muito bem dizer que não há nada de novo, que tudo isso já foi dito, que é óbvio etc. Foi assim que aprendemos a argumentar. Mas nada disso faz desaparecer determinadas questões que, por serem incômodas e por não sabermos como nos livrar delas, fazemos de conta que não existem.

O QUE É COMPLEXIDADE

A complexidade não é um conceito teórico e sim um fato da vida. Corresponde à multiplicidade, ao entrelaçamento e à contínua interação da infinidade de sistemas e fenômenos que compõem o mundo natural. Os sistemas complexos estão dentro de nós e a recíproca é verdadeira. É preciso, pois, tanto quanto possível entendê-los para melhor conviver com eles.

Por mais que tentemos, não conseguiremos reduzir essa multidimensionalidade a explicações simplistas, regras rígidas, fórmulas simplificadoras ou esquemas fechados de idéias. A complexidade só pode ser adequadamente entendida por um sistema de pensamento aberto, abrangente e flexível – o pensamento complexo. Este configura uma nova visão de mundo, que aceita e procura entender as mudanças constantes do real e não pretende negar a contradição, a multiplicidade, a aleatoriedade e a incerteza, e sim conviver com elas.

Pode-se dizer que a complexidade emerge da interseção entre a ordem pura e a desordem pura. Expliquemos. A ordem pura implicaria a impossibilidade do aparecimento de algo novo, diferente. A desordem pura resultaria no mesmo: para que surgisse e se desenvolvesse algo diverso dela, seria preciso um mínimo de organização. A complexidade é o resultado natural da complementaridade entre a ordem e a desordem, e mostra que uma não se reduz à outra nem ambas se resolvem numa síntese estática: elas convivem como pólos antagônicos e mutuamente alimentadores.

Nem sempre conseguimos resolver as contradições, como pretendemos. Muitas vezes é imperioso conviver com elas. São condições inerentes à própria natureza dos sistemas vivos e querer superá-las seria inútil, ingênuo e, no limite, prejudicial a nós mesmos. Como lembra Morin, nos pontos e momentos em que não se pode superar as contradições, vencer os antagonismos, ultrapassar os paradoxos, aí é que está a complexidade.

O pensamento linear é incapaz de entender a desordem pura, porque é pautado exclusivamente pela ordem. O pensamento sistêmico, por sua vez, e dada a sua natureza, não pode compreender a ordem pura. Na mesma linha, a complexidade não pode ser entendida por nenhum desses dois modelos mentais. Essa é a tarefa do pensamento complexo, que lida com a ordem, a desordem, a interação e a organização. Trata-se de um pensamento plural, e duas de suas principais características são:

a) a razão aberta, que busca compreender os fenômenos vitais sem atribuir-lhes juízos imediatos de valor nem fechar sobre eles conclusões definitivas. É a razão que se abre para o irracional (mas que nem por isso se deixa determinar por ele), que não finge que a irracionalidade não existe, nem faz de conta que pode

eliminá-la da condição humana. Uma razão que não admite o irracional é um artifício retórico, não uma dimensão do ser humano;
b) a religação, que visa reabrir as fronteiras entre as disciplinas do conhecimento e promover a intercomunicação entre os compartimentos estanques do saber, produzidos pelo pensamento fragmentador.

Para o desempenho dessa missão, o pensamento complexo utiliza os instrumentos descritos a seguir.

OS OPERADORES COGNITIVOS

Os operadores cognitivos do pensamento complexo, também chamados de operadores de religação, são instrumentos epistemológicos úteis para o entendimento da visão complexa e sua colocação em prática. Foram desenvolvidos ao longo do tempo por vários autores, e seu modo operativo em relação à complexidade foi esquematizado por Morin. Não devem ser imaginados como isolados uns dos outros. Também não se deve pensar que qualquer um deles é mais ou menos eficiente que os demais. Pelo contrário, são todos interligados e atuam em sinergia, embora se possa preferir esse ou aquele num dado momento, a depender da inclinação individual. Trata-se de meios distintos para alcançar o mesmo resultado – entradas diversas para uma mesma casa. São os seguintes:

a) o pensamento sistêmico;
b) a idéia de circularidade;
c) a noção de circularidade produtiva;
d) o operador hologramático;
e) o operador dialógico;
f) a transacionalidade sujeito-objeto.

Antes de examinar cada um deles, lembremos que a noção de sistema tem evoluído em várias direções. Uma delas está hoje em prática, principalmente nos EUA, no universo das empresas, com a denominação de pensamento sistêmico. Nessa acepção, adquiriu um sentido muito restrito. Ao ser aplicado como simples ferramenta, o pensamento sistêmico tem proporcionado resultados predominantemente mecânicos, e portanto insuficientes para abranger a complexidade dos fenômenos do cotidiano.

Quando usado dessa forma, o pensamento sistêmico pode proporcionar bons resultados em termos produtivistas, mas certamente não é o bastante para lidar com a diversidade dos sistemas naturais. É indispensável ter sempre em mente que, em que pese a sua grande importância, esse modo de pensar é apenas um dos operadores cognitivos do pensamento complexo. Por isso, quando utilizado, como tem sido, fora da idéia de complexidade, diminuem a sua eficácia e potencialidades. Passemos agora ao exame de cada um dos operadores cognitivos.

O pensamento sistêmico

Já sabemos que um sistema é um conjunto de dois ou mais componentes inter-relacionados e interdependentes – os sub-sistemas –, cuja dinâmica conjunta se dirige para um objetivo comum. Nos sistemas, como observa Morin, o todo organizado produz qualidades e propriedades que não existem nas partes tomadas isoladamente.

Um sistema vivo como o corpo humano é um bom exemplo: consiste em partes diferentes umas das outras (os órgãos), que quando isoladas são incompletas, irrealizadas: só o todo (a organização, o organismo inteiro) é capaz de lhes proporcionar a plenitude de suas possibilidades e capacidades. O todo produz nas partes determinadas capacidades, que refluem sobre ele. É preciso entender o sistema em termos de sua estrutura (a constelação das partes), de sua organização (o todo), das relações dinâmicas entre ambas e, por fim, da relação do sistema com o meio (acoplamento estrutural). Essa é a proposta do pensamento complexo: pensar o todo nos termos das partes e vice-versa.

A chamada revolução sistêmica foi de especial importância para o desenvolvimento desse modo de ver o real. Ela se caracterizou pelo aparecimento e desenvolvimento de maneiras de pensar que vêm permitindo compreender que é possível o diálogo entre as diversas disciplinas do conhecimento, e daí partir para repensar de um modo abrangente a nós mesmos e ao mundo.

Para traçar a trajetória dessa revolução, é importante mostrar como o espírito humano evoluiu da abordagem disciplinar até a transdisciplinar, esta ainda em processo de desenvolvimento. Na visão disciplinar, em obediência à estratégia de dividir o objeto de estudo para examinar as suas partes, as disciplinas isoladas se dirigem apenas a seus respectivos campos: a química estuda os fenômenos químicos, a física os físicos, a biologia cuida dos biológicos etc. Assim fragmentados, esses domínios acabam se subdividindo em muitos outros. Criam-se então as especialidades e as subespecialidades, o que acelera a escalada da unidimensionalização, acompanhada passo a passo pelo estreitamento do horizonte mental dos especialistas.

Daí se evoluiu para a abordagem multidisciplinar, na qual várias disciplinas ou especialidades estudam um mesmo objeto, mas pouco ou nada se comunicam entre si. Na medicina, por exemplo, o cardiologista continua com o seu discurso, o oftalmologista com o dele, o neurologista se atém ao seu jargão e assim por diante.

A próxima etapa corresponde à interdisciplinaridade. Aqui, diferentes disciplinas examinam o mesmo objeto, tentam comunicar-se umas com as outras, e até mesmo procuram tornar mais compreensíveis os seus respectivos discursos.

A transdisciplinaridade é um passo à frente. Na definição clássica de Jean Piaget, ela representaria uma fase superior de desenvolvimento, na qual as interações ou reciprocidades entre as disciplinas especializadas não bastariam. A abordagem transdisciplinar seria então um sistema total, sem fronteiras entre as disciplinas. O termo indica que uma disciplina não deve julgar-se superior ou inferior a quaisquer outras: o que existe são diferenças, e é precisamente essa diversidade que mantém a tensão criativa necessária para o constante aparecimento de novas idéias e práticas. Tanto quanto possível livres das restrições impostas pelos juízos de valor, os saberes transitariam de uma disciplina a outra, enriquecendo-as e enriquecendo-se a cada ciclo. Nesse processo, a multiplicidade se transformaria em unidade e vice-versa.

Trata-se da busca de um conhecimento solidário e como tal sinérgico. Como é evidente, apesar do entusiasmo que suscita, a transdisciplinaridade ainda é em boa parte uma proposta. Para entendê-la e pô-la em prática, a condição básica é que as pessoas (em especial as que lidam diretamente com a educação) compreendam o pensamento complexo e comecem a utilizá-lo no cotidiano.

A idéia de circularidade

Esse conceito vem do matemático Norbert Wiener, para quem todo sistema é retroativo. Pela ótica do pensamento cartesiano, porém, uma causa tem em geral apenas um efeito. Esse, aliás, é um dos princípios básicos da medicina cartesiana: eliminada a causa, suprime-se o efeito. Mas não há fenômenos naturais de causa única. Na circularidade, o efeito retroage sobre a causa e a realimenta, corrigindo os desvios e fazendo com que o círculo continue em equilíbrio e em relativa autonomia, sem perder a dinâmica.

A noção de autonomia é importante. Significa que os sistemas se auto-regulam, isto é, mantêm a sua homeostase. Embora sempre em transação com o meio ambiente (daí dizermos que sua autonomia é relativa) eles se autodeterminam o tempo todo. Produzem a si próprios e por isso são chamados de sistemas autopoiéticos (auto-produtores). Mas convém não confundir autopoiese com auto-suficiência, situação teórica em que não haveria necessidade de fontes externas de energia. Já vimos que a idéia de autopoiese é paradoxal, porque para se autoproduzir os sistemas vivos precisam da matéria e da energia que está no ambiente. Por isso, Morin observa que a autopoiese é uma auto-eco-poiese. O conceito de acoplamento estrutural, de Maturana, também implica o papel fundamental do meio. O fisiologista francês Claude Bernard (1813-1887) já havia aberto o caminho, quando disse que "as condições da vida não estão nem no organismo nem no meio exterior, mas simultaneamente nos dois".

Para manter sua autonomia, os sistemas precisam de ajuda externa. Tal situação não pode ser entendida pelo raciocínio linear, porque para ele ou se é autônomo ou se é dependente, sem meio-termo. Mas não é assim que as coisas funcionam na prática. No mundo natural a autonomia convive com a dependência, numa relação ao mesmo tempo antagônica e complementar. A parte pode ser identificada como parte, mas não pode viver separada do todo, quer dizer, quanto mais independência mais interdependência. Quanto mais individualidade mais diversidade: o outro está em nós e nós estamos nele. A esse respeito, Morin observa que em nossa identidade de indivíduo social está embutida a alteridade da sociedade. É o que expressa a frase de Montaigne: "Todo homem traz consigo a inteira humana condição". Ou a de Ortega y Gasset: "Sou uma parte de tudo aquilo que encontrei".

Wiener chamou de cibernética à ciência que estuda os sistemas de controle. Estes são os sistemas circulares, auto-regulados, cujo funcionamento se baseia na autopoiese, que lhes possibilita a adaptação constante aos estímulos do ambiente. A autopoiese exprime a capacidade que tem um sistema de se manter estável diante das variações do meio.

Neste ponto, é fundamental o entendimento do conceito de *feedback* (retroalimentação). Trata-se de um procedimento utilizado no controle de processos, que consiste em comparar constantemente os resultados de uma ação em curso com um modelo pré-estabelecido. Sempre que houver desvios, o sistema regulador entra em ação para que o padrão de funcionamento planejado seja mantido. Uma geladeira, por exemplo, tem o motor desligado e ligado em períodos alternados, a depender da necessidade de manter uma temperatura previamente programada. Seu mecanismo de *feedback* funciona por meio de um termostato: quando a temperatura sobe acima de um determinado nível (fornecendo assim ao sistema um *feedback* negativo), o termostato reativa o motor, que irá retomar o processo de resfriamento. Eis um exemplo simples de sistema cibernético.

O *feedback* está presente nos sistemas auto-regulados. Nos sistemas vivos, evidentemente, ele funciona da mesma forma. Para que as pessoas possam manter um padrão de relacionamento estável, é preciso que recebam e dêem informação umas às outras. Esse intercâmbio regula os seus respectivos comportamentos e daí a sua interação. Se o comportamento de uma pessoa estiver se desviando de um determinado modelo social, seus interlocutores podem dar-lhe um *feedback* negativo (ou *feedback* de equilíbrio) – no caso uma intervenção crítica, ou alguma outra ação comportamentalmente modificadora.

O *feedback* de equilíbrio é útil na correção dos desvios de um sistema. Já o positivo (ou de reforço, ou de crescimento) – que nas relações interpessoais se expressa por meio de elogios e equivalentes –, nem sempre é uma forma eficaz de intervenção, ao contrário do que parece. Sua emissão pode ser fator de estímulo à continuidade de erros e desvios, isto é, tende a perpetuar posturas prejudiciais ao funcionamento dos sistemas. Quando se transforma em atitude única, leva em geral à repetição improdutiva.

O *feedback* que é realmente mobilizador e torna as pessoas proativas é em geral o de equilíbrio. Essa é a utilidade da crítica, da ressalva, do mostrar que está faltando alguma coisa – desde que ela não se constitua em atitude única, casos em que se torna um instrumento paranóico, destrutivo e bloqueador da criatividade.

A circularidade produtiva

A noção de circularidade nos ajuda a sair da idéia simplista de seqüências lineares do tipo causa-efeito, e abre a nossa percepção para a complexidade dos fenômenos naturais. Também reforça a noção de autonomia dos sistemas vivos e questiona a visão unidimensional de mundo.

Com o tempo, o conceito de circularidade evoluiu para o de circularidade autoprodutiva, que caracteriza os sistemas autopoiéticos, nos quais o produto é também o produtor, isto é, num dado momento não se pode fazer a diferença entre o que produz, o que é produzido e a produção. No exemplo clássico de Morin, os indivíduos produzem a sociedade e esta reflui sobre eles, influenciando-os e produzindo-os.

Pode-se dizer que somos produtores e produtos a um só tempo. Uma outra maneira de exemplificar esse fenômeno é dizer que o cérebro produz a mente que, por meio da linguagem, vai à sociedade, onde interage com outras mentes, formando-se assim a mente social, que por sua vez retroage sobre a dos indivíduos e assim por diante, numa circularidade que se acrescenta e se modifica a cada giro. Em nossa cultura, porém, a idéia de circularidade tem outra conotação: a expressão "andar em círculos" é utilizada de modo sempre pejorativo. Para nós, o ideal é o deslocamento em linha reta, na direção de metas (quase sempre estabelecidas por outros) – o que aliás é uma metáfora que define à maravilha o modelo mental cartesiano.

O operador hologramático

A metáfora que se utiliza aqui é a do holograma, a fotografia obtida pelo processo holográfico. Nela, cada ponto contém a totalidade do objeto reproduzido, quer dizer, as partes estão contidas no todo mas este está também nelas incluso. Como diz Morin, uma parte não está apenas dentro do todo. Este também está dentro de cada uma das partes: o indivíduo faz parte da sociedade e a recíproca é verdadeira. Em cada célula de nosso corpo está contido, em potencial, todo o patrimônio genético do organismo.

Os códigos, as proibições, os usos e costumes etc., tudo isso representa a presença em nós da cultura em que vivemos e os levamos conosco, seja para onde for que nos desloquemos. Cada indivíduo é um microcosmo de sua cultura. Voltemos à frase de Montaigne que sintetiza esse aspecto: "Todo homem traz consigo a inteira humana condição".

O operador dialógico

A palavra "dialética" significa conversação, diálogo que envolve uma dualidade. Para Hegel, toda idéia (tese) provoca o surgimento de outra que lhe é oposta (antítese). Do embate das duas nasce uma terceira (a síntese), que representa uma reconciliação, uma resolução. A síntese é o resultado da superação da tensão entre dois opostos. O idealismo hegeliano – ou idealismo dialético – prevê a resolução das contradições, uma vez que não as considera insuperáveis. Os paradoxos são vistos como estados de transição, aos quais deve seguir-se uma síntese resolutiva.

O pensamento dialógico não tem essa pretensão, pois considera que as contradições nem sempre podem ser superadas. O que o operador dialógico busca é manter as contradições atuantes e complementares: procura trabalhar com a presença necessária e inevitável de processos ou idéias antagônicos. Em vez de tentar fugir às diferenças, visa conviver com elas e religar posições opostas sem pretender negar, racionalizar ou esconder essa oposição.

Vários dos fragmentos de Heráclito, filósofo grego do século 6º a.C., constituem bons exemplos do operador dialógico. Vejamos um deles: "Uni o que é completo e o que não é, o que concorda e o que discorda, o que está em harmonia e o que está em desacordo".

No mundo natural, os opostos convivem harmoniosamente. O cotidiano está cheio de evidências desse fato. Em nosso organismo, por exemplo, a taxa de glicose no sangue (glicemia) resulta da harmonização de duas forças opostas. A primeira é o açúcar, que entra na corrente sangüínea por meio dos alimentos e tende a aumentá-la. A segunda é representada pela insulina produzida pelo pâncreas, que tende a diminui-la. O nível normal de glicemia é, pois, o resultado do convívio entre essas forças incessantemente antagônicas. Nossa postura corporal é outro exemplo. Resulta da ação dos músculos que agem numa determinada direção – os agônicos – e os que lhe fazem oposição, os antagônicos. Dessa inter-relação complexa nasce o equilíbrio dinâmico de nossas posições e movimentos.

Outro exemplo é o próprio conceito de autopoiese. Na qualidade de seres moleculares, os sistemas vivos são abertos, porque trocam matéria e energia com o ambiente. Como sistemas autopoiéticos, porém, eles são fechados em sua dinâmica de constantes modificações estruturais. Trata-se de sistemas paradoxais, simultaneamente abertos e fechados – e essa condição só pode ser compreendida por meio do operador dialógico.

A transacionalidade sujeito-objeto

Para que nossa observação fosse sempre objetiva, seria preciso que estivéssemos o tempo inteiro "de fora", eternamente separados da realidade que seria o alvo da percepção. O raciocínio linear nos convenceu de que observamos um mundo do qual não participamos diretamente. Traçamos fronteiras além das quais não nos incluímos.

Além disso, acostumamo-nos a valorizar apenas a fração da realidade que pode ser medida. Fomos ensinados a ignorar, ou no máximo atribuir um valor secundário, à percepção não-quantitativa e à intuição.

A percepção é um fenômeno que acontece na estrutura dos seres vivos. O mundo exterior pode ser o mesmo, mas o universo interior de cada um é diferente, é individual. A percepção fisiológica (a do olho, por exemplo) pode ser a mesma para todos os indivíduos em termos de mecanismo, mas a percepção psicológica depende da estrutura da mente, que é pessoal e moldada por uma conjugação complexa de variáveis como a educação, a cultura, a etnia, a memória, as variações do ambiente, o contexto histórico, o estado emocional de cada um num dado momento e assim por diante.

Nosso desejo de que a separação sujeito-objeto (e a pretensa visão de mundo sempre objetiva) sejam os únicos modelos confiáveis de percepção atende, em boa parte dos casos, às nossas fantasias narcisistas. Também usamos esse modelo para poder continuar tratando os outros como coisas. Por meio desse artifício, esperamos escapar da autocrítica. Se não nos autocriticamos, ficamos com mais força para criticar os outros e atribuir-lhes as causas de nossos problemas. Para que essas causas não nos possam atingir, é indispensável que nós, os sujeitos, estejamos sempre separados e o mais longe possível dos outros – os objetos. O problema é que tal estratégia acaba estreitando e obscurecendo essa mesma percepção que gostaríamos que fosse realmente objetiva.

Se quisermos ter uma percepção minimamente confiável do real, é importante, antes de examinar qualquer questão, saber por meio e quais processos mentais esse exame será feito. É preciso que tenhamos uma noção dos condicionamentos a que nossa mente está submetida. Se ela está condicionada segundo um determinado padrão, só será capaz de perceber por esse padrão. A questão básica, então, é: com que cabeça vamos pensar sobre nossas percepções?

Para respondê-la, é fundamental ter suficiente clareza sobre os seguintes pontos, que constituem as principais características do pensamento linear:

- *Contigüidade causa-efeito.* É própria do pensamento linear a busca da recompensa direta e imediata: se fizermos isso ganharemos aquilo. Essa atitude decorre do raciocínio de causalidade simples, segundo o qual os efeitos são vizinhos das causas. Trata-se de um processo mental rudimentar e de certo modo até simplório: uma causa, um efeito. Ele permite a manutenção do padrão de recompensa instantânea, que transforma nossas pretensões (inclusive a de solucionar os problemas humanos) em transações comerciais: toma lá, dá cá. É assim que funciona o nosso cotidiano, com a agravante de que as recompensas a cada dia estão se tornando cada vez mais restritas e os prêmios de consolação cada vez mais raros.

- *Incapacidade de perceber o novo.* Dada a sua unidirecionalidade, o raciocínio linear está sempre voltando ao passado para tentar prever o futuro, o que o impede de perceber a complexidade do presente. As teorias deterministas são uma conseqüência disso. Os fenômenos humanos são sempre novos, mas não podem ser percebidos como tal por um processo de raciocínio que se baseia no velho. Se, ao depararmos com algo novo, procurarmos defini-lo em termos do antigo (isto é, por meio dos nossos condicionamentos), não haverá possibilidades de reconhecê-lo, e muito menos de entendê-lo e prever sua evolução.

- *Tendência à repetição.* Estamos acostumados ao comportamento repetitivo, a insistir em imaginar que não há nada de novo no cotidiano, a desvalorizar a experiência vivida e a buscar proteção nas grandes formulações teóricas que tudo prevêem e regulamentam. Os discursos institucionais, criadores e mantenedores do pensamento conservador, baseiam-se nesse modelo. Os defensores da pena de morte, por exemplo, seguem essa linha de pensamento. No entanto, pensar que a eliminação física dos assassinos suprimirá ou diminuirá significativamente os assassinatos é apostar numa lógica que a conduta humana não tem.

- *Recorte.* O modelo mental clássico está sempre dividindo a vida em eventos fragmentários, em recortes. Estamos sempre buscando respostas racionais ou emocionais, jamais soluções integradas (racionais e emocionais). A atitude de não misturar trabalho com lazer – que é uma das causas da desmotivação das pessoas, com o conseqüente aumento do estresse e das doenças a ele relacionadas –, é um exemplo. Agimos como se o intelecto fosse separado da emoção e ambos apartados do orgânico. Grande parte de nossa educação e cultura baseiam-se nesse equívoco.

- *Divórcio entre o eu e o não-eu.* A lógica linear, quando utilizada de modo isolado, favorece as polarizações de idéias, o que por sua vez costuma ser um convite à violência em suas muitas formas. O "eu" e o "meu" encontram nesse modelo mental um terreno fértil para o seu desenvolvimento. Como observa Krishnamurti, falamos em "minha" casa, "meu" partido, "meu" país, "meu" clube, "minha" mulher etc. É evidente que o "eu" é diferente do "não eu", mas um não é tão separado do outro como se imagina. Afinal, o ser humano é um sistema biológico, que por sua vez vive num ecossistema que faz parte de um cosmos. Por mais que tentemos, não conseguimos reduzir essa multidimensionalidade a explicações reducionistas nem a regras estáticas. Mas se nossa mente está condicionada pelo padrão do *ou isso ou aquilo*, torna-se muito difícil entender que em muitas das circunstâncias da vida é preciso pensar também em termos de isso *e* aquilo.

    Agora raciocinemos:

    a) conhecendo pensamento linear, e sabendo que ele divide tudo (o que deve e o que não deve ser dividido) em termos de "eu" e "não-eu";
    b) sabendo que ele se estrutura a partir de experiências passadas, e quase que só nesses termos consegue funcionar;
    c) sabendo que nessas condições ele tem muita dificuldade para lidar com a complexidade da condição humana,
    d) cabe a pergunta: é racional continuar utilizando esse sistema de pensamento como a única forma de buscar soluções que, como mostram os fatos, em geral acabam produzindo mais problemas?

Ao que tudo indica, até a dialética dos gregos não se pensava em termos de separação sujeito-objeto. Ela não está presente também nas grandes tradições filosóficas e religiosas orientais. Pelo fato de separar sujeito e objeto, e por achar que as causas são sempre contíguas ou estão muito próximas aos efeitos, o pensamento linear leva a uma dupla conseqüência: a) faz com que as pessoas tenham mais dificuldade de avaliar a verdadeira repercussão do que dizem e fazem; b) facilita a vida de quem não gosta de se responsabilizar por suas palavras e ações.

Ao dificultar a assunção de responsabilidades, a separação sujeito-objeto nos leva a buscar a causa de nossos problemas apenas em fatores externos, o que pode significar que no fundo não queremos resolver a questão. Quanto maior o nosso empenho em buscar esse tipo de saída, maior o nosso descomprometimento com uma dada circunstância.

A tendência a separar (e manter separados) sujeito e objeto implica o desgaste do objeto e a preservação do sujeito, que desse modo imagina que pode dispensar-se de participar do sistema. Quanto mais o sujeito insistir em não participar menos conhecerá a si próprio e, em conseqüência, menores serão as suas chances de desenvolver suas potencialidades.

O imediatismo e o individualismo são dois dos sinais mais evidentes do predomínio da razão linear e da separação sujeito-objeto em uma dada situação. Eles diminuem o alcance de nossa visão de mundo e, por causa do ânimo ansioso que produzem, em geral conseguem resultados contrários aos que pretendem. Quanto maior o imediatismo, maior a impressão de eficácia. O homem imediatista é um dos personagens mais comuns de nossa cultura da quantidade. O centramento em coisas e resultados quantitativos, deixando de lado a noção de qualidade e a idéia de fluxo (de processo), constitui um dos principais obstáculos ao desenvolvimento do pensamento complexo.

Se cada indivíduo se concentrar apenas em suas necessidades (e a maioria prefere concentrar-se nas imediatas), e não nas do sistema de que faz parte, extrairá dele tudo o que precisar, sem dar nada em troca e sem atentar para as necessidades desse sistema. Isso significa que mais cedo ou mais tarde ele entrará em exaustão.

Para o estabelecimento e atuação desse mecanismo, a base é, evidentemente, a separação sujeito-objeto. O eu divide, traça fronteiras. Toda vez que dizemos "eu", faz-se a divisão entre o "eu" e o "não-eu". Melhor seria se disséssemos sempre "nós". Mas há momentos na vida em que é necessário dizer apenas "eu", assim como há aqueles em que convém dizer somente "nós". Como somos propensos a ver o mundo em termos de ou/ou, não somos capazes de identificar esses instantes, ou só os reconhecemos de maneira precária, quando não completamente equivocada.

A divisão sujeito-objeto, com a conseqüente ilusão de que podemos ver o mundo de modo sempre objetivo, criou essa nossa consciência reificadora, que é a ferramenta-padrão do ego, que a usa para lidar com as coisas e com as pessoas reificadas.

Nossa cultura estabeleceu que a fantasia, as imagens, os símbolos, a imaginação, são irreais, não são "coisas práticas". O homem dividido reage com energia contra tudo que desafia essa divisão: confina a arte à esfera dos artistas, a loucura ao claustro dos loucos, o amor à gaiola dos amantes, a contestação ao cárcere dos rebeldes. E depois se admira ao ver que tudo aquilo que ele reprimiu, que tentou descartar (a fome para os famintos, o despossuimento para os despossuídos), cedo ou tarde volta em forma de violência, de explosão.

A todo momento recebemos conselhos: "Seja claro e objetivo. Não deixe que o emocional interfira no racional". Se tentarmos segui-los à risca, porém, logo verificaremos que eles não podem ser postos em prática, por uma razão muito simples: porque não são práticos. Expliquemos. Para fazê-lo, voltemos a um tópico já abordado e reformulemos a questão: será que a realidade é anterior à nossa experiência e a percebemos como representações mentais? Se a resposta fosse afirmativa, existiria um real pré-formatado, anterior à nossa relação com ele, e a percepção seria uma descoberta dessa pré-existência.

Mas é fundamental lembrar que, desde Kant, muitos pensadores importantes já não vêem a percepção como uma representação de algo pré-existente, e sim como um ato de nossa imaginação. Nas palavras desse filósofo, a razão só reconhece aquilo que ela mesma cria segundo suas concepções. Não podemos conhecer as coisas como elas são em si, mas apenas por meio das categorias subjetivas nas quais as inserimos. Vemos as coisas por intermédio das formas *a priori* da nossa consciência. É assim que, como já sabemos, a consciência do sujeito cria, constrói, o seu mundo. Trata-se, pois, da construção de um objeto por um sujeito. O real que percebemos não está pré-formatado: nós o construímos em nossa relação com ele. Kant não vê a percepção (e, por conseguinte, o conhecimento) como a descoberta de uma realidade previamente estabelecida.

Porém, é preciso assinalar que esse filósofo percebeu apenas um lado da questão, isto é, viu que a mente humana constrói o mundo que conhecemos a partir de suas categorias *a priori*, mas não falou na possibilidade de o mundo também ter a sua estruturação. Com efeito, se nossa mente constrói o mundo o inverso também ocorre, porque nossa presença nele não é apenas auto-organizadora e sim auto-eco-organizadora. O que há é uma dialógica entre o espírito humano e o mundo – um anel recursivo de co-criação.

A percepção, pois, não é uma descoberta e sim uma construção. Não existe percepção totalmente objetiva. Heinz von Foerster tem uma frase que ilustra com propriedade essa afirmação: "Objetividade é a ilusão de que as observações podem ser feitas sem um observador". Ainda assim, nossa cultura baseia-se na suposição de que o mundo pode ser sempre percebido de modo objetivo, isto é, acreditamos que existe uma rígida separação entre sujeito e objeto.

Se corpo e mente fossem duas substâncias diferentes e separadas, como queria Descartes, o observador poderia se colocar "fora" do mundo, como se não fizesse parte dele. A objetividade e a subjetividade não são mutuamente excludentes: existe uma relação de transacionalidade entre percebedor e percebido e nela se dilui a pretensa divisão sujeito-objeto.

Foi Hegel, em 1807, na sua *Fenomenologia do espírito*, o primeiro a levantar a questão da inter-subjetividade. Seu ponto inicial foi a experiência do sujeito diluído na natureza. A consciência não está separada do real, dizia ele, não é individual nem passiva – é sempre social e dialética. Quando procuramos uma certeza, não podemos nos apoiar nem no nosso eu nem no objeto: somos conduzidos à totalidade, que abrange os dois. A coisa observada existe para si própria, mas também para o observador. Nessa ordem de idéias, podemos dizer que ela *é* de duas maneiras. A própria noção de coisa fica ultrapassada e surge a idéia de relação.

Quando queremos refletir sobre nós mesmos, é preciso que nos "objetifiquemos", que nos vejamos como o objeto da reflexão. Criamos então uma situação de "como se". Mas essa circunstância não implica auto-referência. Significa apenas "dar um passo atrás e examinar a situação". Equivale a fazer surgir um objeto que não o é mas que passa a sê-lo, porque foi *temporariamente* colocado como tal. Trata-se de criar um objeto *por posição* e não *por natureza*, como diz Cornelius Castoriadis. Esse autor observa que, na medida em que conseguimos colocar a nós próprios como objetos por posição, e não por natureza, é possível fazer o mesmo com os outros, que dessa forma surgem como outros verdadeiros. Quando não conseguimos fazer isso, aparecem problemas em relação à dialógica sujeito-objeto e a alteridade fica distorcida. Vejamos o exemplo de um cirurgião. É claro que para os atos puramente mecânicos da cirurgia ele precisa ver, por alguns momentos ou horas, o seu paciente como um objeto – mas deve vê-lo como um objeto *por posição*, não *por natureza*. Porém, o ato cirúrgico é apenas uma parte da relação. Se depois da operação esse médico se fixar no papel de sujeito e continuar a ver o paciente *sempre* como um objeto, acabará por reduzi-lo a um objeto *por natureza*, e assim ele logo passará a ser visto como uma coisa. Cria-se então uma situação artificial (pois não existe percepção sempre objetiva) de sérias conseqüências éticas. Ao contrário da auto-referência e da objetividade fixa, a transacionalidade torna possível reconhecer a legitimidade humana do outro.

O conhecimento necessita dessa transação entre o sujeito e o objeto. Em vez de procurar o objeto no exterior, a consciência dá conta de si mesma ao se relacionar com ele – ela se vê nele. Nessa linha, quando um ser humano se encontra com outro é a sua autoconsciência (consciência de si) que está se relacionando com a consciência de si desse outro.

Neste ponto, porém, é preciso avançar com cuidado. É importante não transformar o ego e a racionalidade em vilões, mesmo porque, como veremos logo mais, é a racionalização que precisa ser questionada. É claro que nossa cultura não poderia existir sem um mínimo de ego, mas é preciso deixar patente que sem o desenvolvimento de meios eficazes para diminuir a prevalência egóica, estarão destinadas ao fracasso todas as tentativas de modificar as atuais práticas sociais.

MODERNIDADE E PÓS-MODERNIDADE

O termo *modernus* foi usado pela primeira vez no final do século 5º, para marcar a diferença entre a Roma cristã e a pagã. Na Europa oriental, a expressão existe pelo menos desde o século 12. A partir de então, tem sido usado com vários sentidos. O de modismo, novidade, é apenas um deles. Já a expressão "pós-modernidade" foi empregada pela primeira vez em 1864, pelos poetas Charles Baudelaire e Théophile Gautier.

Há uma tendência para situar o início da modernidade no século 18. Ela compreende um conjunto de pontos de vista ligados à Revolução Francesa. O filósofo alemão Jürgen Habermas refere-se a essa reunião como um "projeto", que originalmente se baseava apenas no pensamento de Descartes.

As idéias da época incluem posições mais ou menos rígidas. Uma delas é a que afirma que não há pergunta sem resposta lógica e que todos os problemas humanos podem ser resolvidos pela razão. Essa posição foi depois relativizada e sua rigidez atenuada, mas para muitos (e muitos mais do que se pensa) continua um dogma.

Por volta do fim do século 19 esse ideário estava no auge, com a "certeza" de que o progresso era inevitável e infinito. Acreditava-se que a ciência solucionaria todos os problemas humanos, e os que não pudesse resolver num dado momento o faria no futuro, seria só uma questão de tempo. Estava-se em pleno triunfo da modernidade do capitalismo industrial, no auge da prevalência da proposta cartesiana. Recordemos de modo breve os seus pontos básicos:

a) nada deve ser aceito como verdadeiro enquanto não for reconhecido como tal por nossa razão. A isso se chama de dúvida metódica ou evidência racional;
b) os problemas devem ser divididos em partes, as menores e mais simples possíveis, para que sua análise se torne mais fácil;
c) devemos ordenar nosso pensamento começando pelas partes mais simples e mais fáceis de entender. Depois, iremos avançando até as mais complexas, em busca de uma síntese;
d) é indispensável anotar todos os elementos identificados, não omitindo nenhum de seus componentes. Isso tornará possível a sua enumeração completa;
e) finalmente, a adoção destas normas deve se tornar um hábito. Sua aplicação é útil e recomendável, não apenas para a vida profissional mas para qualquer outro âmbito ou atividade.

A maioria dos que estudam o assunto coloca o início da pós-modernidade mais ou menos em fins dos anos 60 e início dos 70. Há quem pergunte: será que a vida mudou tanto? Será que podemos dizer que vivemos hoje numa época e numa cultura pós-modernas? Essa é a questão central. Há quem tente respondê-la partindo do princípio de que a pós-modernidade surgiu para eliminar a modernidade e tomar-lhe o lugar. Essa linha de pensamento mostra o quanto somos orientados por um modelo mental excludente: não nos ocorre que uma coisa nem sempre precisa eliminar outra para poder surgir e desenvolver-se.

Alguns estranham o fato de que o pensamento da pós-modernidade é pródigo em conceitos conflitantes, em paradoxos. Essa é uma posição típica da modernidade: pressupõe uma coerência que a natureza humana não tem, mas que algumas das vertentes do pensamento pós-moderno se propõem, pelo menos teoricamente, a aceitar. Se existem a irregularidade, a aleatoriedade, a incerteza, a fragmentação e a descontinuidade, e se o real é permeado pelo imaginário e o tangível pelo intangível, é preciso que o pensamento complexo seja chamado para lidar com o que a lógica linear não consegue. Mas ele virá para complementar, não para excluir e substituir.

Ao longo de todo esse tempo, porém, uma coisa não mudou: a tendência que todos nós tínhamos – e temos – de pensar segundo estereótipos, de falar e escrever por meio de chavões e de querer levá-los à prática. Uma das características, talvez a principal, das frases feitas, é que para existir elas precisam ser excludentes, necessitam do modelo mental ou/ou. No fundo, são instrumentos de competição. Os chavões, os *slogans* e as palavras de ordem acabaram constituindo os carros-chefes operacionais das ideologias. Estas, por sua vez, não dispensam o pensamento linear, do qual surgem e por meio do qual se mantêm.

Lembremos algumas das características dessas duas visões de mundo:

MODERNIDADE

- Visão racionalista de mundo
- A arte e a criatividade vistas como um "outro" oposto ao universo dos "homens práticos"
- Crença no progresso linear e indefinido
- Primado das metanarrativas – visões totalizantes e deterministas do comportamento humano (a psicanálise e o marxismo, por exemplo)
- Crença no planejamento centralizado
- Crença em "verdades absolutas" e ordens sociais ideais (o nacional-socialismo e o socialismo, por exemplo)
- Hermetização do conhecimento (academicismo, reserva de saber)
- Ênfase na continuidade, permanência e repetição. Padronização da produção industrial
- Predominância do modelo sujeito-objeto. Tendência a ver as pessoas como coisas, peças de engrenagem
- Governos controladores, paternalistas e autoritários

PÓS-MODERNIDADE

- Relativismo
- Ênfase na visão de mundo intuitiva
- Aceitação da arte e da criatividade nas atividades cotidianas
- Aceitação da transitoriedade, do acaso, da aleatoriedade e da diversidade
- Questionamento das "verdades absolutas" e portanto dos textos que as expõem
- Aceitação da descentralização e autogestão
- Abertura do conhecimento. Mudanças na filosofia da ciência (as revoluções científicas de Thomas Kuhn, a contestação do método científico, de Paul Feyerabend, o pensamento complexo, de Edgar Morin)
- Novos desenvolvimentos da matemática (indeterminação, teoria do caos, geometria dos fractais)
- Ênfase na descontinuidade e diferença dos processos históricos (Michel Foucault)
- Retorno da preocupação com a dignidade do outro na ética, na política, na antropologia
- Tendência ao desaparecimento de governos ditatoriais

Para muitos, a distinção fundamental entre a modernidade e a pós-modernidade é a maneira de encarar a incerteza e a aleatoriedade da vida. De um modo geral, pode-se dizer que na modernidade vigorava o pensamento de que seria possível "saber" o que iria acontecer no futuro, ou pelo menos se acreditava que o amanhã traria sempre dias melhores. Era uma forma de tentar "controlar" a incerteza. Na pós-modernidade, admite-se o desconhecimento do futuro e reconhece-se que o amanhã não será necessariamente melhor: pode ser pior. Enfim, assume-se a necessidade de aprender a lidar com a incerteza.

É evidente que ao falar de modernidade e pós-modernidade e mostrar esses quadros sinópticos, não estou propondo simplificações nem esquematicismos. É importante que não nos deixemos levar pela tendência para o fácil e o rápido. Ela nos levaria, por exemplo, ao equívoco de considerar superado o pensamento de figuras como Descartes, Kant, Locke, Freud, Marx e Hegel, e cair no caricatural de imaginar que a modernidade se resume no cientificismo.

O mesmo engano corresponderia, do outro lado, a depreciar os trabalhos de autores como Jean-François Lyotard, Richard Rorty, Michel Foucault, Edgar Morin, Gilles Deleuze e Jacques Derrida, e encarar a pós-modernidade como uma espécie de relativismo espiritualóide: no primeiro caso, tudo seria visto como concreto, e no segundo tudo seria considerado intangível. Para essas duas linhas de exagero cabe a mesma observação: o caminho mais curto para a superficialidade e o preconceito está pavimentado pela simplificação.

Nessa ordem de idéias, a principal finalidade dos quadros é lembrar que a dominância do raciocínio cartesiano dificulta a percepção de que uma vida melhor requer o aprendizado da convivência com os paradoxos, isto é, o aprendizado de que a complementaridade de pontos de vista pode nos aproximar de saídas transformadoras. Estas, por sua vez, são um anseio humano que brota desde sempre das dobras do óbvio. Tão antiga quanto elas é a nossa resistência a qualquer tipo de mudança.

Os quadros também servem para confirmar algo que foi dito há pouco. Em seus títulos, se substituirmos o termo "modernidade" por "era industrial" ou "pensamento linear", e em lugar de "pós-modernidade" colocarmos "era pós-industrial", ou "pensamento complexo", veremos que a grosso modo tudo são formas de exprimir o eterno diálogo da razão com a emoção. Estamos falando, então, dos raciocínios linear e sistêmico e das possibilidades de complementação de ambos. Do maior ou menor sucesso desse empreendimento depende o maior ou menor desenvolvimento do nosso potencial.

É indispensável que evitemos o maniqueísmo que mantém rigidamente separadas a modernidade e a pós-modernidade. É preciso resistir à tentação de isolar-nos em um determinado pólo e, uma vez lá encastelados, negarmo-nos a ser racionais e continuar trocando acusações como as seguintes:

a) a modernidade foi a idade de ferro das guerras e das ditaduras;

b) a pós-modernidade não passa de um estágio avançado do capitalismo, no qual as relações trabalho-capital desapareceram e foram substituídas pelas "políticas de identidade";
c) a modernidade produziu discursos totalizantes – as metanarrativas –, que procuram uniformizar o comportamento do homem e de suas sociedades, desrespeitando o livre arbítrio das pessoas;
d) a pós-modernidade no fundo é ideológica, porque seu relativismo ignora a ordem que o mundo deve ter;
e) a modernidade é institucionalizante e autoritária, porque finge ignorar a aleatoriedade e a imprevisibilidade das coisas, alienando as pessoas de suas próprias vidas por meio de determinismos;
f) etc. etc.

As metanarrativas

As metanarrativas, também chamadas de mega-relatos, são um fenômeno típico da era moderna. Trata-se de discursos que partem do princípio de que existem verdades universais, que valem para qualquer pessoa em qualquer lugar e época. Elas seguem as três orientações básicas da modernidade que, segundo Morin, são: ciência materialista, razão laica e inevitabilidade do progresso histórico. Uma vez estabelecidas, a rigor não se pode mais contestá-las, pois qualquer questionamento seria interpretado como resistência.

Essa orientação é característica do modelo clássico de pensamento, que propõe que a realidade é anterior à percepção do observador e que este deve esforçar-se para conhecê-la de modo objetivo. Os mega-relatos pressupõem que as pessoas têm uma uniformidade mental como a proporcionada pelo raciocínio linear e reforçada pela doutrinação. Eis por que há quem diga que eles precisam de um modelo autoritário que os apoie. As ideologias, por exemplo, baseiam-se em metanarrativas. Questioná-las equivale a ser visto como reacionário, adversário ideológico. O mesmo acontece com algumas teorias.

Vamos a um exemplo. Como se sabe, Freud propõe que o homem é inconsciente de si mesmo. Para ele, nossa vida é orientada por determinismos que estão abaixo da linha da consciência e sobre os quais não temos virtualmente nenhum controle. O complexo de Édipo seria um deles.

O filósofo Gilles Deleuze e o psicanalista Félix Guattari, em seu livro *O anti-Édipo*, criticam a psicanálise e sustentam que o triângulo familiar edipiano como modo de produção do sujeito psíquico não é universal, nem imutável nem muito menos o único possível, como querem muitos psicanalistas. Para os dois autores, a psicanálise fez com que a sociedade passasse por um processo de edipianização, no qual o desejo foi aprisionado e depois coberto de culpa. O complexo de Édipo, assim, espelharia a repressão do desejo pelo poder.

Para Deleuze e Guattari, a angústia surge porque o mundo do instituído (do regulamentado) leva-nos à repetição, e faz com que tenhamos dificuldade de produzir diferença. Em obras posteriores a *O anti-Édipo*, eles criticam a formulação mitológico-teatral do inconsciente feita por Freud (Édipo, Laio, Jocasta etc.). Questionam também o modelo de Jacques Lacan, que vê esse mesmo inconsciente estruturado como uma linguagem. Propõem que o inconsciente seja considerado um lugar de produção, onde opera a energia do desejo, que nos impulsiona sempre para a busca da diferença, a criação e a evitação da mesmice.

Nessa linha de pensamento, contestar Édipo implicaria um movimento enérgico, revolucionário, por meio do qual os seres humanos (vistos como "máquinas desejantes") deixariam de "funcionar" segundo esquemas predeterminados (institucionalizados), e assim se tornariam capazes de ultrapassar os padrões estabelecidos e desafiar a razão do capitalismo.

Deleuze e Guattari preconizam uma corrente de psicoterapia institucional, a que chamaram de esquizoanálise, que propõe que as coletividades se reagrupem pela autogestão e autodecisão. Isso faria com que elas ultrapassassem as limitações impostas pelas instituições, e evoluíssem para uma visão de mundo mais ampla. Seu objetivo seria libertar o desejo das amarras de Édipo e trazê-lo de volta à dinâmica de sua originalidade.

Para Michel Foucault, o complexo de Édipo não é uma verdade universal, natural, e sim um instrumento autoritário, que a psicanálise utiliza para introduzir o desejo na estrutura familiar. Édipo não é um conteúdo real do nosso inconsciente, mas uma forma de controle que a sociedade, por meio do poder psicanalítico, tenta impor ao desejo humano. O que Foucault quer dizer é que a máxima "saber é poder" pode ser revertida: o poder cria significados sociais – é ele que diz o que se deve considerar saber. Eis por que há quem considere a "cura" psicanalítica como passível de servir à indução e manutenção do conformismo social.

Não é o caso aqui de concordar com essas posições ou discordar delas, nem muito menos de concluir que a contestação das metanarrativas significa que elas estão inteiramente superadas. Faço o registro para mostrar como esses discursos têm sido questionados. Também não estou dizendo que a pós-modernidade é melhor que a modernidade ou vice-versa, até porque duvido que essas questões possam ser resolvidas, ou mesmo entendidas, em termos de concordo/discordo e melhor/pior.

Hoje parece claro que o pensamento da modernidade incorreu em pelo menos dois grandes equívocos. O primeiro foi achar que o mundo é claro para a razão cartesiana, que não há nada que não possa ser explicado pela ciência, e que aquilo que ainda não o foi terminará por ser, porque o progresso científico é inevitável. O segundo foi imaginar que somos capazes de nos comunicar de modo eficaz utilizando apenas a linguagem verbal, isolada ou complementada pelas imagens-padrão da cultura de massa.

O realismo ingênuo

O sistema de pensamento predominante em nossa cultura resultou num tal grau de unidimensionalização que nos levou a ver o mundo como um conjunto de unidades isoladas. Perdemos as noções de contexto e totalidade. Esquecemo-nos de que o nosso estado básico de consciência está longe de permanecer inalterável diante da variabilidade das circunstâncias do dia-a-dia. Esquecemo-nos também de que mesmo em estado de vigília estamos bem menos acordados do que supomos.

Hoje sabemos que a maior parte da comunicação entre as pessoas é inconsciente. Quando comunicamos seja o que for a alguém, não sabemos com exatidão o que estamos transmitindo. Na maioria das vezes, nem ao menos nos damos conta de que estamos comunicando algo. Imaginamos, por exemplo, que o fato de permanecer em silêncio numa reunião garante que nada estamos expressando.

Acabamos, então, caindo no chamado realismo ingênuo, que consiste em acreditar que a realidade é um dado que existe fora da nossa percepção (o que é plausível) e que a linguagem falada ou escrita é capaz de descrevê-la "objetivamente" (o que é duvidoso). Desse modo, nossa noção de resultados tornou-se distorcida. Só damos valor ao que é palpável, ao que pode ser pesado, medido e contado – àquilo que denominamos de "dados concretos". Eis o raciocínio predominante na era industrial, onde a diferença entre um ser humano e uma máquina, para fins práticos, não existia.

Esse é um exemplo típico do modelo clássico de visão de mundo. Não existe noção de continuidade: o que é sólido é sólido, o que é intangível é intangível. Entre os objetos há apenas espaços vazios. O que é bom é bom, o que é mau é mau, amigo é amigo, inimigo é inimigo. Trata-se, enfim, de um universo em que tudo é dividido e imutável, e onde as noções de sistema e equilíbrio dinâmico são quase impossíveis de entender. Eis o pensamento que predomina em nossa cultura e serve de base para o economicismo tecnocrático que rege o nosso cotidiano.

O resultado disso tudo é que vemos a nós mesmos como unidades independentes de nossos semelhantes. Imaginamos que não existem ligações entre os indivíduos, os animais e as demais coisas e fenômenos do mundo. Satisfazemo-nos com o modelo de causalidade simples, que nos leva a acreditar que tudo deve ter causas explicáveis, que estas são sempre imediatamente anteriores aos efeitos ou estão muito próximas deles, e o que não for percebido dessa maneira não se encaixa em nossa noção de "verdade", devendo então ser excluído.

É na relação organismo-meio (que inclui a figura do outro) que nossas dificuldades precisam ser identificadas e trabalhadas. Talvez por não levar em conta esses aspectos, muitos acabam caindo nesse equívoco: ninguém, a não ser nós mesmos, pode nos ajudar. Essa é a argumentação da chamada "auto-ajuda". Trata-se de uma forma simplista, até mesmo ingênua, de ver as coisas. E também de criar um "mercado" – este já não tão ingênuo assim.

RAZÃO, RACIONALIDADE E RACIONALIZAÇÃO

Para alguns pensadores dos séculos 17 e 18 (Espinosa é um deles), a razão é capaz de entender e explicar todos os problemas do ser humano. Mas é preciso esclarecer que a razão espinosiana abrange a intuição, a noção de totalidade e, sobretudo, um componente ético.

No fim do século 19, em plena voga do cientificismo, a razão desse filósofo já havia sido trocada pela instrumental. Esta deixa de se referir às relações do homem com o mundo para ser uma ferramenta das relações do usuário com a técnica, um utensílio das transações do consumidor com o "mercado" – um instrumento da tecnocracia, enfim.

A razão instrumental permite um entendimento limitado da realidade. Trata-se pois de uma semiconsciência, veiculada por um pensamento que pretende explicar o mundo – que é multidimensional – a partir de uma única dimensão. Essa razão resulta dos condicionamentos que nos tornaram tão facilmente manipuláveis. E o mais irônico de tudo é notar que nos orgulhamos desse estado de aparvalhamento em que vivemos – tanto assim que costumamos nos proclamar "em pleno gozo de nossas faculdades mentais".

Em quase todos os casos, o que costumamos chamar de racionalidade não passa de racionalização. Esse é um ponto importante, que precisa ser entendido com clareza. Morin observa que a racionalidade (a razão aberta) é a expressão do diálogo incessante de nossa mente com o mundo real. Acrescento que é racional, por exemplo, admitir que todo ser humano tem um lado irracional, que não deve ser negado e sim compreendido e integrado à totalidade de nossa existência. É também racional admitir que o modelo mental linear é insuficiente para o diálogo da nossa mente com o mundo. Já a racionalização (a razão fechada) tenta reduzir a realidade aos seus parâmetros, e por esse meio pretende dar sentido a coisas que muitas vezes não têm sentido algum.

Nem sempre é fácil – adverte Morin – distinguir racionalidade e racionalização. A própria atitude racionalizadora, aliás, colabora para isso. A educação que recebemos nos condicionou até esse ponto. Fez com que nosso sistema de pensamento se mostrasse, como ainda se mostra, mais propenso a racionalizar do que a raciocinar. O imediatismo e a super-simplificação chegam, assim, ao pensamento mágico. A racionalização acaba fazendo com que percamos a noção do real, e passemos a viver numa realidade em que uma qualidade fragmentada é chamada de "qualidade total" e um atendimento superficial e padronizado é visto como "personalizado".

Esse modo de pensar acabou produzindo uma noção de realidade contaminada pelo obscurantismo, na qual o conhecimento adquire cada vez mais um valor meramente econômico-financeiro e as pessoas passam a vida analisando cifras abstratas. Esse instrumentalismo – que numa certa medida é necessário, mas que nem por isso precisa negar a vida – é norma no universo dos tecnoburocratas.

Outra característica da racionalização é defender-se daquilo que a questiona utilizando os seus próprios princípios. O homem "prático" não admite efeito sem causa, pergunta sem resposta nem problema sem solução. "Se você não tem a solução, não adianta falar do problema". Ou: "Não traga problemas, traga soluções", é o que ele costuma dizer.

Essa orientação revela alguns dos mecanismos da defesa racionalizadora. Se alguém nos traz um problema mas não a solução, logo imaginamos que: a) está querendo nos desafiar; b) pretende que saiamos do nosso conforto, quer nos obrigar a pensar; c) seu objetivo é contrariar nosso hábito de receber tudo pronto para o consumo imediato.

Não nos ocorre, porém, que quem traz perguntas pode estar querendo ser útil, ou pedindo ajuda para uma reflexão conjunta. Em nosso individualismo, recusamo-nos a pensar junto com o outro, porque isso não era estimulado na escola que freqüentamos. O resultado é essa situação absurda, mas que é parte integrante do nosso cotidiano: as respostas nascem das perguntas; mas se todos deixarem de perguntar, de onde virão elas?

A racionalização permite ainda que falemos e nos comportemos de uma determinada maneira em público, enquanto que em particular falamos e procedemos do modo contrário. A divisão rígida de nossas vidas em um segmento público e outro privado leva a esse resultado. Mantida a separação, a racionalização se encarrega de justificar essa dualidade, pouco importando que o comportamento público seja influenciado pelo privado, e que as decisões e ações públicas também o sejam.

O mesmo homem que em público se declara "racional" e "prático", na vida íntima tem problemas psicológicos e emocionais muitas vezes graves. Temos vergonha de admitir que o ser humano é também conduzido pela intuição, pelo medo, pelo sonho ou pela fantasia. A explicação de tudo isso não é fácil nem simples, mas os fatos existem. Sabemos que nosso modelo de civilização reprime as manifestações do imaginário e prefere pôr em seu lugar fórmulas artificiais e alienantes. Falamos muito em "realidade" e em "resultados concretos", ao mesmo tempo em que negamos a realidade de muitas de nossas atitudes. Negamos também os cenários sombrios, como os que mostram a exclusão social levando à ampliação da violência e transformando-a numa escalada.

Neste livro, quando falo em razão estou sempre me referindo à de Espinosa que, como vimos há pouco, compreende também a intuição e a emoção, não cai na racionalização e quer entender o mundo sem fugir dele. O homem de Espinosa vive a emoção e a ética com racionalidade. Já a lógica linear é racionalizadora: quer entender o mundo reagindo a ele, tentando reduzi-lo aos seus parâmetros. Ainda assim, precisamos das duas para viver.

A TIRANIA DOS ADJETIVOS

O uso dos adjetivos é uma das principais ferramentas da racionalização. Seu excesso transforma a descrição em julgamento e praticamente inutiliza a comunicação, pois dificulta a autonomia de quem escuta, tornando-se assim um instrumento de imposição dos juízos de quem fala. A descrição transformada em julgamento exclui o interlocutor, a menos que ele aceite de saída o ponto de vista de quem descreve. As divisões "bom" e "mau", "melhor" e "pior", são aceitáveis pela lógica linear porque são polaridades conhecidas. Já a diferença é atemorizadora para quem está atrelado à visão de mundo repetitiva desse modelo de pensamento. "Diferente" quer dizer desconhecido, fora do padrão, sugere imprevisibilidade, assimetria.

A dificuldade central é sempre a mesma: estamos acostumados a ver tudo em termos de um modelo que quer se estabelecer num território, que supõe já ocupado por outro e precisa expulsá-lo e tomar-lhe o lugar. Imaginemos, por exemplo, uma conversa com um homem "prático", na qual se tenta discutir o conceito de lucro. Ele logo retrucará com muitos adjetivos, com os quais tentará demarcar polaridades: o lucro é justo, legítimo, racional etc. Essa, aliás, talvez seja a principal função da adjetivação excessiva: retirar os assuntos polêmicos da vida real e levá-los para o reino da fantasia – removê-los do terreno do "que é" e transportá-los para o âmbito do "que deve ser". Para tanto, dividimos tudo em extremos que se antagonizam e se excluem mutuamente.

Usados dessa maneira, os adjetivos se transformam num modo de rotular pessoas e situações, de marcá-las e confiná-las em currais – os pólos. Entre um pólo e o que lhe é oposto não há meio-termo: o homem "prático" será sempre "prático", o "poeta" será sempre um "poeta". Depois de adjetivado segundo os valores de uma determinada polaridade, tudo que um indivíduo fizer (ou deixar de fazer) que contrarie o seu rótulo resultará em sua "deportação" para a polaridade contrária.

MISTÉRIOS, PROBLEMAS E DIVERSIDADE

Ao longo da história, a evolução da nossa consciência pode ser acompanhada pelo desenvolvimento de determinados valores, que cedo ou tarde acabam moldando as culturas, isto é, orientando as práticas do cotidiano. Sem medo de errar, podemos dizer que eles se referem fundamentalmente à razão, à emoção e ao diálogo das duas. A história das tentativas de conciliá-las é, no fim das contas, a própria crônica dessa evolução.

As contradições estão presentes em todas as atividades do ser humano e nem sempre podem (nem precisam) ser resolvidas. Afinal, viver é lidar com paradoxos. Só que estamos convencidos de que é imperioso superar todos eles. Pior ainda, estamos certos de que podemos fazê-lo utilizando o que chamamos de razão, isto é, o raciocínio linear.

Ao persistir nessa tentativa de manter separados os opostos, estamos nos comportando segundo um padrão. O processo educacional a que fomos submetidos, transformou o nosso cérebro numa máquina de resolver problemas. Essa atitude faz parte dos dogmas da cultura dominante, que dizem que a vida é uma luta, que devemos estar sempre preparados para competir e que a natureza existe para ser dominada. Estamos convencidos de que se há problemas cumpre solucioná-los, e essa solução será alcançada pelo raciocínio linear, cujo principal instrumento é a argumentação lógica, que visa vencer as discussões derrotando os que argumentam em contrário.

Tudo isso seria maravilhoso se essa atitude fosse adequada para solucionar todos os problemas humanos. Não o é, infelizmente. O pensamento cartesiano só consegue resolver (e mesmo assim nem sempre) as questões da vida mecânica (produção material, alimentação, assimilação e excreção), e mostra-se incapaz de lidar com as da totalidade da condição humana (que incluem, além dos atos mecânicos, outras dimensões, como valores, sentimentos e emoções).

O filósofo Gabriel Marcel fala da diferença entre mistério e problema. Para ele, problema é uma situação que precisa ser resolvida e mistério é algo que precisa ser vivido. Há dois tipos básicos de perguntas: as que permitem respostas terminais (isto é, que visam resolver problemas) e as que não admitem esse tipo de resposta (as que pretendem lidar com mistérios). No primeiro caso, a resposta fecha a questão, no segundo ela permanece em aberto. Há circunstâncias cuja estrutura é tal que sua condição de mistério precisa permanecer intocada. Quando pretendemos transformá-las em problemas, elas se degradam. Por outro lado, há situações problemáticas que exigem entendimento e solução. Quando buscamos transformá-las em mistério, na verdade o que pretendemos é fugir delas. Querer transformar mistério em problema, e vice-versa, pode ser uma forma de nos alienarmos da vida.

Muitas vezes deparamo-nos com temas que não conseguimos compreender ou dos quais queremos escapar. Em outras ocasiões, desejamos exercer a onipotência de querer explicar tudo. Em circunstâncias como essas, costumamos argumentar que estamos diante de questões transcendentes, metafísicas, que só podem ser entendidas por iniciados ou por meio de categorias mentais específicas (os chamados estados alterados de consciência, por exemplo), para as quais só uns poucos têm a chave.

Não estou, é claro, dizendo que os temas transcendentes, bem como os estados alterados de consciência, não tenham seu lugar e momento. Estou falando de sua instrumentalização, de seu uso como ferramenta alienante, e também de seu emprego como instrumento de poder. Na prática, esse uso se manifesta pela postura de manter à distância as pessoas "comuns" ou "não iniciadas" (os profanos) e criar um *status* ao qual os leigos não têm acesso, ou só o têm quando se deixam guiar pelas mãos de mestres, gurus e assim por diante.

Na medicina isso ocorre com freqüência. Os médicos costumam pôr nomes herméticos nas doenças sobre as quais pouco ou nada sabem: "criptogenéticas", "essenciais', "idiopáticas" etc. Essas expressões, além de nada acrescentar de útil, são muitas vezes utilizadas para intimidar e excluir os leigos, e também para tentar esconder a ignorância dos iniciados.

Esse tipo de postura é semelhante à dos que acham que a vida é somente "prática", "concreta", de um lado, ou apenas "transcendente", ou "espiritual", do outro. Em ambos os casos a posição é excludente. O "transcendentalista" acha que tudo é superior, sagrado e incompreensível: faz o discurso do "poder maior". O "prático" pretende reduzir tudo ao concreto, à vida mecânica e à institucionalização: exclui o "transcendente", o "espiritual", e os condena à situação de meras categorias especulativas. O "transcendentalista" acha que se pode reduzir tudo à condição de mistério. O "prático" acredita que é possível reduzir tudo à condição de problema. Num e noutro caso o propósito é o mesmo: separar o sujeito do objeto e desrespeitar a diversidade de idéias e opiniões.

Edgar Morin observa que a diversidade de opiniões e informações é o melhor meio de verificação empírica do grau de realidade dos sistemas de idéias, isto é, da eficácia com a qual eles nos conectam com o real. É a mesma posição de Maturana, que sustenta que, numa dada cultura, a determinação do que é real e do que é imaginário se faz por meio dos consensos gerados pelas redes de conversação. É por isso que precisamos respeitá-los. Nossa fé ou crença em algo transcendente não nos isenta de procurar sempre obter um nível de informação que nos faça respeitar os outros e suas opiniões. Caso contrário, essa fé ou crença contribui para destruir a racionalidade em nome da racionalização.

A verificação do grau de realidade das idéias se faz pelo confronto de informações e das linguagens que as veiculam. Não nos esqueçamos de que temos a tendência de ignorar ou contestar informações expressas em linguagens que não nos agradam (a científica, a filosófica, a mística, a literária, a poética etc.). Temos uma enorme propensão para reduzir as informações que recebemos ao nosso nível de conhecimento – o que é o mesmo que reduzi-las ao nosso nível de ignorância.

Morin assinala que a diversidade e a concorrência das fontes de informação faz, por si própria, uma verificação inicial das informações disponíveis. Isso permite cotejar aquelas que cada fonte (ou pessoa) isolada teria interesse em esconder ou distorcer. A verificação "lógica" da informação, se utilizada como instrumento exclusivo, pode resultar em racionalização. O recurso unilateral à fé ou à explicação "mística" e "transcendente" pode fazer o mesmo.

Como vimos anteriormente, tendemos a definir as coisas (trata-se de uma necessidade prática) em termos de polaridades. A seguir, em geral atribuímos a um dos pólos um valor maior do que o do outro. Assim entramos na dualidade do "isso é bom, aquilo é mau", "isso é certo, aquilo é errado" etc. Algo semelhante ocorre quando insistimos em aplicar a todo instante determinados conceitos. É o que acontece, por exemplo, quando nos obstinamos em estabelecer que uma idéia é linear ou sistêmica, transcendente ou imanente etc. Trata-se de uma forma de usar o automatismo concordo-discordo, do qual falarei com detalhes adiante. Seja como for, o efeito obstrutivo ao livre curso das idéias é o mesmo.

Nada nos dispensa da abertura constante em relação à diversidade. É indispensável recorrer sempre a ela, por mais que isso nos irrite. Aliás, esse é um bom exercício: perceber que ela nos aborrece é uma boa forma de saber o quanto estamos precisando de sua ajuda. Quanto mais a diversidade nos exaspera, mais dela necessitamos.

Morin assinala que uma teoria que se fecha para o real transforma-se em doutrina e seus axiomas viram dogmas. Como se sabe, os dogmas não se deixam testar pela realidade. Se temos opiniões dogmáticas e o real as contesta, pior para ele. Eis o modelo de visão de mundo que costumamos adotar na vida "prática". E é fácil estabelecê-lo: basta convencionar que realidade é o que pode ser medido, pesado e contado e esquecer, convenientemente, que esses pesos e medidas foram inventados por nós, são fruto do nosso imaginário.

De qualquer maneira, como diz Morin, o maior contestador das idéias dogmáticas é a diversidade de pensamentos. Nessa mesma linha, Theodor Adorno e Jürgen Habermas nos aconselham a não esquecer de que todo conhecimento, seja qual for a sua natureza, está sempre inserido no aqui-e-agora de uma determinada cultura, e é entendido e aplicado segundo as ideologias dessa cultura. Acrescento, com Maturana, que quem determina como são feitas essa inserção e utilização são os consensos, oriundos das redes de conversação.

São eles que estruturam as culturas e determinam de que real e de que imaginário se está falando num dado contexto e momento.

Nossos sistemas mentais, diz Morin, filtram as informações: ignoramos, censuramos e rejeitamos tudo o que não queremos saber, o que em geral consiste naquilo que nos desafia. O mecanismo que chamo de automatismo concordo-discordo (e suas variantes, como a meticulosidade exagerada, a falsa prudência e as ressalvas intermináveis) é muito usado para esse fim. A crítica incessante, implacável, que interrompe e censura a todo momento o fluxo das idéias, serve ao mesmo propósito. O mesmo vale para a ausência de crítica.

Quanto melhor entendermos a importância da diversidade, seja a de opiniões, seja a biológica (a biodiversidade), mais próximos estaremos de ao menos diminuir a amplitude da separação sujeito-objeto. Essa é uma das finalidades do pensamento complexo e da aprendizagem de sua utilização no cotidiano.

3. A DANÇA DOS CONCEITOS (II)

> *Uma cultura é, para os membros da comunidade que a vivem, um âmbito de verdades evidentes que não requerem justificação e cujo fundamento não se vê nem se investiga, a menos que, no devir dessa comunidade, surja um conflito cultural que leve a tal reflexão. Esta última é a nossa situação atual.*
>
> Humberto Maturana

Prossigamos com a exposição de conceitos iniciada no capítulo anterior.

A MENTE MECÂNICA: FATOS, NÚMEROS E PESSOAS

Somos uma multidão condicionada: milhões e milhões de mentes nas quais só penetra o que é esquemático, padronizado, imediatista e essencial para a vida mecânica: comer, beber, dormir, consumir, fazer sexo e excretar. São atividades indispensáveis, é claro, mas a partir de sua valorização unilateral gerou-se uma ética que parte do princípio de que as coisas e as pessoas existem apenas para ser possuídas e usadas. Tudo se reduz aos componentes de um patrimônio, com o qual nos identificamos de tal forma que terminamos embutindo nele a nossa própria existência.

Essa identificação faz com que projetemos valores quantitativos em tudo o que nos cerca. Tais projeções acabam se tornando "reais": já que os objetos nada valem por si próprios, é preciso de alguma forma torná-los preciosos. Quanto às pessoas, sempre que não conseguirmos reduzi-las à condição de coisas, devemos excluí-las de nossas vidas. E o melhor meio de fazer isso é negar-lhes valor e atribuir-lhes um preço. Em vez de existir passam a valer o quanto damos por elas, e assim o existencial se torna patrimonial e a culpa se dilui na matemática dessa contabilidade.

Lembremos Kant: "Todas as coisas que podem ser comparadas podem ser trocadas e têm um preço; aquelas que não podem ser comparadas não têm preço, mas dignidade". O filósofo referia-se, é claro, à dignidade humana, quando escreveu essa frase em 1785.

Entretanto, mais de dois séculos depois, a maioria das pessoas continua ignorando o sentido dessa observação. Para exemplificar, lembremos a linguagem tecnocrática que prolifera nas seções de economia e negócios de qualquer periódico (há exceções, é claro, mas elas são suficientemente raras para validar e sustentar a regra). São textos que falam sempre das mesmas coisas: competição predatória, insensibilidade social, polaridades nítidas (aliados/adversários, vencedores/vencidos, ganhos/perdas), visão esquemática e mensuradora de mundo e assim por diante. Por trás disso tudo, reina um sentimento profundo e fundamental: o medo – o grande medo que os homens têm de si próprios e uns dos outros, porque o tanto que se permitem conhecer a esse respeito é unidimensional, logo insatisfatório.

É dessa maneira que o economicismo tecnocrático costuma lidar com as questões humanas. Essa abordagem constitui, talvez, o melhor exemplo da idéia de progresso da modernidade levada às últimas conseqüências. Esta, como se sabe, sustentava entre outras coisas que o desenvolvimento apenas material levaria seguramente ao bem-estar da sociedade. Imaginava-se, enfim, que quantidade produziria automaticamente qualidade. Mas na prática o que se vem verificando é que o esforço desenvolvimentista baseado apenas em parâmetros econômico-financeiros, tem trazido mais problemas do que soluções. A agressão à natureza e a exclusão social são apenas dois de seus resultados.

Nada tenho contra os tecnocratas, é claro. Tampouco ponho em dúvida os fatos resultantes de sua atuação, nem os números por meio dos quais eles são analisados. São pontos de vista que podem ser (e muitas vezes até são) necessários – mas que com toda a certeza são insuficientes para proporcionar às pessoas uma vida digna. Logo, não se trata aqui de atribuir-lhes juízos de valor, e sim de utilizá-los como exemplo didático para mostrar como o modelo mental linear é capaz de estreitar e obscurecer o horizonte mental de todos nós. É como se as dimensões não-quantitativas da vida não passassem de um estorvo a esse imenso ânimo mecanizador, como se o orgânico representasse uma espécie de doença a ser erradicada – como se a não-linearidade dos processos da natureza fosse uma espécie de vergonha, partes pudendas a serem ocultadas e suas manifestações e pecados expiados.

O ensaísta Tzvetan Todorov adverte: "Se a finalidade última das forças políticas de um país é unicamente atingir o máximo de consumo e o máximo de produção, sem jamais questionar o efeito que essas atuações podem ter nas relações interpessoais, o despertar pode ser brutal". É muito importante ter consciência de tudo isso, e sobretudo jamais esquecer que a alienação que tentamos impor aos outros está também dentro de nós. Os versos de Carlos Drummond de Andrade ilustram bem essa dinâmica:

> O marciano encontrou-me na rua
> e teve medo de minha impossibilidade humana.
> Como pode existir, pensou consigo, um ser
> que no existir põe tamanha anulação de existência?
> Afastou-se o marciano, e persegui-o.
> Precisava dele como de um testemunho.
> Mas, recusando o colóquio, desintegrou-se
> No ar constelado de problemas.
> E fiquei só, de mim ausente.[4]

Feeling, leveza, profundidade. E também humor: o título do poema é *Science fiction*. Em apenas nove versos, todo um retrato de nossa condição: a estranheza, a alienação, a necessidade do outro (que a todo custo procuramos eliminar), a solidão. Será preciso acrescentar mais alguma coisa?

O NÚCLEO DURO

Imre Lakatos observa que as teorias se organizam em torno de um centro – o núcleo duro – e formam em volta dele um "cinto de proteção" que o protege contra contestações. Trata-se, pois, de uma estrutura de sobrevivência. Quanto mais os contestadores se aproximam dele, mais os seguidores da doutrina o defendem, e para tanto utilizam argumentos cuja base é a suposta invulnerabilidade do próprio núcleo. É na defesa do núcleo duro das doutrinas, teorias e ideologias, que o modelo mental linear encontra uma de suas grandes áreas de utilização. Seu principal instrumento é a chamada argumentação lógica.

Nessa linha, o "bom" argumentador não procura idéias novas: o que ele busca é a verdade, da qual quer se apropriar. Dessa maneira a verdade acaba se transformando num biombo, atrás do qual nos escondemos de nós mesmos e dos outros. Nessas condições, o ego precisa muito dela e põe toda a habilidade do pensamento lógico à sua procura. Mas não se contenta apenas com a verdade substantiva: precisa quantificá-la, dar-lhe um tamanho, e quanto maior for ele melhor. Uma grande verdade é também um biombo mais amplo, que permite que nos escondamos mais.

Daí surge uma das conseqüências mais perversas da racionalização: quanto maior a competência argumentativa, mais cresce a unilateralidade e a superficialidade com que os assuntos são tratados. Ao procurar convencer os outros de que está cada vez mais perto da verdade, o "bom" argumentador vai eliminando, uma a uma, as possibilidades criativas da discussão. No limite, acaba por suprimir a diversidade e esterilizando o processo. Para isso, colabora sem dúvida a necessidade que em geral temos de obedecer a dogmas e ideologias.

Ao defender o seu núcleo duro e tentar eliminar a diversidade de pontos de vista, as teorias e as crenças acabam atendendo a esse anseio.

Precisamos estar atentos a essas particularidades, e também darnos conta de que em geral o núcleo duro das teorias e ideologias é, como o ego das pessoas, frágil e necessita de proteção. Seus maiores mantenedores são o raciocínio linear, a argumentação lógica e a busca da "verdade". Seus grandes questionadores são a mudança, os fatos novos, a diferença e a criatividade.

TEORIAS, SONHO E REALIDADE

Com ou sem núcleo duro, porém, as teorias são necessárias como instrumento de investigação. As pessoas "práticas" costumam afirmar que elas são dispensáveis, e que a vida tem de ser abordada apenas do ângulo imediatista e utilitário. Para elas, real é aquilo que pode ser reduzido a números. Imaginam que o numérico é o oposto do que chamam de teórico. Essa definição, é claro, deixa de fora valores não-mensuráveis como o respeito aos outros, a solidariedade, a tolerância, o amor, a felicidade – exclui algumas das coisas mais importantes da vida. Trata-se de uma posição nada prática, que faz parte do realismo ingênuo e que, além disso, acaba sendo também uma teoria, por meio da qual muitos tentam entender o mundo e lidar com ele.

Ao longo do processo investigativo, os pressupostos teóricos podem, como acontece muitas vezes, mostrar-se equivocados e ser deixados de lado. O grau de freqüência com que isso acontece depende do quanto as teorias protegem o seu núcleo duro. Se essa proteção não é radical, elas se modificam e se enriquecem ao longo do processo, mas também é comum que protejam de tal forma esses núcleos que acabam se transformando em ideologias.

A tendência a separar teoria e prática é uma variante da divisão sujeito-objeto. Nessa linha poderíamos, por exemplo, traçar com facilidade perfis para o "homem teórico" e o homem "prático", mas seria impossível fazer isso sem cair no esquematicismo e na estereotipia. A única utilidade de uma classificação como essa seria, mais uma vez, ilustrar nossa tendência para polarizar tudo. O máximo que conseguiríamos seria mais uma divisão, na qual cada lado se apegaria cada vez mais às suas características, e tudo faria para reduzir a outra polaridade à sua visão. Quem quisesse estabelecer contato com esses homens polarizados, e não estivesse disposto a se deixar determinar por seus valores, acabaria vítima de ambos. Até porque os argumentos de um e do outro lado seriam os mesmos com sinais trocados – da mesma forma que o pensamento mágico dos tecnocratas, por exemplo, é tão fantasioso quanto o pensamento mágico das pessoas que eles classificam de "poetas".

CONHECIMENTO, SABEDORIA E CONHECIMENTO SÁBIO

O conhecimento teórico pode ser obtido por meio do estudo, pesquisa e observação sistemática. É possível, pois, falar em sua aquisição, produção e acumulação. Por ser acumulável, ele é controlável pelos que o estocam, e desse modo acaba se tornando inacessível fora de determinados círculos. Nesse sentido, o conhecimento é uma forma de capital, já conhecida pelos economistas desde o século 18. A tecnologia é o resultado de sua aplicação ao trabalho. O conhecimento de que dispomos hoje, em vertiginosa expansão, é ainda em grande parte baseado na lógica clássica, e por isso continua visto como algo externo a quem o possui – um objeto separado de seu sujeito. Essa circunstância o reduz a uma simples ferramenta operacional para a vida mecânica.

A sabedoria não pode ser obtida pelo estudo, e vem a nós por meio da experiência vivida. Resulta de um processo de experiência, aprendizagem e crescimento. É possível fazer cursos e treinamentos para adquirir conhecimento, mas a sabedoria surge ao longo da vida inteira. O conhecimento é representacional e operacional. A sabedoria é construtivista e estratégica: representa a nossa capacidade ou habilidade de utilizar o conhecimento de modo mais adequado.

A complementaridade dos dois resulta no conhecimento informado – o que se elabora a partir de dentro, e nos permite construir o mundo ao longo do processo de nossas relações com ele. É o que costumo chamar de conhecimento sábio, que pode também ser definido como o modo de utilizar os saberes e a tecnologia que deles deriva para alcançar e manter uma qualidade de vida digna. Se grande parte do conhecimento teórico pode ser obtida pelo modelo mental cartesiano, tal não ocorre com a sabedoria. Nem o conhecimento nem a sabedoria isolados são capazes de elucidar, por exemplo, as diferenças práticas entre "competitividade" e competência. Para isso, é indispensável o conhecimento sábio.

APOLO E DIONÍSIO

Em sua primeira obra (1872), *O nascimento da tragédia no espírito da música*, Friedrich Nietzsche, inspirado nas figuras mitológicas de Apolo e Dionísio, escreveu que a cultura da Grécia clássica expressava um movimento entre os pólos apolíneo e dionisíaco. O apolíneo seria o controlado, o racional, o justo, o clássico – o pólo da razão, da ordem, da contenção. O dionisíaco seria a expressão do descontrolado, do bárbaro, do emocional, do impulsivo – a polaridade da paixão, do desejo irrefreado. Segundo o filósofo, na tragédia grega Apolo corresponde ao diálogo, à interação dos personagens individuais. Dionísio corresponde ao coro, ao coletivo. A evolução da arte resulta da interação entre os espíritos apolíneo e dionisíaco. Essa interação é conflituosa, porém criativa: o conflito não separa, mas sim reúne os pólos, faz com que eles se abracem. O apolíneo precisa do dionisíaco e vice-versa.

Para Nietzsche, na tragédia grega o apolíneo se liga à colocação em palavras das reflexões sobre as paixões, as emoções dionisíacas. Pode-se dizer que a tragédia é uma forma de promover a imbricação dessas duas dimensões, que no entanto permanecem ao mesmo tempo antagônicas e complementares. Referindo-se ao Prometeu de Ésquilo, Nietszche fala da fórmula que resume essa dialógica: "Tudo o que existe é justo e injusto, e em ambos os casos igualmente justificável".

No dizer do filósofo, o dionisíaco e o apolíneo atuam na consciência humana de forma "rigorosamente recíproca, segundo uma lei de eterna eqüidade". Em termos de complexidade, haveria uma circularidade produtiva entre o apolíneo (o diálogo) e o dionisíaco (o coro) – recorrência que criaria uma tensão, a partir da qual a incerteza levaria à busca da ampliação da experiência. No entanto, essa abertura para o ser, que era característica da filosofia dos pré-socráticos do século 6º a.C. (época em que surgiu a tragédia grega), foi fechada a partir de Sócrates.

Em nossa cultura atual, a regra é que o apolíneo pretenda ter sempre o controle, dominar o dionisíaco, mas sem deixar de apoiar-se nele. A coincidência entre a metáfora apolíneo/dionisíaco e inúmeras outras maneiras de expressar a polaridade razão/emoção é óbvia. É claro que tudo isso pode ser interpretado segundo muitos pontos de vista. Pode-se, por exemplo, dizer que o apolíneo corresponde ao predomínio do raciocínio linear, enquanto que o dionisíaco se refere ao pensamento sistêmico, à intuição, à criatividade, à capacidade de simbolizar. Seja como for, o que importa é que em última análise essa metáfora se refere à separação de dois sistemas de pensamento, tradicionalmente apresentados como antagônicos, e à possibilidade de transacionalidade que existe entre eles.

Na mesma linha, o historiador alemão Oswald Spengler, autor de *A decadência do ocidente*, fez uma distinção entre o que chama de "princípio da forma", que englobaria a poesia, a história e a vida em geral, e o que denominou de "princípio da lei", que identificou com a matemática, a física e a morte. Chegou a dizer que a maneira de identificar as formas mortas é a utilização das leis matemáticas, e o modo de abordar a vida é a analogia. No primeiro caso, temos o que em termos de hoje chamaríamos de linguagem digital e, no segundo, a linguagem analógica. Spengler via na história uma alternância entre períodos de hegemonia das artes e fases de predomínio das ciências, sob a inspiração da física, matemática e mecânica. Em outras palavras, uma alternância entre o dionisíaco e o apolíneo, ou entre os modelos mentais linear e sistêmico.

Um grupo ou organização excessivamente regulamentado e institucionalizado perde em flexibilidade e criatividade. Um grupo ou organização administrado sem os devidos controles penderá para o dionisíaco, e também acabará perdendo as mesmas qualidades. Logo, não se trata de dar uma importância relativamente maior ao desenvolvimento emocional do que ao intelectual e vice-versa. O pensamento complexo visa englobar essas polaridades, de modo a que elas se complementem sem deixar de ser antagônicas. Deixar as coisas acontecer não equivale a observá-las de modo passivo, ou entregá-las incondicionalmente ao pólo dionisíaco, e sim segui-las com atenção, buscando incorporá-las à nossa experiência. Essa circunstância torna necessário o desenvolvimento de novas estratégias de abordagem do real.

Se vivemos em uma cultura em que supostamente predomina o padrão apolíneo, e se quisermos nos expressar de modo a ser compreendidos, precisamos começar falando em termos lineares, isto é, apolíneos. Sabemos que no nosso cotidiano, o que se põe em prática com o nome de ações racionais são atos nascidos dos nossos desejos, ou seja, das emoções. Muitas das leis que figuram nos códigos cíveis e penais são exemplos disso. Convencer as pessoas desse fato, porém, é outra história. E o melhor meio de começar a contá-la é partindo do padrão que elas chamam de racional. Afinal, é assim que estamos acostumados a perceber o mundo e falar dele. Nessa ordem de idéias, pode-se imaginar que o pensamento complexo será melhor entendido se a porta de entrada for linear. O objetivo é, pois, chegar à complexidade começando pela linearidade. É o que tem sido feito neste livro.

O COMPLEXO CÉREBRO-MENTE

Em termos gerais, é possível dizer que a mente humana surgiu no cérebro, no momento em que a complexidade atingida pelo desenvolvimento dessa estrutura tornou necessário um relacionamento com o mundo que não mais poderia ocorrer sem a intermediação de valores. Ela apareceu quando o órgão atingiu um nível de complexidade que ultrapassou as determinações do funcionamento puramente instintivo, mecânico, e fez surgir a necessidade de uma instância mais sofisticada.

Sabemos que o cérebro é uma estrutura extremamente complexa. Porém, a complexidade em si não justificaria o surgimento da dimensão mental, pelo menos no grau em que ela se desenvolveu no homem. O cérebro dos animais superiores, principalmente os antropóides, também é complexo. Alguns deles têm até rudimentos de mente, mas nada que se aproxime do que se observa na espécie humana.

A mente surge em decorrência da complexidade anatômica e fisiológica do cérebro, e se espraia pelas sociedades humanas. A partir daí, elaborada e reelaborada pelas circunstâncias resultantes da experiência, ela retrocede sobre o cérebro de várias maneiras, como a educação, a cultura e a transacionalidade com o ambiente. Pode-se dizer que o cérebro produz a mente, que depois, sob a forma de mente social/ambiental, reflui sobre ele, produzindo-o.

No ser humano, a mente tornou-se necessária porque suas relações com o mundo passaram a exigir que ele fosse capaz de pensar em termos que ultrapassassem a divisão binária sim/não. Era preciso dizer também "mais ou menos", "nem sim nem não", ou "talvez". Havia ainda situações em que era preciso perguntar: "E se?". Acontece, porém, que apesar de todas as condições que proporcionaram o nascimento da dimensão mental preverem a complementação entre os modos digital (linear) e analógico (sistêmico) de operação, insistimos em continuar presos à predominância do primeiro. O modelo atual de pensamento, predominantemente digital, não é o único que foi previsto pela natureza, mas procedemos como se esse fato fosse irrelevante.

Um velho axioma da biologia diz que a função faz o órgão. Foi assim que, como vimos, nosso cérebro teve o seu modo de operar culturalmente formatado para compor o modelo predominantemente digital, linear. Por isso, convém repetir: se quisermos refletir adequadamente sobre o que quer que seja, será necessário começar de modo digital, utilizando uma didática binária, que só parcialmente tem a ver com as potencialidades do cérebro – mas que tem tudo a ver com o modo como ele está acostumado a funcionar.

Tem-se tentado confinar a mente em locais mais ou menos padronizados do cérebro. Na realidade ela não está num determinado lugar, mas permeia toda a estrutura do órgão. Sabemos até mesmo que existe mente fora do cérebro – a mente social ou coletiva, que interage com a dos indivíduos. Sabemos também que a noção de mente proposta por Bateson e Maturana é muito mais ampla: para eles, a instância mental permeia todos os sistemas vivos, independentemente da existência de um cérebro, ou mesmo de um sistema nervoso.

O dado mais importante a reter é que os neurônios estão capacitados a dar respostas complexas, e o fazem sempre segundo a sua estrutura. Seria melhor deixar de lado as divisões e subdivisões esquemáticas (ou usá-las apenas como metáfora ou recurso didático), e utilizar o conceito de sistemas ou modelos de pensamento. Há autores que recomendam reserva quanto à distribuição de tipos diferentes de função nesse ou naquele ponto do cérebro, e outros que são menos rigorosos a esse respeito. Há ainda os que chegam a propor a divisão funcional do cérebro em hemisférios direito e esquerdo. A meu ver, o fundamental é fixar a noção de recursividade cérebro-mente, ou complexo cérebro-mente.

Alguns têm sugerido que o hemisfério cerebral direito é afetivo-emocional e o esquerdo lógico-intelectual. Serão apropriadas essas denominações? Em linhas muito gerais – e apenas nessas condições – pode-se dizer que sim. Mas é preciso não esquecer que aquilo que hoje se discute em termos de hemisférios cerebrais já era expresso há milênios, em termos de razão e emoção, consciência lógica e consciência poética e expressões equivalentes.

Da mesma forma, a necessidade de complementaridade dos sistemas de pensamento tem sido assinalada há longo tempo. Desde já, esclareço que não estou falando de métodos rápidos e mágicos, como muitos dos que têm sido propostos pela chamada literatura "gerencial" ou de "auto-ajuda". Não faz parte dos objetivos deste livro propor que o cérebro é funcionalmente bipartido, e que, por meio de métodos "práticos" e "rápidos", é possível "integrá-lo" em tempo recorde, chegando assim à chamada "inteligência emocional", ou que outro nome tenha essa espécie de reducionismo. Refiro-me a providências necessariamente profundas e progressivas, a serem tomadas principalmente em relação à educação básica. O que realmente importa é a noção de que o cérebro funciona de forma modular, isto é, por meio da interação de áreas especializadas em determinadas funções, como a visão, a fala e assim por diante, o que nem sempre significa exclusividade.

Mesmo quando utilizada com finalidades didáticas, a diferenciação dos hemisférios cerebrais deve ser posta em termos e contextos bem claros, para que não seja confundida com um instrumento de super-simplificação. Quando se fala, por exemplo, no hemisfério direito como ligado a imagens e relações espaciais, é importante que pensemos mais em termos metafóricos do que anátomo-fisiológicos. Ao falar em transacionalidade de sistemas de pensamento, estou me referindo a algo bem mais extenso, que envolve múltiplos aspectos da condição humana. Não se pode reduzir uma questão tão ampla a um referencial tão limitado.

É importante considerar ainda que a utilização abusiva da divisão em hemisférios acaba tornando tudo muito estanque, e assim cai na disjunção típica do pensamento linear. Da mesma maneira, a insistência em comparar o cérebro ao computador – a chamada "digitalização" da mente, que caracterizou a fase inicial da ciência cognitiva – termina levando ao mesmo equívoco. No caso da medicina, situações assim acabaram fazendo com que o corpo fosse transformado num "outro" artificial e maquínico. Mais adiante veremos como a tecnologia vem afastando o médico e o paciente. Um é cada vez mais sujeito, o outro é cada vez mais objeto, e ambos são cada vez mais coisas, à mercê do economicismo tecnocrático. O mesmo acontece em muitas outras áreas da atividade.

AS VEREDAS DA ALTERIDADE

É com Descartes que a separação sujeito-objeto chega ao seu auge, e o objeto passa a ser uma elaboração do sujeito, a existir da forma que este quer. Inaugura-se a era do conhecimento como objeto determinado pelo sujeito e como forma de poder. Eis o racionalismo operacionalista: a razão reduz tudo ao cálculo, à quantidade. Rousseau pensava de modo diferente: em vez do homem-máquina cartesiano, propunha o homem natural, e assim mais uma vez os modelos linear e sistêmico de pensamento foram colocados em oposição.

A situação do leigo é um exemplo. Em nossa cultura o laicato é uma categoria imensa, que engloba o doente (o leigo da medicina), o eleitor (o leigo da política), o espectador (o leigo das artes cênicas), o detento (o leigo da lei). Enfim, o leigo compõe os chamados públicos-alvo: o pobre, o desempregado, o não-cientista, o profano. Ele é o não-beneficiado ou pouco-beneficiado por aquilo de que o não-leigo (o perito, o especialista) se apropriou. É o alvo natural do chamado discurso competente: quanto mais ele escuta esse discurso mais é por ele excluído. É o não-autorizado, o não-credenciado.

Os que têm o poder de determinar quem é leigo e quem não é têm também o poder de determinar quem é sujeito e quem é objeto. Ao atribuir aos outros a condição de leigos, eles os desqualificam. O leigo é aquele de quem se tem uma certa pena (desde que se mantenha como leigo), e contra o qual descarregamos a nossa ira (quando ousa querer deixar de sê-lo). Em relação a ele não há meio-termo: ou somos bondosos ou carrascos. O outro pode ser visto como *alter* (legítimo), ou como *alienus* (ilegítimo). Em nossa cultura, o leigo é o *alienus* por excelência.

Se seguirmos pensando segundo o modelo mental linear, continuaremos a achar que as ligações entre objetos, sensações e percepções são sempre imediatas, e que aquilo que não está perto não nos pode atingir. Imaginaremos, por exemplo, que as epidemias e outras catástrofes não podem chegar até nós e por isso não nos interessam: estão acontecendo em países "separados", que fazem parte de um planeta que não é o nosso; a camada de ozônio que está em perigo é sempre a "deles", nunca a nossa; mesmo em nosso território, em nossas cidades, a Aids, os assaltos, os seqüestros e outros infortúnios são problemas dos outros; nada irá nos fazer mal.

Eis a mentalidade criada pelo adestramento das pessoas para a "competitividade". Ela começa pela negação da figura do outro. Este só existe para que possamos ver nele o que não queremos ver em nós próprios: a incompetência, os erros, os acidentes, os resultados da violência e assim por diante. Logo, não é de admirar que tenhamos dificuldade de entender que nossas potencialidades só podem ser desenvolvidas por meio da convivência.

A negação da legitimidade humana do outro está implícita nas estratégias da chamada "auto-ajuda". Elas nos induzem a pensar que por meio do "pensamento positivo" temos amplas condições de resolver sozinhos nossos problemas. O que não faltam são gurus para nos vender métodos e técnicas.

É claro que o bom senso nos aconselha a reconhecer que pensar de modo positivo é importante. Mas querer obter desse processo mental mais do que ele pode dar é uma das manifestações do realismo ingênuo. Fomos levados ao individualismo e à ignorância do que é interdependência espontânea. Falta-nos a percepção da importância da diversidade para a manutenção de uma vida digna. Continuamos nos iludindo, e imaginando que ajudar os outros significa dar a eles tudo o que temos.

Em nossa cultura, necessidade de segurança significa necessidade de segurança contra o outro, contra alguém. Daí se segue que sem reflexão sobre a alteridade não pode haver uma posição adequada sobre segurança nem sobre confiança. Já vimos que as crianças são em geral educadas a partir de valores como o carinho, os cuidados e o respeito para com o corpo e a proximidade da natureza. Ao entrar no mundo adulto, porém, elas se dão conta de que esses valores são comumente descartados em favor dos mandamentos da "competitividade": a disciplina draconiana, a vontade de domínio, a atitude de não pedir ajuda, a ocultação das emoções, o comportamento voltado para o controle e assim por diante.

Nas sociedades em que vivemos hoje há basicamente três grupos-tipo de outros. O primeiro corresponde aos que estão acima de nós, a quem temos de obedecer. O segundo compreende os que estão abaixo. Deles cobramos servidão. Por fim, vêm os que estão no mesmo plano em que estamos. Não lhes cobramos obediência, pelo menos aparentemente, mas os vemos como competidores, porque todos queremos a mesma coisa: subir na hierarquia ou, se tal não acontecer, descer o menos possível, para ficar devendo o mínimo indispensável. Nessas condições, fica muito difícil desenvolver uma ética de reconhecimento da legitimidade humana do outro, que funcione para além da mera retórica.

Atualmente fala-se muito em valorização do ser humano. Mas se pensarmos em termos mais amplos, veremos que essa melhoria ainda é muito restrita, porque é determinada por interesses puramente econômicos. Em geral, no dia-a-dia das organizações, a valorização das pessoas tem sido buscada quando pode produzir melhoria dos resultados financeiros. Trata-se de uma alteridade mensurável, redutível a indicadores e aos parâmetros do "mercado". Por isso, apesar de ser um avanço, continuará sempre produzindo exclusão. Basta lembrar a nossa paixão pela exclusividade, da qual o *marketing* se aproveita largamente, por meio de produtos e modelos exclusivos e escassez programada (tiragens restritas, vagas limitadas, oportunidades "únicas" etc.).

A depender da ocasião, esses três outros podem ser reagrupados em dois grandes grupos: os outros de conveniência e os outros inconvenientes. Para ambas as finalidades, o raciocínio linear é um instrumento indispensável.

Os outros de conveniência devem ser facilmente identificáveis e estar sempre à mão. São aqueles que elegemos como vilões – segmentos étnicos, sociais, religiosos e comportamentais que escolhemos para bodes expiatórios. No fundo, sabemos que sua "maldade" intrínseca é duvidosa, mas fingimos o contrário, porque precisamos dela para satisfazer a uma de nossas maiores necessidades: atribuir a fatores externos a culpa pelos nossos problemas. Mesmo sabendo que essa "maldade" só existe quando nos interessa, não podemos permitir que alguém conteste a sua existência. Em qualquer das hipóteses, é fundamental que ela continue fora do alcance de quaisquer investigações, o que permite que possa ser adaptada aos gostos e às necessidades de cada um.

Falemos agora dos outros inconvenientes, que formam um segmento bem maior e, em muitos casos, incluem os de conveniência. Sabemos como o modelo mental cientificista vê o mundo: um conjunto ordenado e simétrico, e como tal passível de ser ainda mais ordenável segundo propostas padronizadoras. O mundo teria, desse modo, um comportamento previsível e controlável, que pode ser narrado e compreendido da mesma forma por qualquer um.

Eis o modo "objetivo" de ver as coisas. Como é evidente, ele permite e facilita qualquer tipo de exclusão. Sua utilização faz com que fique muito fácil sermos impiedosos para com aqueles que não fazem parte do nosso modo de vida. Isto é: se já dispomos de um conhecimento universalmente válido (proposta da modernidade), por que perder tempo tentando adquirir um conhecimento local, individualizado (proposta da pós-modernidade)? Ou, mais problemático ainda: por que deveríamos ligar essas duas visões (proposta do pensamento complexo), se sabemos que é mais fácil encerrar as pessoas em compartimentos estanques, que nos permitam eliminar de imediato as que não concordam conosco, as que não nos interessam ou nos são inconvenientes?

Nessa linha, segundo certos setores do pensamento moderno, quanto menos "outros" em nossas vidas melhor. E não se trata apenas de outras pessoas (pessoas com opções de vida diferentes das nossas), mas também de outras experiências, outros modelos de pensamento. Eis o ponto de partida ideal para o autoritarismo e a opressão.

A opressão leva ao aparecimento de pessoas diferentes ou desviantes – os "outros" esquisitos. Christian Delacampagne observa que desviantes são todos aqueles que de algum modo não se enquadram na definição que o senso comum deu para o "homem normal". Este seria o macho adulto, branco, racional (isto é, linearmente pensante) e sociável. Nessa ordem de idéias, os desviantes seriam o poeta, a mulher, a criança, o louco e o selvagem. Em suma, todas as pessoas que de alguma forma estejam mais próximas do instintual, do intuitivo, do lúdico, do não-linear. Esses são os outros inconvenientes, que nos recusamos a incluir em nosso mundo, embora declaremos sempre o contrário.

A ética do outro

Por que nos comportamos assim? Porque a tanto fomos induzidos pela lógica clássica, para a qual excluir é muito mais fácil que incluir.

Adquirir uma mentalidade de inclusão pressupõe, como já sabemos, uma mudança de modelo mental. Enquanto isso não acontece, continuaremos a discriminar os outros inconvenientes, a quem chamamos de "anormais", porque estão à margem da retilineidade do nosso sistema hegemônico de pensamento. São incômodos e despertam em nós sentimentos desagradáveis, como a culpa. São o que não queremos ser (ou o que não temos coragem de ser), o que nos leva a querer que eles sejam como nós. Para manter essa separação, continuamos a observá-los "de fora". E para isso é preciso que continuemos acreditando que o observador (nós, os sujeitos) está separado daquilo que observa (eles, os objetos). Daí por que, quando falamos em desenvolvimento humano, estamos quase sempre nos referido ao desenvolvimento do nosso potencial, não do potencial deles. Este, se depender de nós, continuará para sempre subdesenvolvido.

Como vimos anteriormente, as propostas da pós-modernidade incluem a volta de uma preocupação mais profunda com o outro. Para levá-las ao dia-a-dia, precisamos de uma competência ética que nem sempre temos. Além disso, o que aprendemos na escola tem como diretriz básica o "sejam objetivos". Para ser objetivos, porém, é preciso que continuemos acreditando que somos separados do que observamos. Num contexto como esse, tendemos a achar que nosso cérebro é uma estrutura fantástica da forma que está, e que a lógica cartesiana tem operado e vai continuar operando milagres, o que aliás é facilmente "confirmado" pelos progressos da ciência e da tecnologia.

Em outras palavras, em termos de vida mecânica, de consumir e excretar, estamos muito bem – e azar dos que ficaram de fora. Temos muita dificuldade de conceber outros valores que não os desse modelo de vida, e portanto nossa noção de desenvolvimento humano deve ajustar-se a eles. Isto é, aceitamos de bom grado qualquer proposta de desenvolvimento pessoal, desde que se enquadre no padrão consumo-excreção-negação do outro-exclusão. Fora dessas condições – é o que imaginamos – não há o que desenvolver.

Essa é a raiz do sentimento de culpa, pesar e frustração que nos acompanha desde sempre. Essa frustração surge quando ouvimos o noticiário da televisão, quando lemos os jornais, enfim, quando tomamos conhecimento do que acontece no cotidiano. É ela que nos leva a negar nossa responsabilidade em todos esses fatos e atribui-la a fatores externos, como os políticos, as leis, os governos – os outros, enfim.

CIÊNCIA, MAGIA, MISTICISMO E O RANÇO AUTORITÁRIO

Há quem reserve para a ciência o monopólio da seriedade, excluindo as demais tentativas de investigação e entendimento do mundo. Tenta-se transformar a ciência em cientificismo. A esse respeito convém mencionar aqui o livro do cientista Carl Sagan, *O mundo assombrado pelos demônios*. Apesar de não ser essa a intenção consciente do autor, em várias passagens do texto aparecem sinais de arrogância e ânimo competitivo. Leiamos algumas delas:

> **Querendo ou não**, estamos **presos** à ciência. O melhor é **tirar o máximo proveito** da situação. Quando chegamos a compreendê-la e reconhecemos plenamente a sua beleza e o seu **poder**, veremos que, tanto nas questões espirituais como nas práticas, fizemos um **negócio muito vantajoso** para nós.[5]
>
> (...)
>
> A ciência é uma tentativa, em grande parte bem sucedida, de compreender o mundo, de **controlar** as coisas, de ter **domínio** sobre nós mesmos, de seguir um **rumo seguro**.[6]
>
> (...)
>
> Uma inclinação científica traz **recompensas tangíveis**.[7]
>
> (...)
>
> E talvez valesse a pena tentar um **curso obrigatório** sobre o pensamento cético e os métodos da ciência no primeiro e segundo ano da faculdade.[8]

Como se pode ver, apliquei ao texto citado a técnica de análise de fantasias, desenvolvida pelo psicanalista Llyod DeMause, o criador da psicohistória. Essa técnica, que não vem ao caso descrever com detalhes agora (a obra básica do autor consta da bibliografia), consiste em destacar, segundo critérios desenvolvidos pelo autor, as palavras e expressões mais típicas e as que mais se repetem, fazendo surgir assim o subtexto. Eis o resultado:

Querendo ou não... presos... tirar o máximo proveito... poder... negócio muito vantajoso... controlar... domínio... rumo seguro... recompensas tangíveis... curso obrigatório...

Tornar obrigatória uma visão de mundo, qualquer que seja ela – eis a grande tentação que há milênios nos acompanha. Como se a moldagem de nossa mente pelo pensamento linear não fosse suficiente, há sempre quem julgue que é preciso tornar compulsórias algumas de suas manifestações.

Se a visão tecnocientífica é importante – e não há dúvidas quanto a isso –, para que torná-la compulsória? Cursos obrigatórios são um expediente autoritário, cuja inspiração vem de longe. Lembremos *A república*, obra em que Platão sugere que cabe ao Estado decidir quais as histórias que as mães devem contar a seus filhos, censurando as demais.

Stalin fez algo semelhante na antiga União Soviética ao impor, entre outras compulsoriedades, o realismo socialista – a arte bitolada, atrelada à ideologia do regime. Em relação à ciência, suas determinações eram as mesmas. Certo dia, o policial-mor do estalinismo, Lavrenti Beria, perguntou a um cientista se a mecânica quântica e a teoria da relatividade eram compatíveis com o materialismo dialético, avisando que se não o fossem seria necessário expurgá-las. Recebeu a resposta de que elas eram indispensáveis à obtenção de uma "recompensa" bem tangível – a bomba de hidrogênio. E calou-se.

Leiamos um pouco mais:

A ciência é um meio de **desmascarar** aqueles que apenas **fingem** entender. É um **baluarte contra** o misticismo, **contra** a superstição, **contra** a religião **mal aplicada** a assuntos que não lhe dizem respeito. Se somos **fiéis** a seus **valores**, ela pode nos dizer quando estamos sendo **enganados**.⁹

Destaquemos as palavras grifadas:
Desmascarar... fingem... baluarte... contra... contra... contra... mal aplicada... fiéis... valores...enganados...

Ao que parece, Sagan está convencido de que é a ciência que deve decidir quais os assuntos que dizem ou não respeito à religião. Ela deve também estabelecer os caminhos da virtude e nos proteger contra o mal. Para tanto, precisa adotar uma atitude policial e se vê como um "baluarte" que "desmascara" os "fingidos" e ajuda os "fiéis" a conservar os seus "valores".

Prossigamos:

> Ela [a ciência] fornece a **correção** de nossos **erros** no meio do caminho. Quanto mais difundidos forem a sua linguagem, **regras e métodos**, melhor a nossa chance de **preservar** o que Thomas Jefferson e seus colegas tinham em mente. Mas os produtos da ciência também podem **subverter radicalmente** a democracia, de um modo jamais sonhado pelos **demagogos** pré-industriais. Descobrir a gota ocasional da **verdade** no meio de um grande oceano de **confusão** e **mistificação** requer **vigilância, dedicação** e **coragem**. Mas, se não praticarmos esses **hábitos rigorosos** de pensar, não podemos ter a esperança de **solucionar** os **problemas** verdadeiramente sérios com que nos **defrontamos** – e nos arriscamos a nos tornar uma **nação de patetas**, um **mundo de patetas**, prontos para ser **passados para trás** pelo primeiro **charlatão** que cruzar o nosso caminho.¹⁰

Realcemos de novo o subtexto:
Correção... erros... regras e métodos... preservar... subverter radicalmente... demagogos... verdade... confusão... mistificação... vigilância... dedicação... coragem... hábitos rigorosos... solucionar... problemas... defrontamos... nação de patetas... mundo de patetas... passados para trás... charlatão...

Para que não se pense que pincei alguns trechos e os retirei de seu contexto, recomendo a leitura completa do livro, no qual essas formas de expressão proliferam. Deixo ao leitor a tarefa de localizá-las e analisá-las, seja pelo método de DeMause, seja por outros de sua preferência. Desnecessário dizer que o mesmo pode ser feito com qualquer texto – como as primeiras páginas dos jornais e discursos de políticos, por exemplo.

E no entanto, é de justiça assinalar que Sagan – um cientista da maior importância – era um conhecido defensor da democracia. O que mostro aqui são algumas de suas escorregadelas na direção da arrogância, à qual a unidimensionalização mental pelo modelo linear de pensamento o conduziu, como fez e faz em grau maior ou menor com todos nós, afastando-nos da racionalidade. Não nos esqueçamos de que a ambição de controlar, de dominar (prever o futuro, eliminar variáveis, guiar as pessoas), faz parte tanto da ciência quanto dos esoterismos e, em ambos os casos, pode dar margem a abusos que não raro terminam em posições autoritárias.

Fala-se muito em ciência "séria". Essa necessidade de adjetivação soa estranho. O bom senso diz que uma ciência que precisa do reforço de adjetivos é no mínimo insegura de seus méritos, até porque se não for séria não será ciência. De qualquer maneira, essas preocupações são em certa medida desnecessárias: afinal de contas, quem detém e dita os critérios para determinar o que é sério e o que não é?

Não vejo, pois, necessidade de adjetivar a ciência, chamá-la de "séria", "pura", "rigorosa" etc. Ela já fez e ainda fará muito em favor do homem (e contra ele também), e dessa maneira não precisamos repetir Freud, que tanto se preocupava em defender a postura que julgava ser científica e combater o que chamava de "maré negra do ocultismo". Todo esse empenho consome uma energia que seria melhor aproveitada, por exemplo, em entender que não é a ciência em si que muitas vezes causa danos: quem caminha nessa direção é o modelo mental que consolidou o cientificismo.

Por outro lado, o máximo que o preconceito contra o ocultismo consegue é conservar a ingenuidade de querer eliminar definitivamente uma ignorância que se supõe ser exclusiva dos magos e charlatães. Não se trata de discutir se o misticismo e ocultismo são ou não úteis para a vida "prática", mesmo porque na qualidade de manifestações do imaginário eles têm outra função – a simbólica –, que precisa ser entendida e incorporada à visão científica de mundo, e não separada dela.

Os esforços no sentido de eliminar – ou tanto quanto possível diminuir – o charlatanismo, a mistificação, a magia "gerencial", a "auto-ajuda", e coisas do estilo, são válidos e precisam ser encorajados, desde que não descambem para práticas censórias e autoritárias. Sempre que um grupo, seja de cientistas, magos ou gurus "gerenciais", começa a argumentar em termos de virtude e vício, certo e errado, verdadeiro ou falso, vitoriosos e derrotados – tudo isso "em defesa da população leiga" – é preciso cautela.

Imagino que todos concordarão que de manipulações da mente coletiva, fascismos e ditaduras, o mundo já teve (e em muitos casos ainda tem) a sua cota. Por isso, precisamos ficar muito atentos quando alguém começa a insistir numa retórica que proclama: a) que só especialistas estão autorizados a falar em nome de determinado corpo de conhecimentos; b) que a verdade triunfará.

É razoável concordar com um certo grau de codificação e formalização de discursos institucionais, com vistas ao melhor entendimento e comunicação dos saberes. Mas quando esses saberes se referem à aplicação cotidiana das descobertas científicas, ninguém precisa da autorização de *expert* algum para falar, seja sobre o que for. Propor o contrário é obscurantismo.

O lugar da não-ciência

Wittgenstein via na veneração da ciência e de seu método um sinal de decadência de nossa cultura, e chamava a atenção de seus alunos para o que denominava de resultados catastróficos dessa idolatria. Tudo bem ponderado, vemos que enquanto se discute sobre o que é ou não é científico, a pergunta que de fato importa continua sem resposta: o que fazer para modificar o modelo de alteridade que hoje predomina em nossa cultura?

Enquanto aguardamos um melhor grau de clareza a esse respeito, é preciso continuar denunciando o evidente: a) de um lado está a ciência "séria", que em muitos casos estende o seu rigor às relações interpessoais e as torna cada vez mais frias e distantes, como vem ocorrendo entre pacientes e médicos no mundo inteiro; b) de outra parte, ficam os muitos milhares de "esotéricos", "terapeutas doces" e gurus "gerenciais", que enganam as pessoas vendendo mágicas e ilusões; c) por trás de tudo isso, continua o reinado de um modelo mental que estreita e obscurece nossa percepção e entendimento.

Pessoalmente, é claro que estou do lado da ciência. Mas não aceito que ela, por meio de seus resultados tecnológicos, continue colaborando para manter nossa mente formatada por um modelo de pensamento unidimensional, para o qual a idéia de "competitividade" e os valores daí decorrentes são vistos como fatos da vida, coisas muito naturais.

Estou ao lado de todos os que dizem (Sagan é um deles) que sem ciência não pode haver democracia. Mas acrescento que apenas com a ciência também não se pode praticá-la. É difícil pensar em democracia, quando a ciência (ou qualquer outra instituição) é colocada como um valor e não como um fato, isto é, quando a atitude científica é vista como o único instrumento válido de leitura e entendimento do mundo. Não é possível aceitar que discursos oriundos dessa postura sejam considerados a única forma de contar a história da natureza, criando assim uma casta de iniciados. É a partir de posições como essa que a ciência se apequena e passa a ser usada como "vantagem competitiva".

Se a aderência ideológica ao cientificismo pode levar ao autoritarismo, o mesmo pode funcionar a partir da extremidade oposta. Vejamos algumas das características das crenças arraigadas: a) são tidas como verdades internas; b) levam-nos a ver o mundo de formas que as reconheçam e validem; c) deformam, assim, a nossa mente; d) baseiam-se no raciocínio de causalidade simples; e) aparentam muita força, mas na realidade são frágeis.

Se confrontarmos o medo do irracional com a disposição de investigá-lo em seu próprio terreno, logo surge a necessidade de saber até que ponto a intuição e categorias mentais semelhantes podem ou não ser consideradas instrumentos importantes de conhecimento. É bom não esquecer que a ciência tem algumas de suas origens no misticismo, para não falar nos golpes de intuição, nos sonhos etc., que levaram a inúmeras descobertas científicas. "O misticismo é apenas a ciência do amanhã sonhada hoje", disse o teórico da comunicação Marshall McLuhan. Para o antropólogo Sir James Frazer, a magia está na própria origem da ciência. O que nos leva a perguntar mais uma vez: por que será que a mente racionalizadora (não a racional) se assusta tanto com esse tema?

O misticismo e a magia têm sido tradicionalmente vistos como algo irracional. Porém, como mostram estudos antropológicos, a chamada mentalidade primitiva também tem a sua lógica, só que parte de outros pressupostos.

A magia visa sempre objetivos concretos. Há muitos pontos de contato entre o nosso pensamento e o do homem dito primitivo, isto é, há uma relação próxima entre ciência e magia. Se, por exemplo, um furacão devasta uma determinada área, ou se uma seca arruina a agricultura de uma comunidade, as pessoas podem assumir dois comportamentos. Um deles é o científico, que procura analisar a situação por meio do modelo mental causa-efeito. Nas mesmas circunstâncias, o homem que consideramos primitivo se comporta de outro modo. Não lhe interessa a causalidade simples e imediata. Ele usará a magia para tentar fazer com que o infortúnio pare de acontecer, porque tem a intuição de que as causas nem sempre são contíguas ou muito próximas aos efeitos, e são por isso múltiplas e complexas. Sabe que se não conseguir detê-las as catástrofes continuarão acontecendo num encadeamento incontrolável. Tem a noção de que é essa seqüência de eventos que é preciso tentar interromper.

Existe na mente desse homem uma intuição de sistema, uma sabedoria que o leva a lidar de modo global com os fatos da vida, num esforço para evitar situações que acabem em pontos de não-retorno. O indivíduo racionalizador dificilmente levará esse tipo de consideração a sério, do mesmo modo que faz de conta que não existem certas conseqüências desastrosas da ciência e da tecnologia. Está convencido de que a única finalidade do conhecimento é produzir mais conhecimento e faz disso uma bandeira.

Os poetas eram excluídos da república de Platão. Em termos atuais, essa atitude corresponde à nossa posição de ver os artistas como "outros esquisitos". Como representante do pensamento intuitivo (ou não-científico, ou anticientífico), o artista pode ajudar muito no processo de complementaridade que constitui a base da reforma do atual sistema de pensamento. Mas para tanto é preciso que se mude o modelo mental que separa ciência e arte.

No estado atual das coisas, quando queremos elogiar um homem de ciência, costumamos dizer que ele é também um artista. O lado "artístico" dos cientistas e técnicos costuma ser lembrado como uma espécie de tentativa de "humanizá-los". Nessa ordem de idéias, por exemplo, a dimensão "espiritual" de Einstein e o lado "esotérico" de Newton são sempre recordados. E com dupla finalidade: pelos místicos, como "vantagem competitiva", pelos cientistas como um pecado a tentar esconder. E assim por diante. O mundo precisa ser descrito e ter a sua história contada numa linguagem clara e simples, e não na dos especialistas, sejam eles cientistas ou magos. Se é importante afastar a arrogância da ciência "séria", é não menos indispensável evitar uma supervalorização da magia e da intuição.

Como observa o cientista político Isaiah Berlin, em muitos casos a denúncia da imbecilização das massas pelo *marketing* pressupõe a existência de uma sabedoria original. Isso que confere ao processo civilizatório uma conotação maligna. Para quem pensa assim, se é verdade que as massas estão sendo imbecilizadas, a sabedoria anterior, encarnada na figura do "bom selvagem" de Rousseau, surge como vítima: ela seria a representante de uma pureza perdida, que precisamos nos esforçar para recuperar.

Mas esse é um equívoco que, como nota Berlin, pode ser identificado sob vários disfarces nas utopias anarquistas dos últimos dois séculos, passando pela contracultura dos anos 60, e que agora ameaça ressurgir em certas vertentes, como a chamada Nova Era. Amaldiçoar a ciência e a tecnologia, e aderir à adoração dessa sabedoria "selvagem", pode ser uma atitude muito interessante, mas nem por isso menos unidimensional.

DIFERENÇA E REPETIÇÃO

As mudanças que caracterizam a transição do moderno para o pós-moderno têm deixado cada vez mais clara a necessidade de uma busca de novos valores, do mesmo modo que a economia vem se voltando de modo crescente para o virtual – a chamada cultura de serviços e do *software*.

Não é o caso de aceitar ou rejeitar logo de saída esses fenômenos, mas de analisá-los em termos de sua repercussão sobre o nosso desenvolvimento pessoal e qualidade de vida. A questão é saber se é possível alcançar e manter uma vida digna, num mundo em que a competição predatória e a exclusão social surgem como determinantes cada vez mais destacadas.

As tendências aí estão. Precisamos aprender a lidar com elas de modo a que produzam o mínimo possível de efeitos colaterais indesejáveis. A escalada do desemprego é um desses efeitos, e o estresse, a ansiedade e outros problemas daí decorrentes precisam ser dimensionados e enfrentados. Para tanto, é necessário entender que não é possível lidar com problemas de hoje com a mentalidade do Iluminismo.

O que se pede às pessoas, hoje em dia, é senso de iniciativa, criatividade e capacidade de aprender continuamente. O que se exige delas é incompatível com a acomodação, e com a idéia de que a mera obediência a regras e normas é o bastante. É por isso que a capacitação técnica, a aplicação e a disciplina, precisam ser complementadas pelas habilidades de inovação e adaptação incessantes. É preciso sair da repetição como orientação única e aprender a lidar também com a diferença.

A capacidade de adaptação às modificações do meio é inerente aos sistemas vivos – e a resistência à mudança também. Já as temos na estrutura do nosso organismo. Mas ocorre que nosso cérebro está condicionado para fazer julgamentos e buscar "verdades". Vem daí a nossa tendência a tudo medir, pesar e contar. Supomos que essa atitude nos protege das incertezas da condição humana e, no limite, da idéia da morte. Eis por que tendemos sempre a ficar do lado "exato".

A educação para a repetição e para a mensuração foi mais ou menos útil durante longos anos, durante os quais o que se exigia das pessoas era apenas a disciplina, o cumprimento de regras e um grau de especialização o mais alto possível. Para atingir esses objetivos, tornou-se necessária uma educação para as certezas, não para as dúvidas, e um adestramento para a estabilidade, não para a mudança.

Mas agora percebemos que caímos em nossa própria armadilha, e que as capacidades necessárias para sair dela não nos têm sido proporcionadas pelo sistema educacional dominante. Este precisa sofrer mudanças profundas. Mas a sua própria hegemonia faz com que essas modificações sejam de difícil implementação, pelo menos a curto e médio prazo. Além do mais, há todo um contingente de pessoas já graduadas, em atividade e ocupando postos de poder, que terão de se reciclar por outros meios – se forem convencidas a fazê-lo.

Daí a importância dos grupos, organizações e instituições nesse esforço de aprender a aprender. Para operacionalizá-lo, é importante a aquisição das seguintes competências: a) autoconhecimento; b) respeito pela diversidade; c) capacidade de trabalhar eficazmente em equipe; d) capacidade de trabalhar de forma segura e não agressora ao meio ambiente; e e) desenvolvimento de pensamento crítico, espírito comunitário, solidariedade e cidadania.

Mas é também importante que não fiquemos com a impressão de que a repetição é sempre má e a diferença sempre boa. Para que se chegue a resultados eficazes, seja no que for, é preciso utilizar algum tipo de método, alguma sistemática. Há, pois, necessidade da aplicação de procedimentos seqüenciados, repetidos, e de prosseguir com eles até chegar ao objetivo desejado. A repetição pela repetição, vista como um fim e não como um meio, é um processo alienante. Mas a repetição como método, como parte de um processo em que visa superar a si mesma, ultrapassar a sua própria monotonia e linearidade, é uma das principais vias para chegar à diferença.

Em termos de pensamento sistêmico, o processo pode ser explicado como se segue. Sabemos que os sistemas têm pontos críticos, que encerram o seu potencial de transformação – os pontos de alavancagem. Uma vez estimulados, eles deflagram mudanças súbitas na estrutura sistêmica. Em geral, podemos intuir a natureza e localização desses pontos. Mas nem sempre é possível distinguir o exato momento em que eles, quando mobilizados, precipitam modificações.

Esse instante pode ser aleatório. Por isso, muitas vezes é necessário intervir repetidamente no sistema, à espera de que num dado momento (que pode vir logo ou demorar muito), o atinjamos de modo a que ele se transforme subitamente. É o que faz o praticante do zen: toma um *koan* (isto é, um enigma insolúvel pelo raciocínio linear) e trabalha nele sem cessar, até que a iluminação (o *satori*) subitamente aconteça. O caminho para o descondicionamento e para a criatividade se trilha por meio da sinergia entre diferença e repetição.

Um outro modo de explicar esse aspecto é falar em repetição recursiva. Segundo Maturana, quando um observador conclui que uma determinada operação é repetida como conseqüência de sua aplicação anterior, existe recursividade (que chamo de repetição recursiva). Por outro lado, sempre que uma determinada operação é de novo realizada independentemente de sua aplicação prévia, o que há é simples repetição.

A repetição recursiva acrescenta algo, associa-se a outros processos, constrói, visa um fim. A repetição simples nada acrescenta: nela o que há é uma ilusão de mudança, mas o processo se mantém estagnado. Como no provérbio francês: *plus ça change, plus reste la même chose* (quanto mais isso muda, mais continua na mesma).

Lembremos o exemplo de Maturana. Se as rodas de um carro deslizam na lama sem que este saia do lugar, estabelece-se um círculo vicioso. Quando elas giram e fazem com que o veículo se mova, avance, dizemos que há uma repetição recursiva. Instala-se um circuito produtivo.

Da mesma maneira, um processo educacional que visa perpetuar condicionamentos, e no decurso do qual as pessoas não se transformam, é apenas reiterativo. Já a educação que produz modificações nos educandos é recursiva. Em ambos os casos existe a necessidade de que os alunos vão repetidas vezes às aulas. A repetição simples mantém a mesmice. Na recursiva, existe a busca da diferença. Uma liberta, a outra aliena.

Mas se a repetição recursiva é um método amplo, que permite atingir os pontos de alavancagem dos sistemas, hoje existem técnicas mais específicas, entre as quais se destaca o trabalho com os arquétipos sistêmicos, que possibilita localizar com bastante precisão os pontos de alavancagem e atuar sobre eles. Como o nome indica, os arquétipos são situações que se repetem em diferentes sistemas, e por isso podem ser identificadas e localizadas. Um exemplo é a tendência ao declínio, e depois à estagnação, de processos que no início parecem de rápido desenvolvimento. É o que ocorre com as vendas de uma empresa, ou com a aprendizagem de uma habilidade (tocar um instrumento, aprender uma língua estrangeira etc.) Esse é um dos arquétipos básicos do pensamento sistêmico, e tem sido chamado de "limites ao crescimento".

A localização dos pontos de alavancagem é necessariamente precedida da identificação da presença de um ou mais arquétipos no sistema que se está examinando. Isso se faz utilizando esquemas apropriados – os diagramas causais. Mas é ilusório imaginar que tal técnica por si só resolva todos os problemas ou acelere magicamente todos os processos. Ela não substitui a reflexão, o diálogo e o pensamento abrangente. Além disso, antes de empregá-la é indispensável ter conhecimentos os mais amplos possíveis sobre a complexidade e o pensamento sistêmico, bem como sobre alguns modos básicos de lidar com a diversidade.

4. ÉTICA, POLÍTICA E COMPLEXIDADE

O que é bom, Fedro, e o que não é bom –
será preciso pedir a alguém que nos ensine isso?

Platão

O objetivo deste capítulo não é fazer um estudo aprofundado sobre ética e política, mas examiná-las destacando alguns pontos em que há interseções entre elas e a complexidade. Para tanto, é preciso refletir sobre alguns valores.

O VALOR NATUREZA HUMANA

Para Erich Fromm não existe uma natureza humana imutável, ela é influenciada pela evolução da história. Por exemplo, a ansiedade pela fama e pelo dinheiro, valores destacados do Renascimento e que vigoram em nosso mundo até hoje, não eram as determinantes fundamentais do comportamento na Idade Média. Naquela época, o mais importante era a sensação de segurança que as pessoas sentiam pelo fato de pertencer a uma dada classe social, a uma determinada profissão e comunidade.

Entretanto – observa Fromm –, mesmo sendo a natureza humana um produto da evolução histórica, ela revela características básicas, como por exemplo a necessidade de satisfazer a determinados impulsos e o horror à solidão, ao isolamento moral. Para esse autor, só há uma solução possível para o indivíduo em seu relacionamento com o mundo: solidarizar-se com seus semelhantes. Se isso é verdade, o homem de hoje necessita cada vez mais de solidariedade, para não ter de passar pela angústia do isolamento a que está condenado, pela noção de alteridade atualmente hegemônica. Porém, ao que parece, estamos caminhando na direção contrária.

Devido à grande variedade de visões sobre a questão da natureza humana, e considerando que ela é influenciada por muitos fatores, em especial a cultura e os valores nela predominantes, tudo indica que ficar discutindo e argumentando sobre o tema não levará a grandes resultados. Seja como for, eis o que a experiência tem permitido a muitos concluir:

a) os homens vêem o mal uns nos outros e temem-se mutuamente. Esse temor, cuja forma mais branda talvez seja a desconfiança, criou a grande rede de precauções que envolve as atuais sociedades do patriarcado, das quais, como vimos, a filosofia do capital e seus emblemas são a grande síntese: fechaduras, cofres, muros e cercas, grades, guardas, seguros, contratos com mil cláusulas de suspeita, fianças e assim por diante;

b) o esforço dos sistemas educacionais se centra em evitar o mal e fazer esforços para a busca do bem, já que prevalece a noção de que o mal não precisa ser procurado, porque parece morar desde sempre no coração do homem;

c) o modelo mental linear, com sua proposta de que os efeitos são sempre contíguos ou muito próximos às causas, favorece o imediatismo e a repetição. Logo, com base em precedentes históricos, tende a reiterar a posição que considera o mal como a principal característica do ser humano. Aqui há duas posições centrais: 1) o homem é bom ou é mau, sem meio-termo; 2) o homem não é bom nem é mau, o que equivale a dizer que é as duas coisas.

Perguntemos mais uma vez: existe ou não uma natureza humana imutável? Como acabamos de ver, há quem afirme que ela não existe, e que o ser humano é o que é em resposta aos estímulos do meio. Mas há os que afirmam que ela existe. Essa é a posição de Freud, por exemplo, para quem a natureza humana é predeterminada e imutável.

Coloquemos agora a questão em termos de estrutura cerebral. Uma das teorias mais conhecidas sobre a organização do cérebro é a do cientista canadense Paul Mac Lean, que propôs que nosso cérebro é triúnico, composto de três outros, e as partes mais evoluídas são superpostas às mais primitivas. De acordo com Mac Lean, ao longo da evolução filogenética cada nova parte foi se colocando sobre a anterior, sem modificá-la de modo significativo.

O cérebro mais arcaico é também o mais inferiormente situado. Trata-se do complexo reptiliano ou complexo R, que se aloja no tronco cerebral. Nele estão o comando da agressividade, da territorialidade, do bairrismo, da hierarquia, do instinto de fazer parte de um grupo, de seguir um líder.

Acima desse complexo coloca-se o sistema límbico ou cérebro mamífero, onde se localiza a vida afetiva, que compreende o amor ao parceiro sexual, a preocupação com os filhos, o carinho pelo próximo, o altruísmo. Por fim, no ponto mais alto está o neocórtex, que contém os neurônios, onde estão situadas funções como a visão, a audição, a fala, a compreensão. É nele que se processa o raciocínio, o pensamento lógico.

A teoria de Mac Lean propõe que os três cérebros funcionam de modo autônomo, mas também de forma interdependente. Essa situação foi sintetizada pelo psicólogo Abraham Maslow, que observou que os mais altos ideais do homem repousam sobre os seus mais baixos instintos, e precisam destes para se manifestar. Isto é, a racionalidade do córtex repousa sobre a emocionalidade e a instintividade das estruturas do tronco cerebral, e não pode dispensá-las.

Afirma-se também que as estruturas mais primitivas têm uma programação fechada. Eis por que, segundo muitos, o homem é e continuará sendo o que sempre foi: egoísta, voraz, cruel, agressivo, imediatista. Essa posição equivale a dizer que a natureza humana é determinada apenas pelos instintos, isto é, nega ou pelo menos vê como diminuta, a influência da cultura.

Tudo isso visto, parece correto concluir que ou não existe natureza humana, ou se ela existe é imutável e determinada quase que apenas pelos instintos. Isto é, o homem é fundamentalmente mau e não mudará, porque a evolução do tronco cerebral já chegou onde devia chegar e está consolidada. Pode-se inferir que as estruturas que estão abaixo do neocórtex são e continuarão a ser impermeáveis à aprendizagem, o que corresponde a dizer que o homem é e continuará sendo apenas superficialmente influenciado pela cultura. A prova disso seria a história da humanidade, que é uma crônica de guerras e violência. Tudo o que tivermos de pensar em relação ao nosso futuro deverá se basear nessas premissas.

Eis uma seqüência típica do pensamento linear. É assim que raciocinamos no dia-a-dia, porque foi assim que aprendemos na escola. E será dessa maneira que ensinaremos aos nossos filhos. Não nos esqueçamos de que esse padrão mental vem predominando em nossa cultura há cerca de sete mil anos. Não é de estranhar, então, que a maioria das pessoas imagine que ele seja o único possível, ou pelo menos o único adequado à vida "prática" e aos assuntos "científicos".

Se isso é verdade, não há motivo para que nos declaremos frustrados por não ter conseguido melhorar a nós mesmos nem à sociedade. Não nos ocorre que pensando e agindo assim jamais descobriremos nada de novo. Isto é, não imaginamos que sem o desenvolvimento do nosso potencial nada de inédito será encontrado. Por outro lado, ao que parece, somos incapazes de entender que não é possível desenvolver satisfatoriamente nosso potencial sem primeiro reformar o atual sistema de pensamento. Ao que tudo indica, não acreditamos no ensinamento contido na frase de Einstein, que diz que nenhum problema pode ser resolvido pelo mesmo estado de consciência que o criou.

Continuamos imersos na costumeira autocomiseração: coitados de nós, que nos esforçamos tanto e acabamos sempre vítimas das injustiças do mundo. Mas a culpa não é nossa: é deles – os outros de conveniência. Neles projetamos a nossa frustração. E eles, é claro, respondem na mesma moeda. E assim persiste a recursividade de sempre: nós contra eles, eles contra nós e assim por diante. E nessa linha seguimos, sempre nos lamentando e frustrados por não poder fazer nada para ao menos diminuir a injustiça e a infelicidade que permeiam o cotidiano.

Mas o que se há de fazer, se nos tornamos propensos a pensar de uma única maneira? A lógica linear é incapaz de lidar (nem essa é a sua finalidade) com as necessidades da vida não-mecânica, e as declara não-essenciais. É o caso do homem "prático", que chama de "teóricas" questões relativas ao amor, à amizade, à intuição, ao respeito entre as pessoas. Por seu turno, o pensamento não-linear (o pensamento romântico ou poético) é incapaz de lidar (nem essa é a sua finalidade) com os aspectos mecânicos da vida.

É como a situação do artista, por exemplo, que despreza o tecnocrata a quem chama de burguês, mas de quem não dispensa o dinheiro, quando se trata de vender o produto de sua arte. De qualquer forma, o que o artista condena nos que chama de burgueses é também uma conseqüência de sua visão fragmentada de mundo. Trata-se do mesmo conjunto de pontos de vista que conduziu a todos nós a um cotidiano de resultados.

Sabemos que o processo histórico é, sob muitos aspectos, a crônica do conhecimento acumulado. Mas aprendemos a ser repetitivos, e a crer que se o homem não se modifica os nossos problemas também não mudarão. É isso que consta nos registros históricos. A história que escrevemos é a crônica dos homens que não mudaram. Como justificativa, usamos o velho expediente de dizer que a história se repete, como se ela não fosse um reflexo da mesmice que está em nós.

No fundo, o processo histórico é isso mesmo: uma crônica de não-mudanças. Podemos recorrer a ele para obter informações úteis para as ações repetitivas, para os atos da vida mecânica. Em relação aos problemas humanos, porém, cairemos sempre no mesmo ramerrão: a consulta mostrará que, seja qual for a direção tomada (capitalismo, socialismo etc.), o resultado será quase sempre o triunfo da esperteza sobre a inteligência, o nivelamento por baixo, a exclusão social, a vulgaridade, a imbecilização das massas, miséria, violência e assim por diante.

E o mais espantoso é que, mesmo sabendo de tudo isso, é exatamente nesses registros históricos que continuamos a buscar soluções de mudança. Chegamos a um ponto em que nem ao menos somos capazes de reconhecer problemas novos quando eles surgem. E, admitindo que possamos reconhecê-los, nada poderemos fazer com o que aprendermos, porque eles pedirão soluções novas, que estão fora da nossa percepção e compreensão.

Estamos num beco sem saída mas nos recusamos a admiti-lo. Achamos que qualquer proposta fora do raciocínio cartesiano é perda de tempo. Imaginamos que é mais seguro ficar presos ao padrão de pensamento atualmente dominante. Estamos condenados à comodidade, que gera mediocridade, que gera mais comodidade, que gera mais mediocridade – o interminável círculo de sempre.

Mas voltemos ao ponto central. Será que a programação das nossas estruturas cerebrais inferiores é tão fechada assim? De onde vem a certeza de que ela não pode nem vai mudar? A resposta é simples: vem da experiência, consolidada por conhecimentos fornecidos por uma ciência baseada no modelo mental linear, e relatada por uma história escrita por homens linearmente condicionados. A programação do tronco cerebral é considerada fechada em relação a um contexto repetitivo e a um sistema de pensamento idem. Nada mais hermético, nada mais sem saída.

Para Fromm, a questão da natureza humana pode ser colocada nestes termos: ela representa um conflito que nasce da situação peculiar do homem, um ser vivo que não faz totalmente parte do mundo natural nem está completamente fora dele – é um estranho no mundo. O que nos traz de volta ao eterno dilema: razão *versus* emoção, córtex cerebral *versus* subcórtex. Segundo Fromm, os vários modos de vida das pessoas são tentativas de superar esse dilema. Para ele há duas respostas, a regressiva e a progressista. A regressiva representa uma volta ao mundo natural. É a tentativa de religação com a natureza, o retorno à Jean-Jacques Rousseau, que vem se manifestando, ao longo da história, por meio dos chamados movimentos contraculturais.

O sociólogo Thomas Lowell afirma que o homem é pobre em termos de sabedoria e virtudes, ou seja, é fraco, tende para o mal. Os governos são apenas um remédio precário para essa situação. Para outros, como os teóricos Adam Smith e Friedrich Hayek, a economia competitiva produz bons resultados, apesar das más intenções de seus atores.

A resposta progressista, que pode ser localizada nas idéias do marquês de Condorcet e, parcialmente, em Marx, diz que o homem é bom. Se bem liderado pode mudar de comportamento. Para esse fim, o governo e o planejamento seriam mais eficazes do que o "mercado". O fracasso do chamado socialismo real, porém, parece não confirmar essa visão. Tudo considerado, caímos mais uma vez no velho reducionismo disjuntivo da lógica linear: ou Adam Smith e Hayek ou Condorcet e Marx; ou Fulano de Tal ou Beltrano da Silva; e assim por diante.

Afinal de contas, o homem é bom ou é mau? Há quem ache que nem é disso que se trata. Para estes, o que realmente prevaleceria em muitas pessoas não seria a bondade nem a maldade – e sim a estupidez, tão lamentada pelo escritor Gustave Flaubert, principalmente em seus últimos anos de vida. Para quem pensa como ele, a estupidez humana seria uma das forças mais subestimadas da história. Ela tenderia a predominar, porque seus argumentos seriam mais facilmente compreendidos do que as razões da inteligência. Poderíamos traçar alguns paralelos entre os momentos em que agimos de modo estúpido e o pensamento linear, mas isso demandaria uma digressão demasiadamente longa.

Voltemos ao principal. Afirmo que não é possível modificar a idéia de que o homem é intrinsecamente mau enquanto persistir a hegemonia do raciocínio linear. Enquanto predominar o pensamento orientado por um sistema mental dividido, as conclusões a que por meio dele chegarmos serão também parcelares. Assim, o bom senso aconselha que só devam ser aceitas em parte.

Na teologia de Calvino, o homem é visceralmente mau. Na de Lutero ele é mau e insignificante. Kant sustenta que a inclinação para o mal é inata à natureza humana, e para combatê-la é necessária a lei moral, que inclui o imperativo categórico, cuja finalidade é evitar que o ser humano se transforme numa besta e a sociedade entre em anarquia. Krishnamurti coloca as coisas em termos de alteridade. Para ele o problema não é o mundo em si, mas nós em nosso relacionamento com o outro. E essa relação produz uma série de dificuldades que, multiplicadas, tornam-se o problema do mundo.

Há também quem diga que só o ego é que é mau, e que o inconsciente seria "melhor" do que a dimensão egóica, e por isso devemos buscar nele soluções que esta não pode proporcionar. Ainda assim o ego permanece indispensável à totalidade da vida, e nela tem a importância que tem, nem mais nem menos.

O mesmo se aplica ao inconsciente. Não há dimensão melhor ou pior, há circunstâncias diversas. Na vida integral não precisamos dizer quem somos, qual a nossa profissão e demais qualificações: simplesmente *somos*. Dizer *o que* somos é uma necessidade da vida mecânica. Mostrar *quem* somos é uma necessidade da vida total. Para ambas as dimensões, o ponto de equilíbrio é a nossa relação com o outro: ele é indispensável para nos dizer o que e quem somos, mecânica e integralmente.

O mundo se revela a nós pelo que somos como totalidade. Não emerge apenas para o nosso ego nem só para o nosso inconsciente. O amor de nossas vidas chegará ou não, a felicidade chegará ou não, o raio nos fulminará ou não, um automóvel nos atropelará ou não, o câncer nos atingirá ou não, pouco importando quem somos e o que nosso ego diz que somos. Aquilo que nos acontece em termos de ego algumas vezes pode ser descartado, esquecido. O que atinge o nosso ser integral, porém, não pode ser excluído, tem de ser vivido até o fim. São circunstâncias que não podemos contornar, e por isso temos de atravessá-las em sua espessura.

Diante do exposto, é possível concluir que as discussões sobre se o homem é bom ou mau, ou predominantemente bom ou basicamente mau, são típicas de uma cultura balizada por um modelo mental binário. Já que não conseguimos esconder o fato de que no ser humano há um lado bom e um lado mau, e que é impossível descartar sumariamente seja um seja outro, apelamos para a idéia de predominância: dizemos que o homem é predominantemente mau, e as manifestações de bondade são apenas exceções eventuais, quase uma raridade. A maldade representaria a cultura e o lado bom a contracultura – sempre subterrânea, sempre latente –, que seria uma espécie de oposição consentida, digamos assim.

Mas temos uma imensa dificuldade de entender que, em termos de natureza humana, o bem e o mal podem coexistir como opostos antagônicos e complementares, sem que haja necessidade de uma síntese resolutiva do tipo hegeliano. Poderíamos chegar com facilidade a essa conclusão, se houvéssemos nos acostumado a raciocinar utilizando o operador dialógico. Mas não sabemos nada a esse respeito. Temos, por exemplo, muita dificuldade de entender que numa cultura de tipo matrístico também haveria violência, lutas e tudo mais, porque isso faz parte da contingencialidade de todos os seres vivos.

A partir do racionalismo do século 19, os que acreditam na existência de uma natureza humana inata (e fundamentalmente má), que faz parte da nossa estrutura biológica, têm sido chamados de direitistas. Do outro lado estão os ditos de esquerda (como Fromm), que crêem que aquilo que chamamos de natureza humana é um conjunto de características adquiridas. No primeiro caso, o determinismo biológico fez surgir relatos totalizantes, como as metanarrativas da modernidade. Na segunda opção, as histórias são mais diversificadas, e expressas pelos consensos resultantes das conversações. São, pois, narrativas locais.

Mas é preciso notar que, mesmo aparentemente didática e interessante, essa divisão, a exemplo de muitas outras, é determinada pelo esquematicismo de sempre: a favor/contra, esquerda/direita, inato/adquirido, conservadorismo/progressismo e assim por diante.

Voltamos então à nossa dificuldade de entender e aceitar a convivência de tendências ao mesmo tempo antagônicas e complementares. É por isso que, para evitar surpresas e por via das dúvidas, preferimos continuar repisando o dogma cultural do patriarcado: o homem é intrinsecamente mau. E com essa repetição ajudamos a manter e aprofundar os nossos condicionamentos – como se eles já não estivessem suficientemente enraizados.

O VALOR VERDADE

Já vimos que em nossa cultura um dos pontos centrais é a apropriação, que começa com a da verdade. Depois de apropriada, porém, é necessário que a verdade seja transformada num objeto externo e de acesso muito difícil, para que assim fique fora do alcance do comum das pessoas. Para tanto, é preciso que ela seja idealizada ao máximo e, sobretudo, que seja considerada única e não redutível às dimensões e possibilidades mentais de cada indivíduo.

Para se chegar a essa verdade idealizada e universalizada, é necessário utilizar instrumentos especiais: ideologias, estados mentais específicos, poderes "espirituais", raciocínio lógico privilegiado, objetividade. Enfim, são necessários instrumentos que ajudem a manter a mística de que a verdade é um objeto abstrato, muito afastado do cotidiano do homem comum. Daí por que necessita ficar sob a guarda de iniciados ou eleitos, que se tornam intermediários entre ela e os profanos.

Para que esse dispositivo de reserva de saber e poder possa funcionar a contento, é preciso em primeiro lugar convencer os não-iniciados de que eles não estão preparados para buscar a verdade, e muito menos para fazer isso sem ajuda. Precisam confiar no poder e na autoridade desses intermediários. Essa precaução faz com que a verdade individual continue a ser algo de pouco ou nenhum valor, e que a verdade dita universal e imutável se valorize cada vez mais. Como se sabe, essa circunstância tem produzido toda sorte de autoritarismos.

Para que essa verdade universal e imutável, assim "criada" e tornada a única possível, não possa ser contestada, é indispensável que os seres humanos sejam considerados espectadores passivos de suas próprias vidas – passividade essa que, como se sabe, vem bem a propósito, quando se trata de implantar regimes de força. Ela reduz os indivíduos à condição de ver suas vidas como se fossem um espetáculo do qual não participam. É como se a "verdadeira" vida acontecesse fora de nós, e estivesse sob o controle de autoridades que, por conhecê-la mais do que a conhecemos, nos dissessem como devemos viver.

O ponto de vista da biologia da cognição é diferente. Maturana propõe que os processos cognitivos dos seres humanos se originam de sua atuação como sistemas vivos. O conhecimento de que os seres vivos precisam para continuar a viver está determinado em sua estrutura. Neste ponto, é importante mais uma vez deixar claro que não estou falando em solipsismo. Esta é a posição extremada e oriunda da separação sujeito-objeto, que afirma que não existe nada além do conteúdo de nossas mentes. O que sustento, com Maturana e outros, é que existe um mundo, mas esse mundo e o conhecimento que temos dele são fenômenos diversos.

O conhecimento que um ser vivo pode adquirir do mundo acontece em sua estrutura. Dessa maneira a realidade é a possível, a que cada um pode perceber. Não é uma suposta realidade única e universal, que pode ser apropriada e "devolvida" a nós segundo as conveniências dos jogos de poder de seus "proprietários". A realidade é a de cada um. E o real social, local, comunitário, é aquele ao qual chegamos por consenso.

As conseqüências dessa conclusão são fundamentais. Se não existe uma realidade universal e imutável (objetiva), e sim a percebida pelas pessoas (subjetiva), as quais, por meio do consenso, produzem uma verdade comum, cultural, esta é o resultado do conhecimento compartilhado. Em conseqüência, a verdade de culturas nas quais é maior o respeito entre as pessoas é diversa da que existe naquelas em que os homens não se respeitam mutuamente. Sob esse ponto de vista, a verdade de culturas em que predomina o modelo mental linear é a do pensamento único, da "competitividade" e da vida vista como uma guerra.

Como mostra a prática, a "coerência", a "racionalidade" e outras concepções típicas da nossa cultura patriarcal, têm sempre um timbre autoritário, venham da direita, da esquerda ou de onde for. Seu objetivo é sempre possuir, e se possível monopolizar a verdade.

Por essa ótica, a definição de verdade é o que as ideologias querem que ela seja.

O próximo passo é apropriar-se dela, transformá-la em propriedade e lavrar a escritura desse "bem". Esta corresponde aos textos institucionais, que uma vez reunidos formarão os chamados "corpos de doutrina". Seja qual for o caso, o que se propõe é a repetição: as coisas têm de continuar a ser o que sempre foram. Eis o valor verdade do conservadorismo.

Cabem aqui algumas considerações sobre o papel do especialista – o guru, o perito, o *expert* ou que outros nomes tenha. Como já vimos, ele é o intermediário entre as pessoas comuns e determinados saberes, que não raro são apresentados como extremamente difíceis ou, em outros domínios, supostamente transcendentais. Para o desempenho desse papel, o especialista transmite a imagem de alguém que está alinhado com níveis mentais superiores. Essa providência o ajuda a dar ênfase ao caráter de alta cientificidade (ou, em outras áreas, a realçar a natureza "cósmica") do conhecimento que representa. Faz parte de sua missão convencer as pessoas de que elas não têm capacidade para adquirir sozinhas esses conhecimentos e lidar com eles, o que torna indispensável a ajuda da sua figura privilegiada.

Além disso, o especialista está sempre preparado para afirmar que o conhecimento do qual é intermediário é de tal natureza que não pode ser apresentado por meio da linguagem comum. Em alguns casos, dado o seu nível de abstração, nem mesmo pode ser exposto em palavras: para apreendê-lo são necessários estados especiais de consciência – dos quais, é claro, o leigo está excluído. Quanto mais distante dos leigos estiver, ou seja, quanto mais idealizado for o conhecimento, maior será a autoridade do perito. Este, é claro, não tem interesse em que as pessoas pensem por si próprias – coisa que de resto elas já têm muita dificuldade de fazer.

Na prática, pode-se dizer que em muitos casos o especialista é um dos principais obstáculos ao conhecimento de mundo e ao autoconhecimento de que as pessoas precisam para ser autoprodutoras e autogestionadas. É sobre essa noção simples que os especialistas – e as instituições que eles representam – muitas vezes constróem suas reservas de saber e edificam suas estruturas de dominação.

No entanto, como um indivíduo que detém um certo conhecimento e poder de explicação, o perito é obviamente indispensável. É o que ocorre no caso do conhecimento necessário às práticas da vida mecânica, e às tecnologias delas derivadas. O que é criticável é o abuso do poder, que leva à apropriação do saber, que acontece quando os técnicos se propõem a interferir, por meio dessa mecanicidade, nas emoções e sentimentos das pessoas.

O VALOR CERTEZA

Os valores fundamentais nascem das relações entre as pessoas e para elas retornam, em uma recursividade incessante e criadora. O melhor seria que as bases para uma vida digna nascessem do reconhecimento mútuo da legitimidade humana dos indivíduos. Entretanto, como vivemos sob a dominância de um modelo mental que privilegia o individualismo, os valores nele inspirados ou por ele veiculados em geral não passam de figuras de retórica.

A experiência do dia-a-dia mostra que termos como fé, paz, amor, não-violência, verdade, lealdade, confiança, tolerância, justiça, honestidade etc., prometem muito mas dão pouco. Para muitas das populações do mundo, chegam mesmo a ser um escárnio. Lembremos que a mente tornou-se necessária quando o cérebro se viu na contingência de ter de lidar com valores, e por isso eles não existem como categorias externas ao homem.

O ser humano é os valores que vive, encarna-os. Logo, precisa dar-se conta de que eles têm um único ponto de partida: o respeito por si mesmo, extensivo ao outro, que por isso precisa ser reconhecido e legitimado. Os valores emanam não dos indivíduos em si, mas da atmosfera criada pela interpessoalidade. É nela, e por meio da palavra, que adquirimos a condição de seres humanos.

A história mostra que culturas que não desenvolveram e praticaram um conjunto mínimo de valores permanecem inexpressivas, porque se deixam pautar por diretivas quase que exclusivamente externas. São grupos caudatários. Nessas culturas, o valor que as pessoas se atribuem mutuamente é mínimo e produz uma baixa autoestima, ou seja, o desprezo pela vida dos outros reflete o desprezo pela própria vida.

Não se fazem mudanças com valores fixos e externos às pessoas. Inflexibilidade e imutabilidade não são sinais de coerência e sim de conservadorismo. O grande teste dos valores é a sua capacidade de proporcionar harmonia à convivência humana. Não há valores bons porque alguém disse que o são: eles adquirem ou não significado na prática da convivência. Numa palavra, o valor do outro é a origem de todos os demais.

Não se pode colocar os valores como metas a atingir, prêmios ou alvos a alcançar, objetos de pleitos para ver quem os adquire primeiro, ou disputas para mostrar quem é mais justo ou mais virtuoso. O homem não vai aos valores: estes é que saem da interação humana e para ela voltam, desenvolvidos e aperfeiçoados pela convivência. Podem até ser colocados de modo retórico, mas não vividos dessa forma, porque assim se tornam artificiais.

Lembremos a frase de Maturana: "A certeza cega. Quanto mais certeza você tem, menos você vê". Nessa linha, ele argumenta que em vez de certezas individuais o que precisamos é de coerência social. O "certo" (ou melhor, o que se convencionou entender como tal) é um valor que só pode ser obtido por meio do consenso. Ninguém tem o privilégio da visão objetiva da realidade, do mesmo modo que o discurso de nenhuma disciplina ou ciência vale mais do que qualquer outro.

Maturana propõe que há dois modos de explicação de mundo: a) o que não põe a objetividade entre parênteses (o das ontologias transcendentais); b) o que coloca a objetividade entre parênteses (o das ontologias constitutivas). No primeiro caso, pressupõe-se que existe um universo imutável fora do observador, que pode alcançá-lo por meios como a fé, a metafísica ou o raciocínio lógico. Nessa linha, o que é verdadeiro (o que tem valor) nos é revelado por fontes externas. Daí a expressão "ontologias transcendentais".

No caso da objetividade entre parênteses, o ponto de partida não é transcendente: centra-se na biologia, na concretude do organismo do observador. A existência dos seres vivos acontece em sua biologia e como tal precisa ser relatada, sem a preocupação de classificar logo de imediato o que se vê, de saber logo de saída se aquilo que se percebe é bom ou mau, real ou imaginário.

Não existe, pois, o privilégio de fazer afirmações "objetivas" e "de certeza", isto é, não há a apropriação da verdade por um sujeito de conhecimento. Aqui a ontologia que conta é a do observador, e sua validação será feita por consenso, isto é, pelo conhecimento comum, pelo saber comunitário. Assim, *tudo é dito por um observador* – e a realidade é a realidade dele, a ser testada e validada por meio da conversação.

Acrescento que não se trata de reduzir tudo à subjetividade. Ao buscar o consenso, o que se pretende é examinar como se deu a transacionalidade entre os diferentes observadores, e o que eles perceberam por meio de seu relacionamento com o mundo, para daí chegar a uma expressão dialógica dessas percepções. Não se trata de saber se houve vencedores e vencidos, nem de descobrir quem observou melhor ou quem argumentou de modo mais brilhante. O consenso será mais facilmente alcançado se os participantes forem mais competentes e menos competitivos. É por isso que o pensamento complexo propõe uma ética de solidariedade, respeito e tolerância.

A ontologia do observador propõe um centramento naquele que observa, mas essa situação precisa conduzir à individualidade, não ao individualismo. O individualismo leva ao isolamento. A individualidade conduz à interpessoalidade, isto é, à liberdade. Como diz Gerd Bornheim, a liberdade não busca a independência, procura antes a dependência, e esta surge em relação ao outro, à comunidade e à criatividade social.

O VALOR CONFIANÇA

Stephen Knack, da Universidade de Maryland, e Philip Keefer, do Banco Mundial, apresentaram resultados de estudos sobre confiança, no plano internacional. Estes mostram que a confiabilidade entre pessoas de um determinado país se reflete nos resultados obtidos pela economia desse mesmo país. Na Noruega, segundo essas pesquisas, a confiança mútua atingiu a cifra de 61,2%. Duvido que as tentativas de explicação de fenômenos como esse (como de resto, de quaisquer outros) possam ser reduzidas apenas aos parâmetros da economia, e muito menos que seus resultados possam ser expressos apenas em percentuais. Mas fica aqui o registro.

Por outro lado, o que vemos na prática é que quando o nível de desconfiança é grande, há necessidade da multiplicação de medidas de vigilância e demais providências de proteção contra fraudes. Ou seja, quanto mais exacerbado for o patriarcalismo da cultura, maior será a desconfiança entre as pessoas, e predominarão as legislações caudalosas e complicadas, que pretendem regulamentar tudo até os detalhes mais microscópicos.

Em conseqüência, o cotidiano se enredará num cipoal de leis, decretos, portarias, pareceres, certidões, registros, ressalvas e assim por diante. Criam-se sociedades nas quais ninguém acredita em ninguém. A dúvida metódica transforma-se em dúvida paranóica, e a necessária ritualização dos costumes degenera em farsa.

Essas observações vêm de longa data. Louis de Saint-Just, por exemplo, um dos líderes da Revolução Francesa, dizia que "as leis extensas são calamidades públicas". Muito antes dele, Tácito já sustentava: *corruptissima res publica plurimae leges* (o mais corrupto dos Estados tem o maior número de leis). Muito antes ainda, Lao-Tzu, no *Tao Te King*, previnia que quanto mais leis mais criminosos, quanto mais prisões mais ladrões.

Ao que mostra a história, alguns países aprenderam mais, outros menos, e outros muito menos a esse respeito. A lição a tirar desses fenômenos é que a atitude de insistir em tentar entender (e modificar) o mundo por meio de um só instrumento, de um único quadro de referência, torna as conclusões desse entendimento no mínimo pouco confiáveis – o que se estende às práticas delas resultantes.

Em qualquer comunidade, em qualquer país, há sempre indivíduos muito inteligentes, de compreensão profunda e abrangente. A reunião dessas pessoas constitui as elites intelectuais, políticas e econômicas. Se dispuserem dos meios adequados para a divulgação de suas idéias, elas terão facilidade de transmitir à comunidade pelo menos boa parte da clareza a que tenham chegado sobre um determinado tema.

Mas é indispensável que a inteligência coletiva de uma dada comunidade esteja capacitada a entender suas elites. E não apenas entendê-las, como dar-lhes retornos que possam resultar em novas idéias. Estar aberto para o outro é estar aberto para si mesmo e para o mundo. Confiar nos outros é confiar em si mesmo. É algo bem diferente de ser ingênuo e de se deixar enganar ou comandar. Trata-se de confiar em quem se faz digno de confiança, mas reconhecer que o número de pessoas assim é maior do que pensamos.

Saber o momento exato de dizer "eu" e o momento exato de dizer "nós" equivale a confiar sem ser ingênuo. Confiar é estar nem sempre *contra* mas nem sempre *com*. Não convém confiar em pessoas que estão sempre certas, nem em indivíduos que estão sempre errados. Se nos surpreendermos dizendo muito "eu" e pouco "nós", isso muito provavelmente significa que não confiamos em nós mesmos e nem nos outros, e por isso estamos fragmentando demais os nossos relacionamentos. É importante que nos mantenhamos o mais possível no "nós", sem renunciar ao direito de dizer "eu".

Não se pode falar em confiança sem falar em relação observador-observado. Se algo não puder ser visto dentro de nós, isto é, se insistirmos que nossos interlocutores estão sempre fora, e jamais dentro de nosso espírito, não poderemos chamá-los de pessoas confiáveis. Eles até poderão estar dentro de nós, introjetados, mas serão sempre vistos como hóspedes incômodos.

Deixar acontecer é uma forma de confiar. Significa tentar diminuir o pretenso comando de nosso ego sobre os acontecimentos. Não que não haja a necessidade de um certo controle: ela existe, mas não é o domínio mecânico, total, que o ego imagina ter, e que é incompatível com a imprevisibilidade e a aleatoriedade da vida. Como vimos anteriormente, a dinâmica da confiança cria um paradoxo: é preciso que nos acostumemos a aceitar a imprevisibilidade e a aleatoriedade. Mas como aceitá-las, se achamos que confiança é o mesmo que previsibilidade?

 O segredo, se é que existe um, está na relatividade das coisas. Confiar em alguém é aceitá-lo tal como é. É o que reza o lugar-comum, o que implica a aceitação da aleatoriedade e da imprevisibilidade dessa pessoa. Confiar é confiar na humanidade das pessoas, que inclui o mal que existe no coração delas. Confiar em um indivíduo, e exigir dele um comportamento totalmente previsível, não é confiar, é querer controlar. Daí se conclui que por meio do sistema de pensamento atualmente hegemônico, o valor confiança só pode ser elaborado até esse ponto, isto é, até chegarmos ao impasse. Por mais que nos esforcemos, o máximo a que poderemos chegar é aos chavões de sempre, que levam de um lado à hipocrisia, e do outro aos apelos não atendidos à tolerância e ao perdão.

 Mas há limites. Quais serão eles? A experiência mostra que por meio do pensamento cartesiano somos incapazes de trabalhar esse dilema com um mínimo de clareza. Para nós, a confiança é uma questão de causalidade simples: confiar em um indivíduo é ter "certezas" em relação a ele. É pretender que ele não seja uma pessoa, e sim uma máquina pré-programada, porque a nosso ver confiável é o sistema que não falha, que funciona com regularidade e elimina as variáveis.

 No nosso entendimento, a confiança é uma virtude redutível ao pensamento digital. Trata-se de uma confiança unidimensional. Confiamos ou desconfiamos, sem meio-termo, o que significa que na maioria das vezes confiamos em pessoas platônicas, não em seres humanos de carne e osso. Não sabemos confiar em relação à imprevisibilidade porque não aprendemos a tolerá-la – o que nos faz não saber perdoar. Achamos que não perdoar um carro que enguiça é o mesmo que não desculpar uma pessoa que errou. É o máximo que podemos fazer, aliás, porque tendemos a ver máquinas e pessoas da mesma maneira.

Atrelados aos nossos condicionamentos, nem ao menos sabemos como situar adequadamente a questão da confiança. Como homens "racionais" que somos, diremos que tudo isso é muito bonito na teoria, mas na prática não funciona. E é verdade: para um cotidiano construído a partir de um padrão de relacionamento que tende a transformar as pessoas em engenhocas de repetição, só existe espaço para a confiança orientada pelo pensamento linear. Se essa circunstância traz, para lembrar a expressão de Freud, um mal-estar à nossa civilização, paciência. Mas paciência é tudo o que não temos – convém não esquecer.

Não se é humano apenas porque se tem um corpo humano. Tornamo-nos humanos pela palavra e pela alteridade. E seremos tanto mais humanos quanto mais reconhecermos a legitimidade humana do outro. Desenvolvimento pessoal é desenvolvimento interpessoal. Desenvolver o potencial humano é desenvolver o potencial inter-humano. Desenvolver a subjetividade é desenvolver a intersubjetividade.

O VALOR COISA E O VALOR PROCESSO

Um dos grandes ideais da modernidade – a necessidade de domínio da natureza – estendeu-se, é claro, ao homem. Ver o outro como uma coisa facilitou a tarefa de controlá-lo e dominá-lo. Hoje, na imensa maioria dos casos, as pessoas são predominantemente consideradas dessa maneira. A história, porém, mostra que as ideologias que atribuem importância apenas ao lado material, à dimensão concreta do ser humano, quando postas em prática (isto é, quando inscritas em uma cultura) produzem a emergência de forças contraculturais, e cedo ou tarde acabam desmoronando.

A sociedade industrial baseava-se no primado e na autonomia do produto, da mercadoria. Esse império do sólido, como sabemos, acabou produzindo uma visão reificante do mundo. Daí a redução das pessoas a objetos, a compulsão pelos bens físicos, a dessacralização da natureza e a ânsia de explicar tudo por meio de causas materiais. O espírito prático plasmou a mentalidade do "tempo é dinheiro", conduziu ao imediatismo e à procura da causa linear, contígua ou muito próxima ao efeito. Daí passou-se à escalada da ansiedade e da "competitividade".

A necessidade de entender e respeitar o tempo de espera (ou tempo de defasagem, ou de *feedback*) dos sistemas, é indispensável para ao menos diminuir essa ansiedade. Mostra também como o pensamento linear isolado é dificilmente compatível com uma qualidade de vida digna. A noção de concretude é afim da idéia de imobilidade e conservadorismo. A necessidade de segurança reflete o desejo de que as coisas continuem onde estão, que não se movam. Os investimentos em bens de capital físico, em imóveis, típicos da era industrial, refletem esse modo de pensar: a busca da segurança, a evitação do aleatório, as garantias da solidez.

O afã de manter as coisas imóveis leva ao desejo de apropriação. A noção de propriedade exige que as coisas sejam separadas umas das outras e que seus donos, por sua vez, possam ser separáveis delas. Essa separabilidade é indispensável à apropriação (por comercialização ou simples rapinagem) e também para a transmissão de bens por heranças e sua respectiva taxação. A separação sujeito-objeto facilita a manipulação e posse de ambos pelo capital. Foi dessa forma que a tradição (tudo continua como sempre esteve) e a propriedade (o que é possuído só pode mudar de mãos segundo regras muito rígidas) se consolidaram como valores-chave da cultura do patriarcado.

A transformação das pessoas em coisas permite controlá-las e confiná-las. As restrições às liberdades, inclusive a de ir e vir, próprias das ditaduras, são um exemplo. Como os objetos, os indivíduos podem ser estocados, acumulados e, quando for conveniente, excluídos. Já o fluxo, os processos e a dinâmica transmitem insegurança, que é a maior das ameaças ao ego. No momento em que passamos da era industrial para a pós-industrial (ou da modernidade para a pós-modernidade, como se quiser), o ego sente-se inseguro, porque se vê obrigado a deixar de lidar com coisas e a conviver com processos. Por isso, muitos se apegam à quantificação e à mensuração, para manter a ilusão de materialidade absoluta – e acusam os que pensam diferente de "relativismo".

Esse é o principal motivo pelo qual ainda hoje, em plena era pós-industrial, a cultura dominante continua fiel ao modelo cartesiano. Como resultado, mais do que nunca o dinheiro é visto como uma coisa-fim e mais do que nunca as pessoas se identificam com os valores do capital. O capital pode ser chamado de "volátil" ou "virtual", mas os mecanismos que o controlam continuam mais sólidos do que nunca.

O VALOR CULTURA

Nenhuma transformação importante acontece sem o auxílio de valores. Toda modificação é, no fim das contas, o resultado de uma negociação entre os valores que o indivíduo tinha antes e os que lhe são propostos. O resultado dessa transação fará surgir os valores segundo os quais serão implementadas as práticas de mudança social, e garantirão a sua continuidade.

O raciocínio linear usa o excesso de crítica como instrumento de resistência à mudança, para evitar o aparecimento de valores novos ou barrar as possibilidades de reestruturação dos existentes. Nesse esforço, tenta reduzir toda abordagem que possa questioná-lo a meras ferramentas operacionais.

Um exemplo é a utilização do pensamento sistêmico nas empresas e outras instituições. Nessas circunstâncias, ele tem sido aceito de duas formas: ou como instrumento puramente operativo (útil para o trabalho, mas não para as demais dimensões da vida), ou então como algo "interessante", "curioso" – uma espécie de jogo de salão, que não deve ser levado em conta quando se trata de pensar "seriamente".

Sabemos que os valores de uma cultura impregnam tudo o que nela se diz e faz. Estão nas coisas que fabricamos, no que dizemos, em tudo enfim. Quando exportamos produtos eles vão junto, permeiam a estrutura desses objetos. Quem utiliza produtos industrializados, percebe em sua qualidade a expressão dos valores do país de onde vieram: confiabilidade, acabamento, durabilidade e assim por diante. Os valores aparecem também nas relações interpessoais, nas transações entre governantes e governados, na pavimentação das ruas, nas casas e edifícios, no modo de conservação das estradas, na maneira como as pessoas lidam com os bens públicos, como telefones, coletores de lixo e caixas de correio, na forma como são cuidadas as árvores, gramados, jardins e coisas do estilo.

Se nossa cultura fez de nós pessoas rústicas, essa rusticidade aparecerá de modo inevitável, e será mais evidente nos bens e serviços públicos. Observe as ruas de sua cidade. Observe o modo como são conservadas, em especial o acabamento e a manutenção. Olhe para o chão.

O chão fornece sempre um dos melhores retratos da cultura dos que o pisam. Expressa com grande fidelidade o eventual desmazelo e falta de cuidado para com a terra, a própria vida e, conseqüentemente, para com a vida dos outros. Se você acha que em sua cidade os veículos sacolejam muito, que os buracos os avariam ou causam muitos acidentes, pense nisso: Em países onde o solo é maltratado (seja nas cidades ou fora delas), as campanhas de educação popular contra o vandalismo surtirão efeitos apenas superficiais e temporários. A visão de mundo predatória, e a crueldade para com as pessoas e animais persistirão, porque são problemas de base, vêm do chão.

Valores falsos muitas vezes são mais perversos que os inexistentes. O pouco valor que damos ao outro aparece de forma microscópica, capilar, e permeia situações como a impontualidade, a falta de cumprimento do prometido, as posturas evasivas, o desrespeito às pessoas nas faixas de pedestres, o atendimento médico-hospitalar ineficiente, a brutalidade policial, a corrupção, a memória curta para as injustiças, a burocracia, a propaganda enganosa, a protelação. São manifestações que costumam se fazer acompanhar de pruridos nacionalistas, trocas periódicas de ídolos populares, euforias coletivas artificiais e triunfalismos ufanistas. Tudo isso surge como se visasse compensar a fragilidade ética, a vulgaridade e o primitivismo. Por trás disso tudo está uma deficiência básica: a falta de cuidado e consideração para com o outro.

O VALOR QUALIDADE

Não há dúvida de que os chamados programas de qualidade precisam ser aplicados aos mais diversos campos da produção. O modismo da "qualidade total", até há algum tempo reinante no mundo das empresas, já passou. Mas a necessidade de uma vida digna não passou nem passará. O conceito de qualidade atualmente em voga no "mercado" é bom na teoria, mas na prática nem tanto. Por ser uma idéia produzida pelo pensamento linear, seus resultados são igualmente limitados.

Os programas de qualidade se propõem a fornecer às pessoas produtos e serviços que, por sua vez, devem produzir os chamados clientes satisfeitos. Trata-se de criar o valor satisfação, e este exige que as pessoas sejam vistas como clientes/consumidores. Logo, essa qualidade é em si mesma um produto. Os que não tiverem dinheiro para comprá-la estarão duplamente excluídos: não serão vistos como clientes, nem muito menos como pessoas – com as quais, de resto, os atuais programas pouco têm a ver, porque a chamada "qualidade total" (ou seus sucedâneos) é orientada para um público-alvo, definido a partir de uma noção de alteridade mecânica e excludente. É, portanto, parcial.

No fim das contas, o que se tem é um valor cujo parâmetro principal de avaliação é o financeiro. Satisfação aqui é igual a dinheiro (o cliente satisfeito paga), e mais satisfação é igual a mais dinheiro (o cliente mais satisfeito paga mais).

Trata-se de uma qualidade parcial e mecânica, porque sua existência exige a presença de uma alteridade mecânica. Não fosse isso bastante, sabemos que essa alteridade é uma grande produtora de excluídos, para os quais a qualidade não é total nem parcial – é nenhuma. Uma qualidade que pudesse ser chamada de total exigiria um outro tipo de alteridade. Para desenvolvê-la seria necessário um nível de compreensão da situação humana que o economicismo tecnocrático não permite.

Qualidade total é qualidade de vida integral, e esta é uma das dimensões da existência que menos se prestam a definições quantitativas. A qualidade parcial, financeiramente mensurável, só pode ser medida se for considerada um fim e não um meio. Acaba sendo a mesma para todo mundo. A propaganda pretende vender produtos "exclusivos", mas eles são destinados apenas a quem pode pagar, ou seja, aos sobreviventes do darwinismo social.

Esse é o tratamento a que se dá o nome de "personalizado". Destina-se às pessoas que estão incluídas. É claro que ele representa um avanço em termos de serviço e deve ser estimulado. Mas isso não o livra de ser unidimensional. O atendimento "em tempo real", "personalizado", visa bajular o ego, atender à sua incapacidade de adiar o prazer, e inclui um conjunto de providências perpetuadoras de uma cultura infantilizada e regida por uma alteridade excludente.

Esse tipo de atendimento só é satisfatório para o indivíduo-cliente. Como se sabe, uma das circunstâncias que mais magoam as pessoas é o esquecimento de seus nomes, ou sua pronúncia ou escrita incorretas. Por outro lado, chamá-las pelo nome e sobrenome – e limitar-se a isso – é uma estratégia de pseudo-gratificação, que faz com que elas continuem vivendo num recorte da realidade.

A personalização que se resume em guardar o nome de alguém na memória de um computador cobra um alto preço. Por trás desse atendimento "personalizado", há toda uma estratégia de estandardização e transformação de seres humanos em clientes/consumidores. Convém não esquecer que no atendimento "personalizado" o nome do cliente não necessariamente representa o de um indivíduo, e sim o de uma unidade compradora/pagadora, cuja "marca" deve estar impressa na "embalagem" dos produtos/serviços. Mas estes continuam o que sempre foram: impessoais e padronizados.

Sabemos, ou ao menos desconfiamos de tudo isso. Mas fazemos de conta de que esse atendimento é tudo aquilo de que precisamos. Temos muita dificuldade de entender a noção de processo, porque ela pressupõe a compreensão do virtual, da volatilidade e da impermanência, fenômenos que tememos e nos quais preferimos não pensar.

Enquanto a idéia de coisa predominar sobre a de processo (que também, evidentemente, não deve prevalecer), não haverá mudanças reais, por melhores que sejam as nossas intenções. O discurso da realidade virtual não tem, até o momento, servido para contrabalançar essa tendência. Enquanto a educação continuar a ser vista apenas como adestramento para o produtivismo e o acúmulo de capital, a qualidade de vida melhorará apenas em função do que pode ser quantificado. E o ser humano continuará a ser um maquinismo de consumo.

O atendimento "personalizado" prevê uma eficácia máxima, que por sua vez requer uma individualidade mínima. Esta é potencializada por meio da subdivisão da massa em "públicos-alvo" (não esquecer que a principal providência do *marketing* é segmentar o "mercado"). Por esse meio chega-se a pessoas coletivas, construídas segundo um critério quantitativo, e agrupadas segundo o que podem comprar e o quanto podem pagar. Trata-se de um critério útil para determinados negócios, e como tal precisa ser aperfeiçoado – mas isso não quer dizer que deva ser o único.

A qualidade total que criamos destina-se a tentar acompanhar a bulimia criada pelo *marketing* e a saciar sua voracidade. Quanto maior a velocidade do consumo-excreção, mais rápido será o reaparecimento da sofreguidão. E mais eficazes serão as providências de atendimento. Por fim, mais mecânicas serão as estratégias utilizadas pelo "lado humano da qualidade".

A atual transição da cultura de produtos para a de serviços não modificou em quase nada a reificação das pessoas e a quantificação de suas vidas. Isso acontece, evidentemente, porque mudou um aspecto da cultura, mas o sistema de pensamento dominante continuou o mesmo. Se a padronização das pessoas persiste, a qualidade que elas oferecem umas às outras reflete o resultado da fragmentação de seus valores e percepções. E assim essa qualidade, além de não ser total, foi degradada: deixou de ser um valor e passou a um produto de consumo. Como valor, não poderia ser adotada por um público alienado. Como produto comercial ela é consumida, mas trata-se de uma relação alienada.

O "atendimento personalizado", sob as regras de alteridade hoje dominante, só pode ser alcançado mediante ameaças ou condicionamentos. Um deles é a vigilância/intimidação: câmeras de TV ocultas (à Big Brother) e o estímulo à reclamação por parte dos clientes e à delação por parte dos colegas de trabalho. Produz-se assim um atendimento "competitivo", numa atmosfera de falsa cordialidade. É claro que para o cliente o efeito é praticamente o mesmo, e é agradável ser bem atendido, ainda que essa cordialidade seja artificial. Mas o custo é alto para todos e acaba, depois de algum tempo, gerando tensões, que tendem a ser resolvidas por meios hostis à primeira oportunidade.

No limite, a relação pessoa-pessoa é substituída pela relação coisa-coisa: a coisa dispensadora do atendimento e a coisa público-alvo. Trata-se de um processo limitado, posto em prática por pessoas tornadas limitadas. Soa (e é) falso, mas é o que se pode vender e comprar com a espécie de alteridade que temos.

Eis o resultado da psicologia rudimentar do *marketing*: uma visão objeto/objeto, para a qual não importa quem seja o funcionário, contanto que esteja pavlovianamente condicionado para fornecer o produto/serviço. Não importa também quem seja o cliente, desde que ele esteja também condicionado pela mesma psicologia. O "fator humano da qualidade total" é, na verdade, o fator condicionador da qualidade parcial: fez desaparecer o valor-homem e em seu lugar colocou o valor-coisa.

Em nossa cultura, pela pouca importância dada às pessoas como seres totais, espera-se que os indivíduos se esforcem ao máximo para ser ao menos clientes. Do contrário, estarão reduzidos a menos que o zero social. Satisfazer o cliente e estabelecer espaços de convivência interpessoal são duas coisas diversas, que requerem noções de alteridade também diferentes. Na ótica do "mercado", cliente é o indivíduo que compra e paga. O não-cliente é, no máximo, um cliente em potencial. E se nem isso for, nada será.

Ainda assim, convém que nenhuma dessas circunstâncias e considerações nos leve a demonizar o *marketing*, que é e continuará a ser um útil instrumento de trabalho. Ao fazer estas considerações, sigo um dos princípios fundamentais do pensamento complexo: questiono não o pensamento em si, mas *o modo* de pensar e os resultados a que se está chegando. Além do mais já existem trabalhos – como o de Ailton Brandão – que dão conta de novas possibilidades e dimensões das estratégias de *marketing*.

Mas enquanto permanecer a hegemonia do raciocínio linear, o progresso, a tecnologia e a acumulação de capital continuarão a ser considerados os valores principais. O cuidado e a preocupação com o outro só se consolidarão quando aprendermos a lidar com a transacionalidade sujeito-objeto.

O VALOR COMPETÊNCIA

A chamada "competitividade" traduz a luta entre os valores humanos mecânicos e os não-mecânicos. É uma expressão da dissociação que nossa cultura promoveu entre a razão e os sentimentos.

Segundo o projeto da modernidade, a principal manifestação da idéia de progresso – a prosperidade material – deveria ser acompanhada de uma evolução da inteligência, por meio da qual as conseqüências do darwinismo social pudessem ser ao menos minoradas. Se era inevitável a exclusão – pensava-se –, que pelo menos os vencedores pudessem fazer alguma coisa pelos vencidos.

Atualmente, ao que tudo indica, aumentou um pouco a consciência da importância dessa posição – mas nem tanto. As noções de "competitividade" que hoje orientam nossas práticas sociais são claramente baseadas em Hobbes e Freud, entre outros, e pressupõem que a maldade é intrínseca e dominante no ser humano.

Fromm observa que economistas como David Ricardo e os da escola de Manchester transportaram a idéia da hostilidade básica entre os homens para a área econômica. Nessa linha, ao estimular a "competitividade", o capitalismo (de "mercado" ou estatal, não importa) nada mais faria do que seguir a natureza humana. Imagina-se que o homem da cultura do patriarcado é representativo dos que existem hoje, dos que existiram antes e dos que existirão no futuro. Isto é: uma causa, um efeito; uma causa, um efeito; uma causa, um efeito – a linearidade costumeira.

Não há ideologia que não tenha proposto o seu modelo de homem, que não tenha estabelecido um padrão ao qual todas as pessoas devem se amoldar. O célebre *Homo sovieticus* foi um deles. Todos querem estar cientificamente certos, "ter razão", sair vencedores dos debates eruditos e "racionais". Ao que tudo indica, o homem-indivíduo, autodeterminado, mental e culturalmente diversificado – o homem diferente, não padronizado – continua difícil de aceitar. Temos medo dele, mas não nos ocorre que é justamente o homem padronizado, previsível, que não muda nunca, que é realmente temível.

Cérebros propensos a pensar numa única direção terão idéias igualmente unidirecionais. Essa é a nossa noção de "coerência". Mais uma vez, lembramos o questionamento de Krishnamurti: se o que pensamos é importante, mais importante é saber *como* estamos pensando.

Não nos esqueçamos de que na cultura do patriarcado muitas das conclusões consideradas científicas são baseadas em discursos supostamente mais "autorizados" do que outros (os discursos disciplinares), e elaborados segundo um modelo de pensamento que é visto como universal, imutável e o único possível. Tudo isso gera conclusões tidas como igualmente universais, imutáveis e as únicas possíveis. Já sabemos que é assim que se dá o processo de apropriação da verdade.

Não há quem não se lembre de imediato de uma extensa lista de maldades perpetradas pelos nossos semelhantes. Ao detalhá-la, "esquecemos" a nossa própria maldade. Essa, aliás, é uma das formas mais comuns de autojustificação: sou assim porque todo mundo é – e mostramos uma copiosa relação de exemplos históricos e individuais.

Quando convidados a apresentar uma lista equivalente – histórica e individual – da bondade humana, nossa memória nem sempre é tão eficaz. É como se os homens que se distinguiram por ações cruéis fossem mais dignos de nota (é facílimo lembrar Hitler e Stalin, por exemplo), e como se os que se destacaram pela compaixão fossem raridades. Além disso, como se sabe, muitas pessoas não gostam de recordar-se de quem as beneficiou, para não se sentirem devedoras de gratidão ou favores. Estamos acostumados a partir do princípio de que ninguém ajuda ninguém sem querer algo em troca.

Agora coloquemos tudo isso no seio de uma cultura, vivido e repetido com palavras e comportamentos ao longo de milênios, e veremos como é praticamente impossível acreditar em qualquer tipo de mudança. É como se apenas pudéssemos pensar em modificações, mas nunca praticá-las. Trata-se da velha tendência à repetição e do medo da diferença. Achamos que será sempre assim porque sempre foi assim. A idéia de "competitividade" está estreitamente ligada ao darwinismo social e à questão da presença do mal no coração do homem.

O conceito de mal é basicamente cristão. Entre os gregos, por exemplo, ele não existia. Não havia demônios nem demonologia nessa cultura. Não se tinha a idéia de diabo, e o mal não era visto como a polaridade oposta ao bem. Não que não existam evidências do mal e manifestações de violência e crueldade entre os gregos: o que não havia era a separação de polaridades, essa divisão tão nítida. Para o cristianismo, porém, o mal é o mal, o bem é o bem e a possibilidade de um estar contido no outro está fora de cogitações.

Já sabemos que a atitude de separar tudo em polaridades constitui um obstáculo a que olhemos as coisas sem preconceitos. É também a principal responsável pela transformação das pessoas em tubos de entrada e saída, para quem o objetivo da vida é consumir cada vez mais, pouco importando que os excluídos desse processo muitas vezes não tenham condições mínimas de sobrevivência. Que valores podem construir tubos assim tão vorazes? Que tipo de ética pode surgir de cérebros tão simplistas? Que espécie de práticas podem ser desenvolvidas por sociedades em que os vivos cada vez mais se transformam em sobreviventes?

À primeira vista, a resposta parece óbvia: basta observar o cotidiano. Mas essa observação, ao contrário das aparências, nem sempre leva a conclusões tão evidentes como se pensa, porque uma das características fundamentais do ser humano é a sua tendência a negar a realidade. Essa negação é feita por meio de inúmeras estratégias. Uma delas é desqualificar o real ou substituí-lo por fantasias, que ocupam o seu lugar e passam a ser consideradas a realidade verdadeira. Lembremos aqui um exemplo, que ocorreu por ocasião de uma das grandes fomes da história da humanidade.

Aconteceu na China de Mao Tsé-tung. Estima-se que entre 1959 e 1961 morreram naquele país cerca de 30 milhões de pessoas – de fome. Vejamos como. Em 1958, o governo chinês lançou um programa que ainda hoje é um dos melhores exemplos do redutivismo do pensamento linear posto a serviço da "competitividade". O plano ficou conhecido como O Grande Salto para a Frente. Inebriados pelo socialismo "científico", os governantes estavam convencidos de que poderiam mudar os processos da natureza, dobrá-los à sua vontade. Foi assim que ficou estabelecido que, a partir de 1958, a China superaria o Reino Unido em dois anos.

Começou então uma cobrança implacável sobre a agricultura coletivizada. A pressão foi especialmente exercida sobre as chamadas Comunas do Povo, organizadas para a produção. Como os resultados não correspondessem ao planejado, e o consumo houvesse aumentado diante das promessas de fartura, as exigências foram crescendo num ritmo insuportável. Uma das primeiras conseqüências foi o colapso da produção agrícola no país.

Durante o longo período de inanição as pessoas comiam gatos, cachorros, roedores e insetos; pais alimentavam seus filhos à beira da morte com o próprio sangue diluído em água quente; crianças eram abandonadas à margem das estradas, na esperança de que alguém as recolhesse e alimentasse; o canibalismo se disseminou. Ao longo de todos aqueles anos, quanto mais a fome aumentava mais o Partido Comunista negava a sua existência, contando para isso – é bom não esquecer – com a conivência de muitos simpatizantes ocidentais.

Nesse meio tempo, o governo propagandeou um aumento inexistente de safras; recusou ofertas de ajuda internacional (como a da Cruz Vermelha); duplicou suas exportações de grãos; parou de importar alimentos; mandou grãos de graça para o Vietnã do Norte, a Albânia e a Coréia do Norte; e, como se tudo isso não bastasse, o exército promoveu torturas e assassinatos em massa entre os camponeses. Entre fins de 1961 e começos de 1962 a catástrofe chegou ao clímax, as diretrizes do Grande Salto para a Frente foram abandonadas e a fome cessou.

A história da humanidade está cheia de exemplos como esse. As atuais tentativas de ocultar, subestimar ou racionalizar o fenômeno da exclusão social são apenas mais alguns.

O aspecto mais cruel da realidade – diz o filósofo francês Clément Rosset– é que a sua crueldade não só existe como está fora de qualquer dúvida. Eis o que Rosset chama de dupla crueldade do real. A seu ver a realidade, além de ser incompreensível para a mente humana, ultrapassa as possibilidades que o homem tem de tolerá-la. Por isso não cessamos de tentar negar o mundo, na tentativa de superficializar o relacionamento com ele e protelar indefinidamente o encontro com o real. Eis mais uma das conseqüências da divisão sujeito-objeto, isto é, da separação homem-mundo. A formatação de nossa mente pelo pensamento linear – é claro – está ligada a todos esses fenômenos.

No fundo, as pessoas que transformam uma teoria ou ideologia em dogma, e a defendem cegamente, estão tentando negar o real. Para tanto, como observa Rosset, elas se valem de dois tipos de manobra. A primeira consiste em ver como novidade o que é apenas repetitivo. A segunda procura apresentar como verdade de fato o que é simples fato de desejo, isto é, dizer que o real é o que gostaríamos que ele fosse, segundo nossas conveniências num dado momento.

Talvez tudo isso possa explicar, pelo menos em parte, o nosso apego às figuras patriarcais (o Estado é uma delas, as ideologias representam outra). Elas nos protegem, não nos negam o prazer da regressão (porque nos tratam como crianças), inventam e contam histórias que atenuam a dureza do mundo que tornamos dividido, e amenizam nosso sentimento de culpa.

5. ÉTICA, POLÍTICA E COMPLEXIDADE (II)

A condição de alienação, de estar adormecido, de estar inconsciente, de não ter consciência de sua própria mente, é a condição do homem normal. A sociedade dá um alto valor ao seu homem normal. Ela educa as crianças para que se percam de si mesmas e se tornem absurdas – e por conseguinte normais. Os homens normais mataram cerca de cem milhões de seus semelhantes nos últimos cinqüenta anos.

Ronald Laing

Continuemos com a reflexão sobre valores iniciada no capítulo anterior.

O VALOR INCLUSÃO

Hoje se diz que a exclusão social é uma das conseqüências da chamada globalização da economia, o que é até certo ponto verdadeiro. Mas excluídos sempre houve. Ao longo da história, cada movimento, cada tendência, cada conquista social, conseguida ou não por meio da tecnologia, deixou sempre de fora um grande número de pessoas. O perfil desses indivíduos é sempre o mesmo: não tiveram educação suficiente e não aprenderam o bastante para viver a transacionalidade entre os mundos natural e cultural. Permaneceram numa das pontas do espectro, no qual de um lado há muita natureza e pouca cultura e, do outro, muita cultura e pouca natureza.

Em termos de exclusão social, o parâmetro de avaliação mais utilizado é a qualidade de vida. Na linha muita cultura/pouca natureza, ela é definida apenas em termos de bem-estar material. Eis o que realmente importa para as análises econômicas. Fala-se do bem-estar resultante exclusivamente do acesso a bens e serviços e da fruição de confortos concretos – a felicidade do tubo consumidor-excretor.

Esse é o referencial que aprendemos a levar em consideração. Os apelos a valores não-materiais são constantes, é claro, mas na hora de fazer as contas, de apurar os resultados, eles acabam ficando em segundo plano, quando não apenas na retórica, gostemos ou não. É claro que sempre que alguém aponta para esse fato as contestações logo aparecem. Mas elas, em geral, disfarçam estratégias de busca desses mesmos confortos exclusivamente materiais disfarçados em discursos altruístas.

É evidente que não se pode generalizar. Mas é preciso examinar com cuidado os discursos "humanitários" (em geral ligados a ideologias), e diferenciá-los de iniciativas menos comprometidas. Se de um lado a massa excluída está crescendo, do outro surge um novo fenômeno: vem aumentando o número de pessoas que se agrupam cada vez mais atrás de grades, cercas, muros, que se confina no universo dos condomínios fechados, dos *shopping centers* etc. São os que querem sair com tranqüilidade e não podem.

Esse confinamento ainda não chega a afetar em termos macroeconômicos a posse e o domínio de bens materiais. Mas em vários países os assaltos, os seqüestros, as invasões de terras e outras ocorrências vêm restringindo cada vez mais o bem-estar que só a liberdade e a tranqüilidade podem trazer. Daí por que os tecnocratas, que já decidiram que exclusão social se avalia em termos apenas concretos e quantitativos, cedo ou tarde terão de reformular suas posições e modificar seus indicadores.

Enquanto esse dia não chega, eles continuarão a fazer o que sempre fizeram: inventarão cada vez mais maneiras de quantificar o medo, venderão novas (e caras) estratégias para atenuá-lo e assim ganharão mais dinheiro com ele, vendendo seguros e serviços de vigilância e segurança, como alarmes, blindagem de veículos e similares.

Mas a escalada da violência cedo ou tarde os obrigará a admitir que os valores materiais, somados aos não-materiais, compõem um quadro de referência mais justo para definir o que é qualidade de vida. É muito difícil entender considerações como estas por meio da noção de causalidade simples do raciocínio linear. Mas a experiência cotidiana acabará nos levando a essa compreensão – e isso levará muito tempo e terá, naturalmente, um custo muito pesado.

Em nossas fantasias, bem que gostaríamos que os excluídos fossem apenas os que vagam em países distantes, procurando comida entre os escombros das guerras civis. Ou os agrupamentos – estes já mais próximos – que perambulam pelos campos brandindo foices e enxadas. Mas os excluídos de agora também estão logo ali, do outro lado das grades que erguemos para nossa proteção. Imaginamos que essas barreiras os impedirão de entrar em nossos domínios, mas na realidade eles já estão entrando, seja fisicamente, seja porque nós, que nos concentramos no lado de dentro, estamos cada vez mais impedidos de sair sem medo.

Se antes a atenção só se voltava para os bens materiais, hoje há evidências de que a exclusão, tanto dos valores concretos como dos intangíveis, atinge, embora de modo desigual, a quase todos. Concentra-se a renda e o patrimônio, mas as pessoas que os detêm em maior quantidade vão ficando cada vez mais aprisionadas. Contudo, esse processo de exclusão que se generaliza não é, por incrível que pareça, entendido em profundidade pela maioria.

Esse fato é grave, porque enquanto não houver uma percepção clara da situação não se pode pensar em soluções eficazes. Um certo grau de entendimento do fenômeno já existe, é claro. Mas é superficial, faz parte de uma estratégia inconsciente de negação e se apresenta em forma de lamentos ou reclamações. Como se costuma fazer em relação à sujeira das ruas ou os buracos no asfalto, detalhes dos quais o poder público municipal pode se encarregar.

Em outros termos, o registro do fenômeno é mantido no plano paroquial. A possibilidade de continuar reclamando se mantém, mas a profundidade necessária para que se chegue ao núcleo da questão é evitada. De uma forma ou de outra, porém, as pessoas pressentem que as soluções não podem ser tão limitadas, embora o tema seja em geral discutido como se esse pressentimento não existisse.

Essa superficialidade de percepção faz com que as questões humanas sejam super-simplificadas, o que na prática se traduz por uma abordagem mercantil e imediatista do viver. Por essa ótica fica difícil entender, por exemplo, que a perda progressiva das liberdades civis atinge também os que têm emprego, bens e dinheiro. O que é não poder sair à rua sem medo de ser assaltado, seqüestrado, assediado etc., senão uma forma de perda de liberdade? Trata-se de um efeito não contíguo às suas causas – e por isso de difícil entendimento pela mente condicionada.

O VALOR LIBERDADE

O ser humano tem medo da liberdade. Essa é a tese de um dos livros mais conhecidos de Erich Fromm. Para ele, iniciativas libertárias costumam produzir reações de resistência, porque as pessoas temem ser livres. O tema já foi estudado a partir de muitos ângulos e, ao que tudo indica, apesar das argumentações em contrário o medo à liberdade é uma das forças mais subestimadas da história.

Outro estudo importante sobre esse tema é o *Discurso da servidão voluntária*, escrito na França do século 16 por um jovem amigo de Montaigne, Etienne de La Boétie. Nessa obra, o autor se pergunta sobre as raízes do fenômeno que faz com que, ao longo da história, tantos se submetam e sirvam a tão poucos ou a um só, como no caso dos tiranos. La Boétie vê a submissão não como resultado da força do opressor, mas como um problema dos que se submetem. Argumenta também que há em nosso espírito uma espécie de bom senso natural, que se cultivado aperfeiçoa-se, do contrário desaparece e faz com que nos rendamos ao vício.

La Boétie sustenta ainda que a servidão voluntária se explica em primeiro lugar pelo costume: os homens já nascem em servidão e assim são criados. Compara os seres humanos aos animais, argumentando que nestes a liberdade é natural, e que no homem, a pensar-se logicamente, deveria acontecer o mesmo. E acontece, mas depois ele acaba se desnaturando.

Falando sobre o *Discurso*, Pierre Clastres mostra que a condição indispensável para a servidão é a divisão. Toda sociedade dividida é uma sociedade de servidão, separada em dois segmentos desiguais. O homem que vive num meio assim acaba perdendo o próprio direito de ser: não pode ser livre e – o que é pior – não quer ser livre.

La Boétie não afirma que a servidão sempre existiu. Sustenta que ela é histórica e se instaura a partir do que chamou "mau encontro". Clastres relaciona esse encontro com o aparecimento do Estado. Na mesma linha, proponho que a servidão voluntária seja igualmente relacionada com o surgimento da cultura do patriarcado, ou pelo menos com a sua consolidação. Em qualquer dos casos, porém, convém notar que o pensamento linear favorece essas divisões e sua manutenção.

Sem Estado não há poder – diz Clastres – e sem este não há servidão. O mau encontro é a encruzilhada onde começa a desnaturação do homem. Para esse autor, a ausência do Estado explica a não-divisão das pessoas nas sociedades ditas primitivas. Ultrapassadas essas sociedades e instaurada a dimensão estatal, não há mais possibilidade de retorno. Uma vez atingida, a servidão é irreversível, porque os Estados caem mas logo são substituídos por outros.

Observemos aqui que esse raciocínio é nitidamente linear, e prevê a existência de uma reta de tempo, na qual a seqüência passado-presente-futuro segue sempre em frente e sem volta, de modo que as pessoas enxergam quase sempre a repetição e quase nunca a diferença. Nessa ordem de idéias, a perpetuação da divisão e da servidão parece absolutamente lógica. E é, mas apenas se o fenômeno for considerado segundo esse modelo de raciocínio. Além disso, é preciso lembrar que quando o poder do Estado (o poder patriarcal, lembremos) se estabelece, logo entra em competição com o desejo das pessoas e trata de reprimi-lo. A cultura patente (instituída), instaura-se e se mantém reprimindo a cultura latente (instituinte).

Em termos coletivos, a separação entre dominadores e dominados só é possível se o indivíduo for por sua vez dividido. Dividido em corpo e alma, por exemplo. É o que lemos n' *A República*, de Platão:

> O começo é a parte mais importante de qualquer trabalho, especialmente quando se é jovem e tenro; pois este é o tempo em que o caráter está sendo formado e a impressão desejada é mais prontamente aceita. (...) Então a primeira providência será estabelecer uma censura aos escritores de ficção, e deixar que os censores acolham as fábulas boas e rejeitem as más; recomendaremos a mães e amas que amoldem a mente com tais fábulas, com ternura ainda maior do que moldam o corpo com as mãos.[11]

E assim voltamos à apropriação: o corpo apropriado para produzir energia mecânica e a mente apropriada para que as pessoas não possam protestar contra a apropriação do corpo. Como se vê, mesmo antes de Descartes a divisão corpo-mente já servia de base para muitas outras. Mais ainda, constituiu o substrato para a divisão alma boa/corpo mau, que permitiu que este, ao ser reduzido à condição de coisa, pudesse ser submetido a toda sorte de crueldades (uma delas é a exclusão social), sob o pretexto de que tal redução transforma a apropriação em uma atitude eticamente justificável.

Compreende-se agora por que Platão queria que as almas fossem mais ternamente tratadas do que os corpos, e também por que achava que elas deveriam ser tão cuidadosamente moldadas desde a infância. Entende-se ainda por que a necessidade de símbolos e mitos, inerente à natureza humana, deveria ficar sob controle e, mais ainda, continuar afastada da realidade cotidiana. Se assim não fosse não poderiam existir as repúblicas, e com elas os seus censores, apropriadores e controladores. Não poderia, enfim, existir o poder do Estado.

É importante notar que o corpo das pessoas, na qualidade de superfície de inscrição da lei, abre-se a um grave registro. Nas sociedades em que se estabeleceu o Estado, essa inscrição é feita para reafirmar e fortalecer o controle. Esse ponto é terrivelmente bem ilustrado na novela *Na colônia penal*, de Franz Kafka. A história fala de execuções operadas por uma máquina dotada de um complicado sistema de estiletes e agulhas. Sua função era escrever, cada vez mais profundamente, sobre o corpo do condenado, frases alusivas ao crime cometido e à pena a ser cumprida. O processo era sadicamente prolongado e, é claro, terminava com a morte.

No fundo, esse desejo de obedecer, tão visceralmente inscrito em nossos corpos e espíritos, em muitos casos acaba fazendo com que adquiramos um certo desprezo por nós mesmos. Este vem da constatação de que em geral vivemos sem protestar, sem quase nenhuma iniciativa de auto-afirmação, praticamente sem gestos significativos de inconformismo. À medida que esse autodesprezo vai se tornando cada vez mais incômodo, tendemos a projetá-lo nos outros. Por isso é que se torna muito difícil o desenvolvimento de uma solidariedade genuína entre os dominados, do que aliás se aproveitam os dominadores para perpetuar a servidão.

Clastres nota que essa dificuldade de estabelecer relações solidárias surge porque os dominados tendem a amar o dominador e suas leis. Cria-se assim uma estranha forma de os homens avaliarem uns aos outros: quanto mais obediente o indivíduo, melhor ele será. O tirano de La Boétie disseminou-se de tal forma que hoje, como sabemos, seu poder permeia tudo. Nessa mesma vertente, a conclusão é tão tentadora quanto enganosa: o homem bom é o homem médio, aquele da massa, que permite que os outros lhe digam como viver e que tem medo de ser livre.

Cumprindo o papel de toda obra importante, o *Discurso* sempre mereceu toda sorte de interpretações e comentários. Por isso continua cada vez mais atual, o que nos dá uma idéia não apenas de sua importância, mas também da gravidade da questão que levanta. Um de seus aspectos mais desafiadores é a já mencionada conclusão de que a servidão tem muito a ver com a falta de amizade. Sentimos vontade de servir porque não conseguimos ser amigos uns dos outros – o que me faz voltar ao ponto de partida: a unidimensionalização de nossa mente pelo pensamento linear e o irresolvido problema da liberdade e da solidariedade.

No momento atual, em que vivemos a segunda revolução do capitalismo, o temor à liberdade parece maior do que nunca. O Big Brother, fantasiado de tecnocrata, afirma que liberdade é a livre concorrência. Ou seja, é uma liberdade condicional, porque pressupõe que estejamos sob as determinações da "mão invisível" do "mercado", que tudo regula, orienta e dirige. Os que não se enquadram, seja por que motivo for, estão condenados à exclusão. Assim a liberdade pode existir, desde que seja redutível a esses ditames – o que equivale a transformá-la em simples figura de retórica.

Uma escola matrística

Em 1920, a psicanalista Vera Schmidt fundou um jardim de infância em Moscou. Sua idéia básica era chegar a uma pedagogia não-diretiva a partir da teoria psicanalítica. O projeto propunha que as crianças, ao atingir a idade adulta, reproduzissem o menos possível o que estavam acostumadas a ver em suas casas: pessoas inseguras, atormentadas, sempre prontas a obedecer e à procura de diretivas.

Num pequeno relatório de 1923, Schmidt apresentou suas metas e métodos de atuação, bem como os primeiros resultados alcançados. Na prática, o trabalho visava três pontos principais: a) facilitar a adaptação progressiva das crianças às solicitações do mundo real; b) mostrar-lhes como lidar com as funções excretórias do corpo, por meio da aprendizagem do controle dos esfíncteres; c) facilitar a sublimação das pulsões do inconsciente.

Tudo isso era posto em prática num ambiente diferente do habitual na pedagogia da época. Não havia vigilância, e as crianças tinham liberdade de se movimentar e gritar quando quisessem. As manifestações naturais da sexualidade infantil não eram reprimidas. Evitavam-se julgamentos sobre a conduta das crianças. Avaliava-se o resultado das ações, não as pessoas que agiam. Julgava-se, por exemplo, uma casinha construída ou desenhada por um aluno, não a pessoa deste. Em caso de brigas não se censuravam os envolvidos, mostrava-se apenas o mal causado. Dava-se sempre muita importância à auto-observação, de modo a estimular o sentido comunitário sem prejuízo da individualidade. Era também muito valorizado o trabalho dos educadores sobre si mesmos. Eles deveriam, antes de tomar qualquer atitude, questionar seus próprios preconceitos.

O educandário de Vera Schmidt era, pois, uma iniciativa contracultural. Procurava pôr em prática uma pedagogia que se propunha a preparar seres humanos para a liberdade e a autodeterminação, coisas que dificilmente poderiam acontecer num regime fechado e patriarcal como o da Rússia da época.

Com apenas três meses de funcionamento, o jardim de infância já era alvo de toda sorte de boatos. Dizia-se, entre outras coisas, que seu objetivo era excitar de modo prematuro a sexualidade das crianças para fins experimentais. As providências oficiais, como sempre acontece nesses casos, também não tardaram. Inquéritos (num dos quais o educandário foi acusado, não só do ponto de vista técnico como do ideológico), constrangimentos de todo tipo, vigilância, suspensão da ajuda governamental. E uma surpresa: a Associação Psicanalítica Internacional também ficou contra o trabalho de Vera Schmidt, o que aliás não impediu que tempos depois a psicanálise fosse banida do país.

Na verdade, o que houve na escola de Vera Schmidt foi uma tentativa de introduzir alguns dos princípios da cultura matrística. O mais básico deles é o que propõe que a importância das pessoas e das coisas aparece na relações entre elas.

Como mostra a experiência, contra-instituições desse tipo são comumente classificadas como "não-sérias", "exóticas", e consideradas excentricidades que mostram como o ser humano pode ser irreverente. Na mesma ordem de idéias, vários dos métodos e técnicas que se valem de modelos não-lineares de raciocínio, têm sido utilizados apenas como ferramentas para fins específicos. Depois do seu uso, volta-se à linearidade de sempre.

A banalização do conteúdo de uma determinada proposta, e sua transformação em produtos descartáveis, são as principais maneiras pelas quais as culturas dominantes consomem, digerem e transformam em lixo tudo o que as contesta. Em quase nenhum momento uma nova idéia é encarada como algo que possa complementar e melhorar o já existente. Cada nova maneira de olhar e fazer é sempre vista como algo que implica a morte de uma ordem e a criação de outra. Notemos como a palavra "ordem" tem, nesses casos, sempre uma conotação autoritária, de diretiva que vem de cima para baixo e que devemos acatar sem discussão.

Ao longo da história, o que tem acontecido é que, quando as contraculturas conseguem emergir, acabam se transformando em culturas, que por sua vez provocam o surgimento de outras contraculturas e assim indefinidamente. O padrão é o de sempre: uma coisa exclui a outra e ocupa-lhe o lugar. A estratégia das culturas é tomar as manifestações contraculturais e reduzi-las a alguns "ismos", apresentá-las como idéias antigas requentadas, acusá-las de irracionais, folclorizá-las enfim, com o objetivo de sempre: excluí-las.

Discordando, concordando na aparência, ou apenas fingindo ouvir, o propósito é sempre o mesmo: negar a existência do interlocutor que questiona, afastar a possibilidade de que ele possa trazer algo novo e útil – fugir à diferença, enfim. Trata-se de tentar controlar o outro, cassar-lhe a liberdade. Quando ouvimos alguém expor uma idéia diferente ou pouco usual, nossa preocupação é tentar provar com a maior rapidez possível (argumentos eruditos ajudam muito), que ela não é tão diferente assim. Fazemos tudo para mostrar que os outros não podem apresentar nada de novo, por dois motivos: primeiro, porque é uma atitude desafiadora e, segundo, porque é uma ameaça ao nosso apego à repetição.

Ouvir até o fim o que o outro tem a dizer é muito difícil, porque implica transacionar a vida com ele, deixar de vê-lo como um objeto. O "já sei, já conheço", é a lâmina com que lhe cortamos a palavra. É a violência com a qual interrompemos a formação das redes de conversação, tão necessárias ao desenvolvimento de uma alteridade solidária.

A APROPRIAÇÃO DA DEMOCRACIA

O que Jean Baudrillard chama de ilusões avaliáveis corresponde à tentativa de quantificar o inquantificável, isto é, de fazer-nos acreditar que nossas vidas podem ser pautadas apenas por números, indicadores e estatísticas. Mas esses números dizem respeito aos critérios da racionalidade econômica, e nada mais. Deles se originam e para eles voltam, sem que mude a sua condição de cifras, que exprimem apenas algumas das faces de nossa vida mecânica.

Fromm chama atenção para o fato de que todo planejamento é orientado por juízos de valor, mesmo que os planejadores não se dêem conta disso. Os dados escolhidos para programar um computador, por exemplo, são selecionados por critérios que incluem juízos valorativos, e portanto algo da subjetividade dos programadores. O que aparece na tela sob a forma de cifras não é tão objetivo quanto se imagina.

Baudrillard observa que nas cidades há bens que acabaram se transformando em raridades, como o espaço, o tempo, a verdade, a água e o silêncio. Acrescento outros que também vêm rareando, nas cidades ou fora delas: o olhar nos olhos, o toque não-sexual e não-violento, o ar puro, a visão do horizonte e a contemplação do céu. Esses bens se tornaram escassos, ao contrário de muitos outros, que são fornecidos e produzidos em massa. Mesmo assim, existe a tentativa de quantificá-los. O comércio imobiliário alardeia: mais paisagem, mais área útil (o que serão áreas inúteis? Inúteis para quem e segundo quais critérios?) e assim por diante.

Esses bens, que antes eram de todos, passaram a ser raridades, embora não possam ser massificados. Não podem porque não são facilmente apropriáveis, e mesmo que o fossem não serviriam para levar as pessoas à alienação. O diálogo, por exemplo, base da formação das redes de conversação que dão origem aos consensos sociais, depende de uma espacialidade adequada. Espaço demais (longas distâncias entre os interlocutores, inacessibilidade) exerce sobre ele os mesmos efeitos deletérios que espaço de menos, o apinhamento.

Bens como a contemplação da linha do horizonte e a cor do céu, a possibilidade de parar um pouco sem ser empurrado para a frente por quem vem atrás, não são mensuráveis. Por isso não têm grande valor, numa cultura de resultados numéricos como a nossa. Além de não ter valor, não são facilmente destrutíveis, nem passíveis de ser descartados e substituídos por "novos modelos", como se faz com as roupas e os automóveis.

O mesmo acontece com o momento presente. Nossas mentes condicionadas nos levaram a vê-lo como algo muito difícil de entender, e por isso estamos sempre voltando ao passado e tentando projetá-lo no futuro. A pergunta: "Por que não começar a partir de alguma coisa nova, ou seja, a partir de agora?" para nós só tem sentido se esse agora for um ponto em uma linha reta, a partir do qual possamos recomeçar – mas não sem antes consultar o conhecimento acumulado, que está no passado. Só depois dessa consulta é que nos consideramos preparados para lidar com o que está para vir. Não nos ocorre que, ao retomar o conhecimento acumulado, retomaremos também os referenciais da ideologia, do dogma e do preconceito. O que não significa, porém, que o passado deva ser *sempre* visto como descartável.

Enquanto não aprendemos a lidar com o aqui-e-agora, prossegue o triunfalismo do modelo mental iluminista. Suponhamos que uma de suas promessas – o "progresso", a ser alcançado (no modelo liberal) por meio do "livre mercado"– vá além da simples retórica e perguntemos: como manter a atual ordem econômica, sem que ela continue produzindo medo para os que possuem o capital, e desespero para os que não o possuem?

O pensamento complexo faz parte das tentativas de resposta, mas, como as demais proposições de complementaridade, continua a esbarrar em múltiplas formas de resistência. Uma delas consiste na nossa estratégia de colar rótulos em tudo o que nos desafia. Esses rótulos, apesar de aparentemente renovados, são em muitos casos os chavões de sempre com outras roupas: "pós-modernidade", "orientalismo", "relativismo" etc. Essa pode até ser uma ótima forma de alimentar polêmicas eruditas. Mas não é, com certeza, uma maneira adequada de tentar resolver problemas concretos que entravam o desenvolvimento humano.

Como é evidente, a lógica linear-cartesiana predomina também na mente da maioria dos governantes de hoje no mundo inteiro. Gregory Bateson escreveu: "Os processos políticos não passam de fenômenos biológicos. Mas que político sabe disso?" Seja como for, não nos esqueçamos de que, pelo menos nos países em que há um mínimo de democracia, esses políticos são eleitos por nós, que como eles tivemos uma educação baseada no mesmo modelo. Logo, não podem fazer leis muito diferentes das que já fazem, nem ter um comportamento muito diferente do que já têm.

Culpar os políticos por tudo de mau que acontece é mais uma forma de colocar em ação o nosso "outro" de conveniência. Não são apenas eles os responsáveis pelas práticas dos governos atuais. Por mais sofisticado que seja o discurso que as veicula, elas são apenas o que queremos que sejam, assim como nós somos o que queremos ser. Essa é uma outra forma de dizer que o mundo em que vivemos é o mundo que construímos. Não se pode esperar que essas práticas de governo, criadas pelo modelo mental linear, nos ensinem mais do que o curto e grosso evangelho do cotidiano: é preciso acumular mais e mais dinheiro. O que nos leva à racionalização: se essa práxis tende a eliminar quem não conseguir fazer o mesmo, pior para eles.

Já vimos que a mentalidade acumulativa se liga diretamente ao modelo mental linear. É nele (quando aplicado isoladamente) que temos de procurar muitas das bases das nossas dificuldades de lidar com o mundo. É na sua capacidade de criar ideologias que devemos buscar a origem de muitos de nossos equívocos, não nas ideologias em si. Sabemos que se nos limitarmos à discussão ideológica, acabaremos transformando as ideologias que mais nos agradam em nosso lar teórico, e as de que não gostamos em nosso "outro" de conveniência. Em especial, é em nossa tendência ao apego a polaridades, como socialismo/neoliberalismo, modernidade/pós-modernidade etc., que precisamos procurar as raízes de nossos equívocos e de nossa infelicidade.

Na medida em que o grande objetivo do ego é não se sentir excluído, e na proporção em que ele só é capaz de trabalhar com o pensamento linear, restam-lhe cada vez menos possibilidades de resolver as suas próprias dificuldades. Uma saída poderia ser a autocrítica, mas ela é quase impossível por meio de um sistema de pensamento que vê tudo em termos eliminatórios.

Se o raciocínio linear se deixasse complementar pelo sistêmico, as ideologias não seriam o que são. Não haveria ideologias tão totalizantes (que pouco têm a ver com idéias aplicadas à prática) e não existiriam religiões tão institucionalizadas (que pouco têm a ver com religiosidade e espiritualidade). E, o que é mais importante, talvez houvesse ao menos uma atenuação de certas conseqüências desses fatos, como os conflitos ideológicos, étnicos e religiosos.

Sabemos que um dos problemas desse sistema de pensamento é imaginar que a percepção política dos fenômenos sociais se resume aos seus aspectos tecno-econômicos. Também a mídia, que tanto critica a visão tecnicista e economicista das empresas e governos, expressa-se quase sempre em termos lineares.

Essa estreiteza de visão estende-se à concepção desvirtuada de democracia que predomina em nossa cultura. Ao produzir a mente mecânica, ela gerou também a democracia mecânica, isto é, o processo democrático apropriado e manipulado pela cultura do patriarcado, que o molda e ajusta aos seus desígnios. O que na prática se conhece como democracia, quase sempre reflete essa apropriação e manipulação.

Para Maturana, a democracia é um modo de convivência neomatrístico, no qual as características básicas são o respeito mútuo, a cooperatividade e o respeito ao mundo natural e seus processos. Em meus próprios termos, digo que se trata de um modelo de vida em comum no qual a competência é a regra e a "competitividade" uma exceção. Nossa cultura, porém – como observou o biólogo chileno –, é atravessada por conversações recorrentes, que tentam perpetuar a manipulação das pessoas e apropriar-se do processo democrático. Maturana destaca dez tipos de conversações negadoras da democracia, que aumento para treze e passo a comentar.

A democracia vista como meio de conquistar o poder

O processo democrático e as eleições que ele possibilita são encarados apenas como um meio de apropriar-se do poder e mantê-lo. O poder político é visto como um fim em si, uma meta a atingir, e não uma forma de proporcionar uma vida melhor às pessoas. Estas não são consideradas beneficiárias das ações do poder, e sim objetos sobre os quais ele se exerce. Por isso, devem submeter-se, porque essa submissão legitima o poder, a maneira como ele foi conquistado e a autoridade dos que o detêm. A democracia é considerada um modo de dar respaldo à autoridade e, no limite, ao autoritarismo. Claro está que essa visão utilitarista do processo democrático deriva da linearidade, e do esquematicismo do modelo mental que rege o patriarcado.

A democracia vista como meio de restringir a liberdade de informação e opinião

Aqui as conversações são ainda mais típicas do modelo patriarcal, que procura manter a maior parte do conhecimento disponível fora do alcance das pessoas comuns, seja dificultando o seu acesso a ele por meio de uma linguagem hermética, seja idealizando-o. Em ambos os casos, especialistas são interpostos entre o conhecimento e as pessoas. A missão desses prepostos é impedir que os indivíduos pensem por si próprios e, conseqüentemente, que se tornem capazes de gerir suas próprias vidas e fazer acordos com seus pares.

Além disso, entre os leigos e os especialistas são estabelecidos níveis de dificuldade de acesso, de modo que surgem sub-hierarquias, em cuja verticalidade se escalonam diversos planos de privilégio. Como em toda hierarquia, essas também se baseiam na binariedade do pensamento linear: os níveis são delimitados com tal nitidez, que não podem ser entendidos por outra linguagem que não aquela do ou/ou.

A democracia vista como justificadora da exclusão social

Nesse caso, as conversações tentam justificar a negação dos recursos mais primários de subsistência a grande parte das pessoas. Essas justificativas afirmam que os socialmente excluídos o foram devido à sua falta de "competitividade" para disputar um lugar num "mercado", "democraticamente" aberto a todos. Aqui se reafirma a posição patriarcal que estimula a guerra sob suas mais diversas formas, vê a vida como uma luta e põe a culpa da exclusão nos excluídos.

A democracia vista como meio de opor os direitos do indivíduo aos da sociedade
Essas conversações confirmam o ânimo eliminatório do pensamento binário: o que é bom para a sociedade não o é para o indivíduo e vice-versa. A democracia não é vista como um modo de convivência, mas apenas como um instrumento regulador de conflitos de interesse, que em última análise refletem a luta pelo poder em todos os níveis.

A democracia vista como justificadora da lei e da ordem draconianas
A lei e a ordem são louvadas, mas não como instrumentos de prevenção de eventuais desavenças, e sim como mantenedoras da repressão que as forças instituídas (as culturas) exercem sobre as latências instituintes (as contraculturas) da sociedade. Nesse sentido, a lei e a ordem são quase que exclusivamente garantidoras de um ambiente tranqüilo para que as empresas possam trabalhar e produzir – o que é necessário, mas não suficiente. Devido à crença de que o desenvolvimento econômico é o bastante para resolver todos os problemas da sociedade, tudo se faz para privilegiá-lo e associá-lo ao processo democrático. O progresso material e a acumulação, tomados como valores-guia, traduzem a mentalidade quantitativa, e a necessidade de apropriação e da competição predatória.

A democracia vista como justificadora do controle e do confronto
Nessas conversações, o poder, o controle e o confronto são escolhidos como as ferramentas-padrão, que a democracia deve usar para resolver as diferenças, em vez do diálogo e do consenso, embora essa escolha seja cuidadosamente disfarçada por meio de discursos

que afirmam o contrário. Trata-se de mais uma expressão da preferência que a cultura do patriarcado tem pela repetição. As diferenças (inclusive as de opinião) são vistas como um mal, e assim tudo se faz para eliminá-las do modo mais rápido e enérgico possível.

O outro é visto como um igual, mas não no sentido de igualdade de direitos e sim em termos de padronização, comportamento estereotipado e "pensamento único". Se ele por acaso se comportar como produtor de idéias e posturas diferentes, será considerado uma ameaça às "liberdades democráticas", e por isso deverá ser trazido de volta à "normalidade". Enquanto isso não acontecer ele será estigmatizado, porque nessas conversações o diferente é considerado um ofensor, e não alguém que pode proporcionar oportunidades de aprendizagem.

A democracia vista como justificadora da hierarquia, da autoridade e da obediência
O objetivo dessas conversações é apresentar a hierarquia, a autoridade e a obediência como inerentes ao processo democrático. Nessa ordem de idéias elas são consideradas virtudes, porque têm a capacidade de promover a ordem nas relações interpessoais. Não se imagina que as pessoas possam viver em ordem por sua própria iniciativa, isto é, não se concebe que elas possam constituir grupos que estabeleçam suas próprias maneiras de viver. Pelo contrário, são encaradas como agrupamentos que precisam ser controlados e mantidos na linha por meio de forças externas. Além disso, essas conversações restringem o acesso da maioria das pessoas aos assuntos de interesse da comunidade.

A discordância democrática vista como forma invariável de luta pelo poder
Os desacordos que surgem na sociedade são quase sempre vistos como uma ameaça aos poderes democraticamente instituídos, e quase nunca como manifestações da livre expressão de opinião que deve vigorar no processo democrático. O pensamento linear leva as pessoas a pensar sempre em termos de amigo/inimigo, aliado/

adversário, situação/oposição. Toda discordância é considerada uma tentativa de medir forças, dada a crença de que a democracia é apenas uma oportunidade que todos têm de lutar pelo poder e não um modo cooperativo de convivência. Se alguém discorda de nós, não é porque deseja promover uma discussão em torno das idéias que propõe, mas porque quer nos eliminar, destruir nossa identidade, desalojar-nos do lugar que ocupamos e apoderar-se dele.

A democracia vista como justificadora da "competitividade" e da idéia de progresso

Essas conversações propõem que o progresso material, bem como algumas de suas manifestações, como o controle da natureza e a acumulação e retenção dos bens acumulados, são imprescindíveis à vida humana. Propõem também que a democracia é uma forma de proporcionar às pessoas o espaço de competição de que elas precisam para atingir essas metas.

São conversações que também estimulam a criatividade e a busca de novidades. Mas nesse caso a noção de novo não corresponde ao diferente, e sim àquilo que surge a mais, algo a ser apropriado e acumulado. Trata-se de um "novo" quantificado e reconhecido como tal pelos valores da cultura do patriarcado. Na mesma linha de idéias, o que essa cultura chama de criatividade não é a capacidade de produzir diferença, mas sim a de gerar mecanismos de repetição, que conduzam à reprodução desse novo "domesticado", que jamais será fonte de incertezas e desafios – enfim, um novo que não leva as pessoas a pensar.

A democracia vista como justificadora do imediatismo

Aqui, a ansiedade da mente condicionada para a competição predatória, manifesta-se pela necessidade de impor um determinado ponto de vista, antes que ele possa ser submetido ao exame e à discussão pela comunidade. Os principais móveis dessa atitude são a desconfiança e o empenho em apropriar-se da verdade antes que alguém o faça, e fazer crer que essas atitudes têm a ver com a democracia.

Trata-se de manter a última palavra sobre um determinado assunto, o que em última análise é uma variante da necessidade de manter o poder. A visão imediata do outro como um adversário a ser eliminado, vem da crença de que a maldade humana é a característica primordial. Como as pessoas são quase sempre vistas como obstáculos a superar, a democracia passa a ser a que convém aos interesses de cada um, e como tal justificadora de atitudes excludentes para a sua manutenção.

A democracia vista como justificadora da repetição

Essas conversações pretendem transmitir e firmar a idéia de que a instituição democrática é um produto acabado, e por isso não precisa de retoques ou modificações. Embora se afirme o tempo todo que a democracia é um processo, age-se como se ela fosse um produto fabricado em série, recém-saído de uma linha de montagem industrial e destinado a um público também estandardizado. Nas poucas vezes em que se fala em aperfeiçoá-la, quase sempre o que na realidade se deseja é impor-lhe ressalvas e condicionar-lhe as práticas, isto é, mantê-la exatamente no estágio em que está. Não é por outra razão que, já no início do século, um escritor do porte de Robert Musil tenha dito que o indivíduo não existe mais: em seu lugar restou uma coisa, que se debate e chafurda num imenso caldo de cultura homogeneizado.

A democracia vista como o menor dos males

Aqui o fundamento é a frase atribuída a Winston Churchill, que sugere que a democracia é o menos imperfeito dos sistemas políticos. Daí originam-se conversações que traduzem a necessidade de comparar, atribuir juízos de valor, estabelecer diferenciais competitivos, mostrar que o processo democrático é superior aos outros, não porque é o melhor, mas porque estes são piores. Trata-se de uma posição que reflete desconfiança e um certo grau de desprezo por esse mesmo processo democrático. Seu objetivo é fragilizá-lo, torná-lo manipulável e, no limite, justificar o uso de medidas autoritárias que, "em nome da democracia", têm por objetivo vigiá-la, tutelá-la e controlá-la.

A democracia vista como "vantagem competitiva"

Trata-se de uma conversação muito comum entre os políticos em campanha. Consiste em tentar quantificar a democracia, em geral por meio de estatísticas eleitorais e outras, com a finalidade de mostrar que um determinado candidato é "mais democrático" do que seus adversários. Apresentam-se "provas", como presença em eventos, participação em "lutas em defesa da democracia" e assim por diante. Essas "evidências" obedecem ao modelo jurídico da cultura do patriarcado, cuja idéia de prova é profundamente baseada na desconfiança, na crença da maldade como característica primordial do ser humano e, portanto, na visão do outro como adversário ou inimigo a ser eliminado.

Nessa linha de pensamento, a prova tem de ser de uma obviedade tosca e primitiva, e não pode limitar-se a ser convincente: precisa ser destrutiva, porque sua finalidade principal não é esclarecer, e sim dividir e excluir. Parte-se do princípio de que o mundo é constituído somente por indivíduos céticos e traiçoeiros, que aguardam o tempo todo por uma distração nossa, por mínima que seja, para nos atacar e destruir.

Para que essas conversações possam ser colocadas em prática, o raciocínio linear é mais do que suficiente e, como mostram os políticos quando se dirigem a seus eleitores, quanto mais primitivo for o modo de usá-lo melhor. Trata-se, então, de linearizar o mais possível o processo democrático, reduzindo-o não à sua expressão mais simples, mas à sua dimensão mais simplória.

De todas essas considerações, é possível concluir que a democracia como forma de convivência na cooperatividade é dificilmente compatível com o raciocínio linear isolado, e sua expressão social mais evidente – a cultura do patriarcado.

Conclusões desse tipo levaram Maturana a dizer que o processo democrático é uma ruptura que se deu no tecido da cultura patriarcal européia. Esse autor argumenta que a democracia não poderá se estabelecer de modo completo, se a cada passo continuarmos a buscar inspirações externas para justificá-la. Se ela é um processo de convivência baseado no respeito mútuo das pessoas, é nelas e nesse respeito que as razões e justificativas precisariam ser buscadas, se e quando necessário.

A energia indispensável ao desenvolvimento da democracia não pode vir "de cima", não pode partir de uma autoridade invisível e transcendente. Ela precisa nascer na horizontalidade, no plano em que as pessoas se encontram, conversam e se entendem de modo natural, e os resultados desse sistema de compreensões se entrelaçam e se ampliam em rede. O que ocorre na cultura do patriarcado, porém, é que como as pessoas estão acostumadas a ser tratadas como imaturas e incapazes de se autoproduzir, são facilmente induzidas a procurar autoridades "mais elevadas", em busca de uma orientação que freqüentemente acaba se convertendo em comando.

Penso que estas considerações são suficientes para que se tenha uma idéia das dificuldades implicadas na reforma do modelo mental dominante em nossa cultura. O que não significa, porém, que ela seja impossível. Sabe-se que nos últimos 200 anos gerou-se mais conhecimento em nossa civilização do que nos últimos dois mil. Para desenvolver mais ainda esse processo, precisamos do pensamento complexo. Este lembrete quantitativo, tão ao gosto do nosso modo de pensar atual, mostra, por um lado, o quanto estamos condicionados. Por outro, revela o quanto vem se tornando mais fácil e menos demorado o processo de descondicionamento.

EDUCAÇÃO PARA A MEDIOCRIDADE

Um sem-número de fatores afeta a clareza das percepções individuais. Além disso, diferentes pessoas têm em graus diversos a capacidade de comunicar e formar opinião. Logo, a clareza coletiva sobre um determinado assunto é uma espécie de "média" de percepções. Aqui interfere também o grau de entendimento que as elites têm de sua própria posição. Muitas pessoas tidas como inteligentes, têm dificuldade de entender que aquilo que para elas é tão claro pode ser de compreensão difícil para outros. Essa presunção de que todos entendem do que se está falando, e se não se movimentam para colaborar é porque não querem, tem sido responsável por muitos fracassos de ações que a princípio pareciam destinadas ao sucesso.

O fato de uma determinada comunidade ter pessoas muito inteligentes em sua composição nem sempre resulta em clareza coletiva. As pessoas inteligentes o são em qualquer lugar, mas uma cultura nem sempre é coletivamente inteligente, ou pelo menos nem sempre o é em relação a todas as questões nem a todas as épocas de sua história. Pode ter muita clareza sobre determinados temas e quase nenhuma em relação a outros. Com os indivíduos acontece o mesmo. Esse aspecto é, pois, fundamental: a necessidade de avaliar, na medida do possível, o grau de clareza coletiva que existe a respeito de um determinado assunto, e quais são os fatores que contribuem para aumentá-la ou diminui-la.

A ilusão de que podemos compreender todos os temas com a mesma eficácia deriva do modelo mental linear, típico da era industrial: peças separadas, produção massificada e seqüencial, compartimentos estanques. Passou-se a acreditar que a consciência coletiva – a consciência vigil pública – é a única possível. Essa é a percepção que produz o senso comum, tão estandardizado como os processos das linhas de montagem.

Como se sabe, nosso estado de consciência não é inalterável diante da variabilidade das circunstâncias do dia-a-dia, o que vale tanto para os indivíduos como para as coletividades. O que chamamos de vigília é um estado de alerta parcial. O resultado se traduz no comportamento dos indivíduos e das comunidades. Para a maioria, a escassa compreensão do que acontece – tanto em relação a si mesmos como em relação aos outros e ao mundo – parece ser a regra. Esse estado de coisas convém a todas as formas de autoritarismo. Sabemos que para o pensamento autoritário a palavra é instituída, o que levou à crença de que ela é suficiente para atender a todas as necessidades de expressão do cotidiano. Nessas condições, a linguagem verbal acabou sufocando a não-verbal. Em conseqüência, o discurso do silêncio, das formas e do movimento, virtualmente deixou de ser percebido.

Na qualidade de principal instrumento do pensamento linear, a palavra institucionalizada (que é a expressão da apropriação da verdade) é o instrumento mais poderoso das ideologias. Para as mentes submissas ao domínio ideológico, nada existe até que seja proferida a palavra "oficial", veiculada por um porta-voz "autorizado", que pode ser um condestável de um partido político, um funcionário governamental, um guru da "auto-ajuda" ou um consultor famoso falando num seminário. Assim as palavras acabam tomando o lugar da experiência, e dessa forma os rótulos, os clichês e os jargões dos modismos passam a "ser" essa experiência. Tais discursos moldam a nossa rotina e acabam nos transmitindo uma falsa sensação de segurança.

O preço a pagar é a mediocridade. Todos sabemos que ninguém se sente mais seguro, confiante e sábio do que o homem medíocre. A mediocridade se alimenta do padronizado, do fácil, do imediato, do repetitivo, do "autorizado". A ela convém um saber parcial e mínimo. O homem medíocre tornou-se cada vez mais previsível, e por isso foi aos poucos perdendo a liberdade. A massa foi induzida a desejar em bloco, e assim as pessoas deixaram cada vez mais de existir, e foram progressivamente transformadas em clientes-consumidores. A "satisfação do cliente" é quase sempre a satisfação – e a perpetuação – da mediocridade.

A cultura do patriarcado nos condicionou a acreditar que aquilo que a maioria das pessoas quer da vida pode ser resumido em uns poucos itens: a) consumir cada vez mais; b) acumular dinheiro e bens materiais; c) experimentar incessantemente as novidades; d) ter em relação a si próprias uma visão narcisista e autocomplacente; e) ter em relação aos outros uma visão reificante, utilitária e excludente. Esses itens correspondem, quase que letra por letra, às três dimensões fundamentais da alienação do ser humano segundo Martin Heidegger: a tagarelice, o gosto pelas novidades e a ambigüidade. Sabemos que a maioria dos indivíduos vive exatamente dessa maneira. Foi o caminho que aprenderam e, dentro de medidas razoáveis, se há o que lamentar não há também muito a objetar.

Mas o que significam "medidas razoáveis" continua a ser tema de discussão. Eventos como o fracasso do chamado socialismo real (que, quando estava no auge, por sua vez produziu em várias partes do mundo suas minorias de privilegiados e suas multidões de mortos e excluídos) mostram que o modo de vida alienado é, em termos qualitativos e quantitativos, extremamente significativo. Por isso, continua a ser um dos fatores que fazem com que situações como a exclusão social sejam vistas com tão pouca clareza. Ainda assim, é a partir desse grau de entendimento de mundo que pretendemos chegar a providências eficazes para a resolução desses e de outros problemas.

O caso da educação ilustra como a falta de clareza coletiva pode levar a imensos equívocos. Como se sabe, em muitos países o processo educacional e seus resultados são avaliados quase que inteiramente pelo ângulo quantitativo/econômico/financeiro: mais dinheiro é igual a mais educação. Foi essa linearidade que fez com que tanta gente se convencesse, por exemplo, de que o socialismo impediria a exploração do homem pelo homem.

Como lembra Morin, entre muitos outros, as classes dominantes se mantêm no comando porque controlam o poder de decisão e programação da organização social, deixando para as classes dominadas as tarefas relacionadas à execução, isto é, à produção de energia mecânica. Mesmo com o surgimento do socialismo, o poder da decisão e programação da sociedade continuou nas mãos das elites. O saber se manteve elitizado e o não-saber continuou socializado. Tinha de ser assim, aliás, porque o modelo mental linear desconhece a complementaridade (confunde-a com síntese), e imagina que para que uma coisa nova surja a anterior deve ser removida, mesmo que a substituição nada modifique. Ao descartar a pluralidade e a diversidade, ele nos tornou virtualmente fechados para a criatividade. Nossas soluções continuam reducionistas e simplificadoras: mais dinheiro é igual a mais educação e ponto final.

Entretanto, quando a linearidade não é tão facilmente aplicável, as coisas ficam difíceis. Quando se pergunta, por exemplo: "E mais exclusão social é igual a quê?", as respostas são sempre evasivas. No caso da educação, o modelo linear parece funcionar bem, mas só quando o examinamos por uma linha de raciocínio curta e superficial. Ao menor sinal de aprofundamento, as coisas logo mostram como são complexas, o que nos leva a desistir de maiores indagações.

Talvez agora seja possível compreender melhor por que o modelo apenas econômico-financeiro de educação (a educação de resultados) é tão primário. Isso acontece porque sua principal estratégia é o fornecimento de idéias prontas, que funcionam como clichês condicionadores – o tradicional adestramento para a competição predatória.

Como se sabe, para muitos pensar tornou-se sinônimo de algo que dá trabalho e consome muito tempo. Por extensão, tudo aquilo que se refere ao pensamento é também considerado difícil e tedioso. A palavra escrita tornou-se um dos principais vilões desse modo de ver as coisas. É atendendo a essa ojeriza das pessoas à leitura, que não poucas obras destinadas a profissionais das mais diversas áreas beiram e ultrapassam o primitivismo. Compõem boa parte da chamada "literatura gerencial", na qual os livros são quase todos iguais e repetem chavões, termos e conceitos da moda. Essa literatura é posta no papel por meio de fórmulas bem conhecidas: muitos parágrafos de frase única, letras grandes e vocabulário pequeno – tudo acompanhado de muitas ilustrações e outros recursos gráficos, nos quais o apelo ao trabalho mental pouco passa dos binômios luta/fuga, atacar/defender, ganhar/perder, construir/destruir e assim por diante.

Aqui se repete a estratégia da gratificação instantânea, da satisfação oral da criança que chora. A ênfase na satisfação imediata é de tal modo exagerada que chega ao frenesi. Produz-se assim um tal grau de sofreguidão, que acaba-se distorcendo uma das dimensões mais importantes da condição humana: a temporalidade. As pessoas perderam a paciência para com os ciclos naturais da vida, e por isso pretendem reduzi-los às limitadas dimensões da sua ansiedade. A supervalorização do chamado "tempo real" é um dos fatores mais importantes dessa distorção cognitiva, que leva à perversão da realidade. Mas não convém confundi-la com a experiência do aqui-e-agora, que é a chave da auto-observação. O tempo dito "real" é apenas a expressão do não saber esperar, da ansiedade de ter as necessidades materiais atendidas de imediato.

Ao retirar da consciência das pessoas a noção de rede, de fluxos entrelaçados, de ciclos e da complexidade dos sistemas naturais, a linearidade as reduz à estrutura funcional das máquinas: liga/desliga, funciona/não funciona. Assim se reforça a separação sujeito-objeto, que tudo superficializa, simplifica e torna vulgar – o que faz com que o observador imagine que sua percepção é "objetiva", ou seja, que ela lhe mostra o mundo tal como ele é.

O modelo de pensamento atualmente dominante orientou a construção de um mundo que, entre outras coisas, considera o lucro financeiro um fim em si (é o que os fatos mostram, apesar dos protestos em contrário), mesmo admitindo que no futuro países cada vez mais ricos conviverão com cada vez mais desigualdades sociais. No limite, a própria vida acabou por ser vista como uma mercadoria – um patrimônio dos "rápidos" que conseguirem derrotar os "lentos".

Tudo isso realimenta a nossa conhecida dificuldade para distinguir valores de preconceitos. Mais ainda, em muitos casos o que pensamos ser nossa vontade consciente é apenas o que nos impõem os nossos condicionamentos culturais. E uma cultura – para lembrar a frase de Maturana – é um âmbito de verdades evidentes, que não necessitam de justificação, e cujo fundamento não vemos nem questionamos.

Não é de estranhar, pois, que a maioria das pessoas se sinta separada do que acontece no mundo, e que este seja visto como uma espécie de filme que se desenrola na tela da televisão. É extremamente difícil lidar com essa alienação, e também praticamente impossível sequer atenuar muitos de seus efeitos indesejáveis, enquanto predominar a formatação de nossas mentes pelo modelo mental linear.

Na opinião de um famoso autor, cuja obra (a escrita e a posta em prática) não é menos célebre, a propaganda orientada para a alienação e a massificação deve seguir alguns princípios fundamentais. Vejamos alguns deles:

a) Deve-se sempre capitalizar os sucessos e pôr a culpa dos fracassos em fatores externos, principalmente nos adversários.
b) É preciso ter em mente que a função da propaganda é convencer – e convencer as massas.

c) Não devemos esquecer de que as massas têm pequena receptividade e ainda menor memória. Por isso, a propaganda deve falar de poucas coisas e repeti-las sem cessar.
d) A propaganda deve ajustar-se à inteligência limitada das massas e dirigir-se à emoção, não à razão.
e) Quanto maior a massa a ser atingida, mais baixo deve ser o nível intelectual da mensagem propagandística.
f) As massas são um rebanho de carneiros de cabeça oca. Representam a encarnação da estupidez. Além disso, são preguiçosas, emocionais, femininas e incapazes de pensar racionalmente.
g) Princípio das grandes mentiras. A massa é primitiva. Logo, quanto maior a mentira que lhe contarmos, maiores serão as possibilidade de recebermos crédito.
h) Princípio do diabo único. Não se deve confundir a massa apresentando-lhe muitos inimigos. O ideal é dar-lhe um de cada vez e concentrar nele a propaganda negativa.
i) É importante fazer tudo para privilegiar a cultura física (esportes etc.). A atividade intelectual deve ser mantida num plano inferior.
j) A função da propaganda é facilitada se o Estado controlar a educação. Dar educação a todos é inconveniente. As massas devem permanecer tanto quanto possível iletradas.

O autor (tristemente) famoso a quem me refiro é Adolf Hitler. Sua obra escrita é *Minha luta* (*Mein kampf*).[12] Seus resultados práticos são conhecidos de todos.

Como é evidente, se alguém fosse elaborar um hipotético *Manual de imbecilização coletiva pelo pensamento linear*, os princípios do texto hitleriano serviriam perfeitamente como base. Agora sugiro ao leitor um pequeno exercício, que consiste em tentar responder a esta pergunta: em que país – ou países – esses fundamentos não só estão em pleno vigor, como continuam amplamente postos em prática nos dias de hoje?

6. A DINÂMICA DA REINTEGRAÇÃO

Não é fácil gostar de seres de carne e osso, simples mortais, limitados, contraditórios, oscilantes, como todos nós. É mais fácil admirar ídolos distantes, talvez protetores por sua majestade inalcançável.
Emílio Romero

Discutiremos aqui algumas das medidas que podem ser tomadas para a aprendizagem e a aplicação do pensamento complexo, tanto no plano individual quanto no coletivo. No primeiro caso o objetivo é o autoconhecimento, que implica posturas de autopercepção, a serem implementadas por abordagens para as quais é indispensável a participação de outras pessoas. No segundo, trata-se de medidas basicamente educacionais, destinadas a promover a religação dos saberes, que atualmente estão fragmentados e compartimentados.

OS DOIS UNIVERSOS

Como já vimos, o modelo de pensamento que herdamos dos gregos propõe a existência de uma realidade objetiva e universal, que seria o objeto da nossa percepção. Nós (o sujeito), observaríamos a realidade (o objeto), e a partir daí obteríamos percepções que determinariam o nosso comportamento. Não existiria nenhuma percepção confiável senão a objetiva. É o que ouvimos a todo instante: "Seja claro e objetivo: sempre que possível, lide com fatos e números".

Por outro lado, Teilhard de Chardin afirma que o objetivo da evolução é chegar a olhos ainda mais perfeitos, num mundo em que há sempre algo mais a ser visto. Isso significa que mudança é mudança de maneira de ver, alteração de pontos de vista, isto é, do modo como construímos o mundo. Ver coisas novas não quer dizer que elas apareçam de uma hora para outra. Significa que, ao mudar o modo de olhar, passamos a nos dar conta de coisas ou situações que sempre estiveram à nossa frente, mas que não éramos capazes de perceber, porque estávamos agarrados a um determinado padrão mental. A mudança do modo de olhar começa pela autoconsciência, ou atenção da atenção (*awareness*). É o que o psicoterapeuta Viktor Frankl chama de "percepção mais abrangente": a atenção reorientada, que nos capacita a ver coisas antes não vistas. Serão novas mesmo? Certamente que sim. Mesmo que estejam no mundo há milênios, elas serão inéditas para quem mudou o modo de ver. O mundo existe há milhões de anos, mas a nossa percepção não. Nesse sentido, podemos dizer que ele não nos é anterior.

A base do desenvolvimento da complementaridade entre os modelos mentais linear e sistêmico corresponde ao aperfeiçoamento da *atenção da atenção*. É por meio dela que aprendemos a lidar com a divisão sujeito-objeto. Lembremos aqui a clássica proposta de Maslow: os seres humanos são movidos por um impulso inato no sentido da auto-superação. Esse movimento pode nos levar além de nossas carências básicas. Uma vez satisfeitas as necessidades primárias, continuamos em busca de algo mais. É o que Maslow chama de necessidade de auto-realização. Como esse processo procura fazer vir à tona algo potencial, pode-se chamá-lo de emergente. O ser humano resultante dessa transformação é o que Carl Rogers chamou de homem emergente – aquele que ativou seu potencial de mudança.

Para esse fim não há técnicas, fórmulas, instrumentos, "ferramentas de auto-ajuda" nem práticas mágicas que conduzam a resultados imediatos. Dois princípios de base devem ser observados: a) para que mudemos, é indispensável um grau mínimo de autoconhecimento; b) este não pode existir sem a interação com os outros, ou seja, sem a criação de espaços de convivência e aprendizagem, nos quais as pessoas possam legitimar humanamente umas às outras. Se esses requisitos não forem preenchidos, a prática do pensamento complexo ficará reduzida à mera retórica.

VIVER, APRENDER, MUDAR

Nada podemos falar sobre o mundo em que vivemos. Tudo o que podemos dizer em relação a ele é como o percebemos. A verdade e o fato – ou o verdadeiro e o feito – são a mesma coisa. O *verum* corresponde ao *factum*. Só pode ser conhecido fora de qualquer dúvida aquilo que o próprio sujeito do conhecimento faz ou cria. Podemos descrever o mundo como o percebemos (como o construímos), não como ele é em sua exterioridade. Eis uma das vertentes fundamentais do pensamento do filósofo italiano Giambattista Vico (1668-1744).

A filosofia de Vico reflete o interesse do autor em encontrar novos modos de conhecimento, e tornou-se um pensamento influente ao longo do tempo. Para autores como Maturana, por exemplo, conhecer é uma ação que permite ao ser vivo continuar a sua existência, num mundo que ele faz emergir ao percebê-lo – um mundo que ele cria, enfim. O ato de perceber produz o mundo do percebedor segundo a estrutura deste, e o mundo, por sua vez, retroage sobre o percebedor, produzindo-o. Já sabemos que a estrutura do nosso sistema nervoso está sempre mudando, e essas mudanças são congruentes com as alterações do meio. São transformações incessantes, que decorrem da própria dinâmica do processo vital, que é uma repetição recursiva e não uma simples reiteração.

Como acabamos de ver, o mundo que percebemos é determinado por nossa estrutura. Quando a luz penetra na retina, seus fótons não são percebidos exatamente como fótons (isto é, como coisas-em-si), mas tal como podem ser percebidos pelas estruturas fotorreceptoras retinianas. Eles são percebidos não como *fótons-em-si*, mas como *fótons-para-a-retina*. Os órgãos dos sentidos registram nossa reação aos estímulos externos, mas não os registram como eles existem fora de nós. Por isso, não podemos afirmar que eles nos dizem *como é* a realidade externa. O que podem nos indicar é o modo *como a percebemos*, isto é, como a construímos.

Quando nos propomos a observar os fenômenos tal como eles se apresentam à nossa experiência imediata, o que na verdade faremos é reconhecer que os perceberemos segundo a nossa estrutura, não segundo a estrutura deles. Não aprendemos o que está fora de nós, e sim o que nossa estrutura nos permite aprender, no momento em que se dá a aprendizagem. Como ela muda continuamente, não podemos afirmar que aprendemos sempre da mesma forma. Daí se conclui que, se nossa estrutura estiver condicionada por preconceitos, crenças, dogmas, ideologias etc., dificilmente aprenderemos algo de realmente novo: só conseguiremos aprender o "novo" que é permitido e sancionado por esses sistemas de crenças.

Por conseguinte, o caminho mais adequado para descobrir o novo é a inocência, a abertura da razão. A aprendizagem depende de como nos colocamos para aprender. Não é a absorção passiva de algo que já está pronto (ou que nos é apresentado como tal) fora de nós.

As percepções provocam mudanças estruturais, e algumas fazem isso com tal intensidade que acabam destruindo a organização do sistema percebedor. As possibilidades de um sistema vivo manter a sua organização (manter-se vivo), dependem de sua capacidade de manter as modificações estruturais que experimenta dentro de uma certa faixa – os chamados limites normais. Mas se por um lado essas provocações representam um risco constante, por outro são uma necessidade, porque sem elas nada aprendemos. Se considerarmos que a vida é um processo de aprendizagem, fica fácil concluir que sem modificações estruturais não há vida.

As interações realmente importantes são as que produzem modificações significativas, isto é, as que são transformadoras. Nos seres humanos, modificações estruturais equivalem a mudanças de modos de pensar, e resultam em alterações de comportamento. Significam, enfim, que aprendemos algo. Por ser a vida um processo de aprendizagem, a história de uma pessoa é contada por meio das mudanças estruturais que ela experimentou ao longo dos seus dias, isto é, a vida de um indivíduo é a crônica do que ele aprendeu, para o bem e para o mal. Mas não é assim que as coisas são vistas em nossa cultura. Para nós, "coerente" e "racional" é o conservador, o homem que nunca muda e se repete pela existência afora.

Tudo isso mostra que o modo de funcionamento de um sistema num dado momento não é o único meio de conhecê-lo bem. É também importante saber quais foram as mudanças estruturais que ele sofreu ao longo do tempo. Essa observação é válida para indivíduos, grupos (o grupo familiar, por exemplo), organizações e instituições.

Nenhuma mudança estrutural num sistema ocorre sem que haja, ao mesmo tempo, modificações em seu ambiente. O fato de essas transformações serem muitas vezes microscópicas, capilares, não significa que elas não sejam importantes. As alterações de estrutura resultam sempre das interações entre os sistemas, fenômeno que, como vimos, Maturana chama de acoplamento estrutural. Relembremos o seu conhecido exemplo: o pé se ajusta ao sapato e vice-versa. São mudanças congruentes e solidárias.

Daí a importância de reconhecermos a legitimidade humana do outro. Temos muita dificuldade de entender, além da mera retórica, o que vem a ser solidariedade. Ela depende da compreensão de que os sistemas vivos são mutantes por natureza e se alteram em termos de circularidade produtiva e não de mera reiteração. São ao mesmo tempo únicos (organizados) e múltiplos (mutantes). É muito difícil entender essa complementaridade de opostos antagônicos por meio do pensamento linear.

A BUSCA DA "VERDADE"

Já sabemos que para a lógica do patriarcado a verdade é um domínio fixo, um ponto que está fora do homem que a procura. Uma vez alcançada, ela deve ser apropriada e incorporada a um "patrimônio". Torna-se então uma propriedade, e quem a possui está em vantagem em relação a quem não a tem. Desse ponto de vista, o observador é separado do que observa. Essa é a premissa indispensável ao conceito de verdade adotado pela nossa cultura.

Por ser humano, o observador pode enganar-se, mas a verdade não: ela não pode estar sujeita à falibilidade de quem a busca. Por isso é preciso que seja externa, fixa e distante dos que a procuram. Vista por esse ângulo, não pode ser uma dimensão humana, é necessariamente um ente. Para o pensamento lógico-linear, só é verdadeiro o que é "objetivo". A possibilidade de o observador se identificar com aquilo que observa está fora de cogitações.

Um observador que fosse verdadeiro (isto é, que encontrasse a sua verdade e se identificasse com ela), seria inadmissível do ponto de vista dessa lógica, porque para ela não existem verdades individuais (relativas) e sim uma verdade externa, absoluta, válida para todos. Para esse modelo mental, o que existe são duas situações bem pouco racionais: o homem padronizado (igual a todos os outros) e a verdade universal. Para preservá-las, é preciso manter a todo custo a ilusão da separação entre sujeito e objeto, ou seja, é preciso conservar o engano de que o mundo pode ser observado de modo objetivo.

Aceitar que cada pessoa tem uma visão de mundo diferente (o que equivale a dizer que a verdade é relativa), corresponde a contestar as principais bases do que chamamos de argumentação lógica – a que insistimos em usar para lidar com as questões mais íntimas das pessoas, em função de uma verdade ideal, que lhes é estranha.

Mantido esse modelo, quem alcança a verdade e dela se apropria passa a "ter razão". "Ter razão" e "estar certo" são consideradas as únicas posições válidas em relação a "não ter razão" e "estar errado". Razão e não-razão são polaridades fixas e não pode haver acordo entre elas. A é igual A e a nada mais. A razão é associada ao bem e à inteligência. A não-razão é ligada ao mal e à estupidez.

O modelo mental linear tem como certo que a verdade jamais mudará de lugar e de essência: será sempre algo externo ao ser humano e estará sempre à espera de quem se disponha a vir alcançá-la. Nessa ordem de idéias, se a verdade não muda, os que dela se aproximam também não precisam fazê-lo, ou se o fizerem será apenas para ajustar-se a seus ditames. Em conseqüência, se e quando ocorrer o encontro, este será a reunião de entidades estáticas, imutáveis – o que em termos de sistemas vivos é um absurdo. Mas é assim que tem sido, ao longo dos séculos: a verdade não muda e seus buscadores, como pessoas "coerentes" que supostamente são, também não. E o ciclo se repete, *ad infinitum*.

Como resultado, a verdade continuará a ser um referencial de ficção, que pouco ou nada tem a ver com as nossas vidas reais. Mesmo assim é considerada irrecorrível: estamos com ela ou sem ela, é pegar ou largar. Se é a mesma para todo mundo, todos devem ser os mesmos para ela, pouco importando que isso tenda a eliminar a diversidade, que é a própria essência de nossa condição de seres vivos.

Por ser inquestionável, a verdade exclui os que a contestam. Descarta, pois, os que não aceitam o modelo mental linear como a única forma de ver e entender o mundo. É nos moldes desse padrão que vivemos e educamos os nossos filhos. É por meio dele que construímos as nossas ideologias e nos declaramos dispostos a guerrear por elas – mas o melhor mesmo é mandar outros (de preferência os jovens) morrer em nosso lugar.

Olhar e participar

Examinemos agora outro ponto de vista. Quando se diz que o observador não está separado da coisa observada, o que se quer expressar é que ele é parte integrante do que observa, faz corpo com aquilo que experiencia. Participar não significa perder a individualidade. Um sistema pode ser individualizado, mas não recortado da totalidade de que faz parte. Quando dois ou mais sistemas interagem, isso quer dizer que um faz parte do meio ambiente do outro, isto é, que um modifica e é modificado pelo outro. Observador e observado são interativos e inseparáveis, o que significa que a relação entre eles é transacional.

Para que a diferença possa surgir em meio à rotina, é fundamental o reconhecimento dessa transacionalidade. Sem essa noção, não se pode questionar o conceito de verdade atualmente predominante. Eis a proposta de Krishnamurti: observe o seu pensamento. Observe-o sem julgar, sem concordar nem discordar, sem tentar interpretar, e verá que ele aparece em sua mente como algo que é mostrado, que é apresentado. É a partir da inter-relação entre o mundo e a mente que esta o constrói.

Se você achar que como observador está separado do que observa, ou que como pensador está separado do que pensa, suas percepções parecerão vir de fora já prontas. Em conseqüência, as palavras com as quais você as descreverá lhe parecerão incontestáveis. É como se fossem a própria expressão da verdade.

Se o observador é visto como separado do observado, o que ele observa parece vir do nada, é algo que não precisa de explicação. David Bohm sustenta que se duas coisas interagem por meio de uma energia, não podem ser divididas. O Universo é indivisível, o que significa que a coisa observada e o observador não podem ser separados. Quando as observamos, as coisas se modificam e nós também, de maneira que se prestarmos atenção ao fluxo do nosso pensamento ele se transforma.

Nossas percepções são com freqüência ilusórias, mas temos dificuldades de vê-las como tal porque nossa pretensa separação do que observamos faz com que nos dispensemos do trabalho de questioná-las. Preferimos considerá-las invariavelmente verdadeiras, porque estamos convencidos de que elas são a verdade do mundo reveladas pela nossa observação – e aprendemos que não se deve questionar as revelações.

Porém, quando chegamos à compreensão de que observador e observado não são separados as coisas mudam. Tal acontece porque torna-se claro que aquilo que o observador observa fora dele está de fato lá, e surge também em sua estrutura interna, como fenômeno percebido. O que aparece nessa estrutura não é uma representação do percebido e sim uma construção. Além disso, como existe a possibilidade de o observador estar enganado, suas percepções podem ser relativizadas, postas em dúvida. E mais: como agora há base para questioná-las, elas perdem o *status* de revelação.

A cibernética de segunda ordem é o ramo dos estudos cibernéticos que se centra na relação entre os sistemas-observadores e os sistemas observados. Krishnamurti foi um dos pioneiros nessas investigações, embora jamais tivesse utilizado esses termos. Para ele, se o observador não se considera separado daquilo que observa, deixa de existir um centro a partir do qual se faz a observação. Sustenta ainda que por acharmos que o ego é o centro da vida mental, imaginamos que estamos de fora do que observamos. Ao pretender manter-se separado daquilo que observa, o ego fica limitado a observar o passado.

Quando dizemos "eu era", podemos separar o passado a partir do presente. Mas quando falamos "eu sou", é impossível ficar de fora. Podemos separar o presente do passado e do futuro, e também estabelecer a divisão entre passado e futuro, mas é impossível separar o presente dele próprio. O presente é unificado, global, não pode ser dividido pelo pensamento.

O ego não sabe conviver com o aqui-e-agora, isto é, não sabe lidar com a totalidade e por isso tenta dividi-la. É também por essa razão que ele se apega tanto à tradição, que por sua vez o condiciona e o torna praticamente incapaz de reconhecer o que é novo. A observação sem julgamentos e sem divisões não necessariamente anula o ego, como muitos pensam: apenas o insere numa totalidade, na qual ele se sente estranho e desconfortável. Eis por que há tanta resistência às iniciativas que visam questionar e complementar o raciocínio linear.

MUDANÇA DE SISTEMA DE PENSAMENTO

Quando se fala em mudança há, de um lado, os que acreditam em mudança por evolução. Nesse registro estão incluídos muitos psicoterapeutas. De outra parte, há quem acredite que os *insights* podem provocar transformações súbitas. Nessa ordem de idéias, trabalha-se com métodos cuja finalidade é quebrar a continuidade do pensamento linear, para com isso provocar o maior número possível de *insights*. Trazer a mente para o aqui-e-agora, como se faz em algumas terapias, é outra abordagem. Tudo se centra, enfim, em diminuir a influência do ego no processo.

As tentativas de interpelar o ego ou diminuir seu poder equivalem, de um modo geral, ao questionamento do raciocínio linear.

Quando posto à prova, o ego adota o habitual modelo reativo-competitivo. Essa reação quase sempre se traduz pelo encastelamento, seguido de tentativas de encontrar pontos fracos no discurso questionador, com a finalidade de responder ao que interpreta como um ataque. Um exemplo é a reação de certos eruditos, que quando questionados agarram-se às suas teorias. O encastelamento segue o tradicional padrão excludente, no qual predomina a atitude de negar-se a negociar, ou sequer a conversar, a não ser em seus próprios termos.

É o que acontece, por exemplo, no confronto do racionalismo-mecanicismo com o misticismo-espiritualismo. A razão instrumental argumenta em termos de causa e efeito. Por sua vez, certas áreas do misticismo-espiritualismo sustentam que tudo está diluído no "cósmico", numa suposta "grande consciência universal". Muitos já pensaram assim ao menos por algum tempo, e outros tantos continuarão a fazê-lo. A adesão incondicional a qualquer das duas tendências é fácil. Ambas têm os seus encantos, mas também trazem consigo o problema inerente a todas as unidimensionalidades: não se equilibram sozinhas e por isso precisam derrubar algo e utilizá-lo como alicerce.

Pais e filhos

Seja como for, é indispensável pensar de modo diferente. É necessário pensar de uma forma nova, inocente. Pensar com a cabeça de uma criança, por exemplo. É preciso adotar uma atitude mental como essa – mas não como um ideal romântico perdido ao qual devamos regressar, e sim como um quadro de referência útil para o aprofundamento da compreensão da condição humana.

Não nos esqueçamos, porém, de que a visão poética e natural da infância está praticamente excluída da cultura do patriarcado, porque representa um "outro" ameaçador e perigoso. O poeta William Wordsworth (1770-1850) já lamentava esse afastamento:

> The Child is the father of the Man;
> and I could wish my days to be
> bound to each by natural piety.[13]

[A Criança é o pai do Homem;
e eu gostaria que os meus dias
se ligassem uns aos outros pela devoção natural.]

Esse é o ideal da cultura matrística. Já para a cultura patriarcal o homem é que é o pai da criança. Por estar com a mente cristalizada, praticamente incapacitada para descobrir o novo, ele quer impor o antigo a seus filhos. A criança quer brincar e dançar, mas o Grande Pai quer que ela seja séria, "prática", marcial, e que marche sempre em linha reta.

A grande competição, pois, é a que se trava contra a inocência. O adulto quer ser o pai da criança, quer que ela perpetue os seus valores. Trata-se de uma posição compreensível. Ocorre, porém, que em muitos casos – e sem que os pais tenham consciência – ela pode levar à repressão e à negação. Nas palavras do psiquiatra Ronald Laing, vivemos num mundo secular, e para adaptar-se a ele a criança precisa abdicar de seu êxtase. Ao ter que abrir mão do deslumbramento, da capacidade de admirar-se, ela perde o seu talento natural para ver o cotidiano de um modo novo, fica privada da oportunidade de continuar inocente. Perde, enfim, justo aquilo que mais precisaria manter para mostrar aos adultos. E estes, sem ter quem lhes ensine como quebrar a linearidade de seu sistema de pensamento, não se dão conta de como é limitada e obscurantista a sua visão de mundo.

Eis o universo do conservadorismo. Pela ótica do raciocínio cartesiano a criança pode crescer e se tornar adulta, mas o caminho inverso – mesmo que eventual – está excluído. Como na república platônica, só as "boas fábulas" podem ser transmitidas à mente infantil. Estamos apegados a esse ânimo censório, e tendemos a descartar tudo aquilo que a razão iluminista não explica, como se ela fosse a única visão de mundo possível.

O trabalho do raciocínio linear é comparável ao de um maestro que rege uma orquestra que toca mas não interpreta. Não há emoção em sua música, porque os instrumentistas só estão preocupados em tocar certo, o que é diferente de tocar certo e com alma. No fim porém tudo se ajusta, porque esse tipo de música não é arte e sim fundo, o que aliás é o máximo que se pode esperar de um maestro que finge reger quando apenas comanda.

Essa espécie de comando, conforme mostra a história, sempre quis "fabricar" o homem ideal. Pelo próprio fato de ser dirigista, ele tem como ponto de partida um engano: o de imaginar que o homem ideal não é aquele que pensa por si mesmo, e escolhe como quer ser, e sim um indivíduo caudatário, dirigido por um pensamento que lhe é anterior.

Exemplos não faltam. Um deles é o já lembrado *Homo sovieticus*, um ser humano pretensamente diferente, com necessidades e anseios diferentes, superior e incorruptível. No corpo desse homem se inscreveram as prescrições da metanarrativa marxista, tal como deturpada pela prática de sucessivas ditaduras. Esse indivíduo – que evidentemente nada tem a ver com o povo russo – seria "definitivo", "imutável", e certamente inspirado no igualmente equivocado "homem novo" da Revolução Francesa.

Os resultados práticos são bem conhecidos. Outro exemplo é o *Homo pragmaticus* – o nosso tecnocrata. Como o *sovieticus*, é fruto do pensamento linear e conseqüentemente movido a palavras de ordem e comandos propagandísticos. Por isso, está sempre falando em "vantagens competitivas" e coisas semelhantes – sempre bitolado, sempre obediente à superficialidade dos chavões.

PERCEPÇÃO: AS REALIDADES DO MUNDO

O escritor Robert Pirsig diz que quando nos levamos demasiadamente a sério nossa capacidade de reconhecer os fatos enfraquece. Para o ego, é muito difícil admitir que não vê tudo e não sabe tudo. Quanto maior a dimensão egóica, menor a capacidade de entendimento da realidade, e maior a vulnerabilidade à moldagem do pensamento. O ego inflado é um estorvo ao entendimento da idéia de qualidade, porque quer sempre julgá-la a partir de seus parâmetros, que são superficiais. Precisa do julgado porque não é capaz de experienciar sem preconceitos o que é dado. Tudo o que visa é a apropriação, o controle e a quantificação. Necessita do julgamento porque vive no passado. Só pode "funcionar" em termos de premissas.

No fundo, objetivo é aquilo que alguém diz que é objetivo. É algo que em última análise vem da visão de mundo desse alguém, ou então do consenso resultante da visão de várias pessoas, que é o resultado do diálogo entre subjetividades. Tudo isso, por sua vez, é condensado numa série de sínteses conceituais. Ao percorrer esse labirinto, o subjetivo acaba se "transformando" em "objetivo", e como tal é apresentado e aceito.

A diversidade de pontos de vista individuais é o equivalente da biodiversidade dos ecossistemas, e está presente nas relações entre as pessoas, que fazem surgir os consensos resultantes de diversos modos de pensar. Sabemos que no nosso cotidiano o que se põe em prática com o nome de ações racionais são atos nascidos dos nossos desejos, isto é, das nossas emoções. A linguagem "racional" com que descrevemos essas ações vem *a posteriori*. Não somos capazes de expressar as emoções no momento em que elas surgem. A linguagem verbal como expressão de percepções refere-se sempre ao passado, porque não tem a atualidade nem a força necessárias para exprimir de modo adequado os sentimentos e as emoções, no momento em que se manifestam.

Todos nós temos problemas de percepção, na medida em que não estamos suficientemente despertos para exercê-la em sua plenitude. Para tanto, seria preciso desenvolver uma atenção profunda e global, que não faz parte do cotidiano da maioria das pessoas. Há muito que se vem observando que a chamada consciência vigil – o estado desperto, que em geral identificamos com o ego – não nos permite perceber de modo adequado a realidade.

Vivemos como se estivéssemos imersos numa semiconsciência, como se estivéssemos semi-adormecidos. Os conferencistas costumam ter uma noção intuitiva desse fenômeno. Em seminários e apresentações similares, é comum que o apresentador, em tom de brincadeira (mas no fundo sabendo que está lidando com algo sério), dizer que tudo fará para que os assistentes não durmam durante a sua fala. Eis por que muitos desses eventos acabam não passando de simples *performances*, espetáculos onde o que menos importa é o conteúdo. É a esse estado que chamo de falsa vigília.

Ele vem da deficiência da atenção profunda e torna as pessoas presas fáceis da manipulação.

O universo da atenção

Na prática, pode-se dizer que atenção profunda é o mesmo que auto-atenção. Significa que estamos atentos não apenas às ações e funções mecânicas do corpo, mas também aos nossos sentimentos e emoções. Sem desenvolver essa capacidade, teremos dificuldade de aprender seja o que for. Falta de atenção a si próprio é também sinal de queda de auto-estima. A atenção à nossa própria dinâmica corpo-mente é uma atitude fundamental, que proporciona maior sensibilidade, aumento da capacidade de aprender e diminuição de resistência à mudança.

Se o momento presente é um processo, um vir-a-ser, se está sempre mudando, estar vivo é prestar atenção a essas transformações e seguir mudando junto. Essa é a chave da aprendizagem. Se o que acontece fora de nós é percebido segundo nossa estrutura interna, a auto-atenção é igual à atenção ao mundo – e nesse sentido nós somos o mundo. A essa conclusão chegaram, em algum momento de suas obras, pensadores de orientação tão diversa como Jean-Paul Sartre, Krishnamurti e Wittgenstein.

Se nossa atenção parece voltada apenas ao que ocorre fora de nós, ficaremos divididos, e dessa maneira o que aprendermos será também fracionado. Com uma aprendizagem fragmentada não se pode aprender nada sobre a totalidade. Se nossa atenção for global, porém, aprenderemos que as coisas acontecem de modo simultâneo, e não em seqüência linear.

É claro que quando falo de auto-atenção não estou me referindo a egocentrismo. A auto-atenção só será egocêntrica se nos considerarmos separados do que observamos. Façamos uma pergunta: estar atento a nós mesmos resulta em benefício apenas pessoal, ou beneficia também os outros? As resposta serão reveladoras. Se chegarmos à conclusão de que os benefícios da auto-atenção são apenas individuais, isso significa que estamos divididos, e portanto incapazes de participar por inteiro do que estamos vivendo. Se concluirmos que eles são extensivos aos outros, quer dizer que estamos de fato atentos.

O pensamento linear muitas vezes transforma a reflexão em uma experiência árida, complicada, que em geral não nos proporciona a tranqüilidade que buscamos. É uma ação em cujos resultados no fundo não confiamos, porque a experiência nos ensinou que eles são invariavelmente os mesmos: quase sempre bons para a vida mecânica, e quase nunca satisfatórios em relação aos problemas humanos intangíveis. Daí por que muitas vezes delegamos a outros a tarefa de pensar – sempre poderemos culpá-los, quando as coisas não dão certo.

Percepção e linguagem
O escritor Aldous Huxley classifica de genial o aparecimento e a evolução da linguagem humana, mas admira-se ao dar-se conta de que, ao mesmo tempo em que nos dá acesso ao mundo dos conceitos, ela nos torna vítimas da propaganda e das ideologias. Observa ainda que não sabemos utilizar as palavras de modo adequado, e por isso acabamos nos tornando meros repetidores de chavões.

Passamos grande parte de nossas vidas negando a experiência. Para fazê-lo utilizamos o discurso intelectual e, não satisfeitos, nós o reduzimos a um amontoado de clichês. Ainda assim, como diz Huxley, não podemos dispensar as palavras, porque são elas que nos tornam humanos. São elas que nos permitem formar redes de conversação. Mas há algumas limitações. Segundo observa Huxley, se é por meio da linguagem que damos uma ordenação simbólica ao mundo, é também por meio dela que nos auto-enganamos e ludibriamos os nossos semelhantes.

A exatidão que tanto buscamos nos levou a acreditar que as palavras podem ocupar o lugar dos fenômenos. Essa é uma forma de nos defendermos daquilo que mais nos atemoriza: o novo. Bateson frisa que entre uma percepção e a comunicação que dela fazemos existe uma transformação importante. Entre o que se conta e a realidade contada há uma codificação, que só é possível depois do estabelecimento de uma teia de metalinguagem, da qual surgem as palavras a serem aplicadas às coisas e aos eventos. É por isso que, em certos casos, as palavras tendem a nos passar um sentimento ilusório de compreensão completa dos fatos.

Nossa linguagem verbal consta de imagens criadas a partir de experiências prévias, que por sua vez foram discutidas por meio de palavras criadas antes delas. Estamos inevitavelmente enredados na dinâmica dessa linearidade. É por essa razão que estamos sempre em busca de outras linguagens, que não podem ser adequadamente desenvolvidas, nem postas em prática apenas por meio do pensamento linear.

A repressão aos sentimentos, mais o hábito de privilegiar o que julgamos estar fora de nós, leva-nos a achar que aquilo que sentimos, e as emoções que não podem ser expressas por palavras não existem, ou são de importância secundária. Essa circunstância faz com que fiquemos distantes de muitas das nossas experiências. Eis a vida pautada apenas pelo discurso verbal, que nos dita quais são as experiências de que podemos tomar conhecimento e descarta todas as outras.

Quando imaginamos poder explicar tudo apenas com palavras, presumimos que as coisas e eventos podem ser adequadamente expressos por meio de frases, em que o sujeito determina o objeto. Ao fazer de conta de que as percepções que não conseguimos descrever não existem, muitas mudanças passam como se não houvessem ocorrido – o que de resto, em muitos casos, vem exatamente ao encontro do que desejamos. Aliás, essa é a função da palavra como meio de expressão da verdade apropriada pelo pensamento linear da cultura do patriarcado.

O componente alucinatório e as distorções cognitivas

Por sua própria natureza, a verdade institucionalizada precisa ser relatada nos termos da formatação mental de quem a conta e de quem a ouve. Isso significa que necessita satisfazer aos pressupostos do chamado senso comum, que por sua vez alimenta o realismo ingênuo e é por ele alimentado. Mas essa verdade não constitui o resultado da apreciação dos fenômenos, tal como eles se apresentam à nossa experiência imediata. Não se refere a fatos, e sim a juízos de valor.

Tal circunstância leva a mais algumas considerações sobre a confiança. Como a desconfiança entre as pessoas é a regra em nossa cultura, a lógica linear surge como uma tentativa de "matematizar" as percepções e as descrições que delas se fazem. O bom senso, porém, indica que a confiança entre as pessoas é mais eficaz como confirmação da autenticidade de suas interações do que a pretensa objetividade da lógica linear. Mas isso só poderia ser efetivamente posto em prática se nossa percepção do outro fosse menos pautada pela "objetividade", isto é, se reconhecêssemos mutuamente a nossa legitimidade humana.

Se e quando o pensamento linear for complementado pelo sistêmico, a situação poderá ser diferente. O que não quer dizer, é claro, que a desconfiança entre os homens vá desaparecer. Significa apenas que ela pode diminuir, o que por sua vez pode nos levar a uma alteridade menos paranóica do que a atual. Até que tal aconteça, porém, o raciocínio linear continuará a ser usado como um substituto da confiança.

Eis por que Morin recomenda que é importante que questionemos sempre as nossas percepções, não apenas quando o que percebemos nos parece absurdo, mas também quando o achamos lógico. Acrescento que é aconselhável que essa precaução aumente, sempre que estiver envolvida a apreciação de problemas humanos não-mecânicos por meio da lógica linear. Esse modelo mental, como já sabemos, procura sempre aumentar sua "objetividade" suprimindo o mais possível as variáveis, isto é, tentando ignorar a diversidade – o que, no caso dos fenômenos humanos não-mecânicos, leva ao empobrecimento da percepção.

É o que acontece nas distorções cognitivas. Antes de falar delas, lembremos que se percebemos o mundo segundo nossa estrutura, num primeiro momento não é possível determinar se uma dada percepção é real ou corresponde a uma alucinação. Para Morin, nossas percepções contêm sempre um componente alucinatório, cuja intensidade varia de acordo com uma série de fatores. Se é correto que percebemos o mundo segundo nossa estrutura, as emoções são o resultado do modo como vemos as coisas, ou seja, nossa estrutura é que determina essas emoções. Isto é, nos casos em que a percepção estiver distorcida, as emoções também estarão.

Uma boa exposição das principais distorções cognitivas é a do psiquiatra David Burns, e é nela que basearei as considerações seguintes, como sempre acrescidas de minhas próprias idéias. Convém lembrar que essas distorções surgem de maneira muito clara em pessoas deprimidas, mas manifestam-se em todos nós, em graus variáveis e a depender das circunstâncias.

Ao estudar as distorções cognitivas, tive a atenção despertada para um fato importante e não registrado por Burns: todas elas estão estreitamente ligadas à unidimensionalização da nossa mente pelo modelo mental linear. Sustento que esse condicionamento nos tornou especialmente susceptíveis a essas distorções, susceptibilidade essa que varia na razão direta do quanto nos deixamos determinar por ele.

Passemos agora a defini-las e comentá-las.

- *Pensamento tudo ou nada* – Nesse caso, tendemos a ver as coisas em termos de "oito ou oitenta". Essa distorção está relacionada ao perfeccionismo e ao narcisismo, e dessa maneira nos leva a viver sempre com medo de errar ou falhar. Na prática, ela representa uma negação total do meio-termo, uma exacerbação da linearidade ou/ou, que às vezes chega ao caricatural. Tendemos a achar que somos completamente felizes ou absolutamente infelizes; que temos toda a sorte do mundo ou todo o azar do Universo; que somos ou anjos ou demônios etc.
- *Supergeneralização* – Nesse tipo de distorção, concluímos que se algo de mau nos acontecer continuará acontecendo sempre, não importa o que façamos para reverter a tendência. Nenhuma de nossas doenças tem cura; nossas imperfeições nos levarão a ser cada vez mais imperfeitos; o fato de não entendermos algo no início resultará em uma incompreensão cada vez maior; e assim por diante.
- *Filtro mental* – Entre os vários detalhes que compõem uma determinada circunstância, escolhemos sempre o que nos parecer mais negativo, e a partir daí nos agarraremos exclusivamente a ele, como se a situação inteira pudesse ser definida a partir desse ângulo. É evidente que isso faz com que a situação adquira de imediato um caráter sombrio. Nessa linha, o mal que eventualmente nos faz uma

pessoa é a "prova" de que a humanidade inteira é má. Filtramos o que há de positivo e nos concentramos no que há de pior.
- *Desqualificação do positivo* – Trata-se de querer transformar qualquer experiência positiva, ou mesmo neutra, em algo negativo. Burns diz que essa é uma das distorções mais devastadoras em casos de depressão, e a chama de "alquimia às avessas". Ao contrário dos antigos alquimistas, que pretendiam transmutar certos metais em ouro, ela nos faz querer transformá-los em chumbo. Chamo atenção para o fato de que, a exemplo do que se observa nas distorções anteriores – e como se observará nas que se seguirão –, nesse caso o mecanismo de fundo é representado pela polarização, pela linearidade e pela excludência: o nosso já conhecido ou/ou.
- *Saltar às conclusões* – Pulamos de imediato para uma determinada conclusão e nos apegamos a ela de modo incondicional. Aqui há duas manifestações principais. A primeira consiste em "ler a mente" das pessoas, tirando conclusões sobre o que imaginamos que elas estão pensando, sem nos darmos ao trabalho de verificar se nossas suposições estão corretas. A segunda consiste em "prever" que tudo de mau nos acontecerá no futuro. Mais uma vez, alerto para a presença da excludência e da linearidade, nessa e em todas as outras distorções cognitivas.
- *Exagero e diminuição* – Essa distorção consiste em olharmos para nossos erros, medos ou pontos fracos com uma lente de aumento, e fazer o contrário com nossos acertos, seguranças e pontos fortes. A base é a mesma: divisão, polarização e linearidade.
- *Argumentação emocional* – Ocorre quando usamos nossas emoções como "provas irrefutáveis" da verdade: se me sinto um perfeito idiota é porque na verdade o sou. Estamos convencidos de que nossos sentimentos são a tradução fiel da realidade: "Se me sinto infeliz é porque o sou. Logo, de nada adianta buscar a felicidade". Aqui surge a causalidade simples: as causas sempre vistas como imediatamente anteriores aos efeitos.
- *"Deverias"* – Trata-se da autocobrança constante: devo fazer isso, não devo fazer aquilo. Essa distorção cria angústia e autodesprezo.

Como sempre, a linearidade está presente e não admite meio-termo: deveria/não deveria, poderia/não poderia e assim por diante.
- *Rotulagem e má rotulagem* – Criamos uma auto-imagem negativa com base em nossos próprios erros e falhas. Estamos sempre nos rotulando com qualificativos de negação: "Sou um perdedor", "sou um fracassado", "sou um trapalhão". Como todas as demais, essa distorção é uma tendência fragmentadora e paralisante, que nos leva a ignorar o fato de que somos processos e não coisas. A má rotulagem consiste em "carregar nas tintas" de modo emocional e inadequado ao descrever os eventos: "Sou um irresponsável por estar gastando tanto dinheiro comprando um par de meias".
- *Personalização* – Assumimos sempre a responsabilidade ou a culpa por qualquer coisa de má que aconteça, mesmo sem nenhum fundamento para isso: "Se há algo de errado é culpa minha; se eu mandar lavar o meu carro, choverá; mas se eu mandar lavá-lo para fazer chover, não choverá". Como é fácil deduzir, a personalização é ao mesmo tempo uma manifestação de onipotência e uma produtora de sentimento de culpa.

Convém não esquecer que essas distorções não são mutuamente excludentes. De um modo geral, somos atingidos por uma combinação de todas elas, uma ou outra surgindo com maior destaque a depender das circunstâncias.

Tudo isso visto, é da maior importância ressaltar mais uma vez que o pensamento linear está na base de todas as distorções cognitivas. Seria simplista argumentar aqui em termos de causa e efeito, mas convém refletir sobre três pontos: a) o modelo mental linear é o dominante na cultura do patriarcado; b) o principal ânimo dessa cultura é o competitivo, sabidamente produtor de estresse, ansiedade e depressão; c) logo, é muito provável que, nessa mesma cultura, a incidência de quadros clínicos depressivos seja bem maior nas mulheres do que nos homens. É o que realmente acontece, como todos sabem – o que aponta para uma possível e potencialmente reveladora linha de pesquisa.

OS SISTEMAS DE TRANSFORMAÇÃO

As evidências de que o modelo mental que hoje vivemos é hegemônico por motivos culturais e não biológicos, abrem novos horizontes sobre as possibilidades de modificá-lo. Essas possibilidades aumentam, quando nos damos conta de que o modelo linear assumiu o controle porque o pensamento sistêmico deixou de ser útil sob a cultura patriarcal. Por essa razão, tornou-se secundário. Além disso, como observa Maturana, a cultura matrística não foi totalmente extinta: numa certa medida, ela ainda permeia a convivência das mulheres e as relações entre mães e filhos.

Se o pensamento sistêmico se tornou secundário porque não servia aos desígnios do patriarcado, uma mudança cultural poderá fazer com que ele volte a ser importante. Isso não implica, de modo algum, que essa alteração seja fácil de pôr em prática. Também não quer dizer que ela nos levará ao melhor dos mundos, mas apenas, como diz Morin, que pode nos conduzir a um mundo melhor. Ou, menos otimisticamente, a um mundo menos pior. Em todo caso, já terá sido um bom negócio.

Para que seja possível buscar essa transformação, é preciso responder a duas perguntas: a) até que ponto o ser humano tem capacidade para realizar ao menos parte de suas potencialidades? b) em que medida estamos equipados para perceber que essa realização pode ser substancialmente facilitada pela introdução do pensamento complexo?

É preciso que aprendamos a ver o mundo de outra maneira, o que inclui aprender a lidar com o imaginário. Para isso, são indispensáveis uma atenção e uma profundidade que o pensamento linear não nos pode proporcionar. O principal objetivo é chegar a uma nova forma de tratar os nossos semelhantes, e para tanto são fundamentais o autoconhecimento, a auto-aceitação e a autocrítica permanente.

À procura dos fenômenos

De um modo geral, pode-se dizer que há três grandes linhas de busca do autoconhecimento. A primeira consiste em utilizar a razão abstrata (o raciocínio que chamamos de lógico), para elaborar os produtos da introspecção. Trata-se de um método que, como vimos, vem sofrendo grandes questionamentos, desde que Freud mostrou que existe uma dimensão inconsciente em nossa psique.

A psicanálise, seguida de todas as terapias dela derivadas e por ela inspiradas, inaugurou uma segunda linha de busca. Essas abordagens se dirigem ao inconsciente, no qual estão as dimensões simbólicas e mitológicas da psique humana, expressas por meio dos sonhos e outros fenômenos. A abordagem psicanalítica atravessou todo este século e continua atuante, apesar de muito questionada nos dias atuais. Não cabe aqui analisar a propriedade ou não desses questionamentos. Mas o fato de existir hoje uma grande diversidade de métodos de psicoterapia não-analíticos é significativo.

Francisco Varela fala de uma terceira linha de autoconhecimento, a cujo conjunto dá o nome de tradições de ensino. Ela pressupõe a utilização de uma pragmática não-ocidental e se volta fundamentalmente para as práticas meditativas. De um modo geral, pode-se dizer que essas abordagens se propõem a: a) questionar o papel do ego como pretenso centro da vida psíquica; b) dissolver a dualidade (promover a transacionalidade sujeito-objeto); c) centrar a cognição na pessoa que a experiencia. Em sua base, está o pressuposto de que a consciência é encarnada (inseparável do corpo), e está atenta à experiência cotidiana.

As práticas meditativas se centram no sujeito, sem separá-lo do objeto. Daí o esforço de desviar de sua mente tudo o que possa distrai-lo de sua experiência. Trata-se de algo semelhante ao que o filósofo Edmund Husserl chamou de "voltar às coisas mesmas", e implica procurar percebê-las tal como elas se apresentam à nossa experiência imediata. É importante notar que se a meditação é uma experiência fenomenológica, a fenomenologia de Husserl não pode ser considerada um processo meditativo, porque é uma reflexão racional e abstrata, que se propõe a lidar com uma única instância da mente, e não com o ser humano total.

A fenomenologia husserliana começa com a noção de intencionalidade. Esse conceito foi introduzido por Franz Brentano (que foi professor de filosofia de Husserl e também de Freud), e propõe que os estados mentais se referem necessariamente a algo, a um conteúdo: consciência é sempre consciência de alguma coisa, como dizia Sartre. Não se deve confundir a intencionalidade de Brentano com a idéia de intencionalidade que utilizamos no cotidiano, que significa "ter um propósito", "ter a intenção de".

Husserl propôs um método para examinar a intencionalidade, isto é, a experiência em si, o conteúdo da consciência. Para investigar a estrutura dessa experiência (ou seja, o conteúdo intencional da mente), seria necessário pôr o mundo "entre parênteses", deixando de lado juízos, valores, enfim, tudo de empírico que pudesse estorvar essa investigação.

A essa postura ele chamou de *epoché* ou redução fenomenológica. Ao propô-la, o filósofo imaginou ter descoberto um novo âmbito, um reino ideal anterior à experiência do mundo. Seria algo transcendente em relação ao corpo, separado dele. Como se vê, trata-se de uma abordagem cartesiana, como assinalou o próprio Husserl. Seu propósito – observa Varela – era afastar-se do realismo ingênuo.

A redução husserliana não se mostrou capaz de produzir efeitos práticos, porque é uma proposta filosófica puramente abstrata. As tentativas posteriores do filósofo para superar esse impasse não foram bem sucedidas. Mesmo assim, a idéia de examinar a estrutura da experiência pondo o mundo à parte continua válida, desde que não implique a divisão corpo-mente, e permita a realização de práticas baseadas nas seguintes premissas:

a) os seres vivos são individualizáveis, mas não separáveis do mundo em que vivem;

b) nossa percepção é a de seres totais, encarnados. Logo, não pode ser puramente abstrata;

c) na qualidade de seres vivos, estamos em constante relação com o ambiente, e essa relação implica uma troca contínua de experiências;

d) logo, o autoconhecimento é também um conhecimento do mundo.

Esta última observação, aliás, constitui um dos princípios orientadores das filosofias indianas. Na Índia, a filosofia jamais foi vista como algo apenas abstrato: dela sempre derivam práticas que possibilitem o autoconhecimento, como as meditativas.

A REFLEXÃO INCLUSIVA

As últimas considerações do bloco anterior nos levam de volta à reflexão como meio de autoconhecimento. Se considerarmos a sua aplicação em termos coletivos, de educação formal, veremos que ela pode ser utilizada de um modo mais amplo – embora, é claro, não seja nada fácil lidar com a grande resistência que as pessoas opõem ao ato de pensar.

Ao longo deste livro, tenho repetidamente observado que a manutenção da separação sujeito-objeto implica o estabelecimento de fronteiras além das quais não nos incluímos. Um exemplo é a reflexão puramente teórica, processo no qual o sujeito fica permanentemente separado de seu objeto e o questiona sem deixar-se questionar.

Para evitar essa fragmentação, a reflexão não pode deixar de se autoquestionar, o que implica incluir em seu âmbito o indivíduo que a põe em prática. Isto é, quem reflete precisa levar em conta que a sua mente participa da experiência e do contexto em que ela ocorre. Mais do que isso, é uma mente encarnada: faz parte da carne do corpo e também – para usar a expressão do filósofo Maurice Merleau-Ponty – da carne do mundo.

Para que essa disposição funcione a contento, é preciso que o indivíduo esteja cônscio de que, na qualidade de ser vivo, as reflexões que faz são inicialmente suas, são pessoais. Dessa forma, a reflexão não é um conhecimento ao qual ele teve acesso porque é privilegiado pela objetividade. Em conseqüência, os resultados a que chegar precisarão ser testados por meio do diálogo, ou seja, terão de ser validados pelo consenso. Para que este seja ético, é necessário que as pessoas se respeitem mutuamente. A reflexão inclusiva abre espaços de solidariedade e convivência, âmbitos que a reflexão puramente teórica tende a fechar.

O método que proponho apoia-se na atitude fenomenológica e não pretende ser inédito. Trata-se apenas de uma sugestão que reflete o pensamento dos principais autores que venho estudando ao longo deste livro, e inclui alguns pontos de vista pessoais. A consciência que ele pretende examinar está encarnada, e o mundo é posto entre parênteses, mas não com o objetivo de obter uma consciência transcendental, e sim chegar à experiência interna do indivíduo concreto em contextos de vida específicos.

Na reflexão inclusiva, a redução fenomenológica é um ato de corporeidade. Uso o termo "corporeidade" para designar o viver, o acontecer da totalidade corpo-mente. O ser humano é essa inteireza indissociável, e nela o abstrato e o concreto se entrelaçam e convivem, numa dinâmica de mutualidade e autoprodução. O homem é um ser encarnado, um sistema no qual se integram e se complementam o orgânico (o somático), o programável (o psíquico) e o imprevisível (os eventos de sua interação com o mundo). A estrutura da mente faz parte da carne do corpo, que faz parte da carne do mundo, que faz parte da estrutura da mente e assim por diante.

Examinar a experiência humana, então, é entrar na dinâmica dessa complexidade. Proponho que a reflexão inclusiva seja adotada como mais um operador cognitivo, que pode auxiliar a tarefa dos demais. Enfim, trata-se de um esforço cuja intenção principal é ajudar a produzir conseqüências práticas, em termos de relações interpessoais. Logo a seguir, surge a pergunta: é possível pôr em prática essa reflexão? A resposta é sim, desde que sejam observadas duas condições básicas: a) aprender a questionar o automatismo concordo-discordo; b) submeter os resultados obtidos à prova do diálogo.

O automatismo concordo-discordo

Comecemos falando sobre nossa tendência a reduzir. Trata-se de um processo natural, e como tal necessário para que possamos perceber e tentar entender o mundo. Reduzimos sempre o que percebemos à nossa capacidade de entendimento, ou seja, à forma como é estruturada a nossa mente.

O reducionismo é como o ego: indispensável mas questionável. Diante de um determinado fenômeno, nós o percebemos e reduzimos o que foi percebido à nossa estrutura de compreensão – ao nosso conhecimento. Mas sabemos que reduzir algo ao nosso conhecimento é o mesmo que reduzi-lo à nossa ignorância. Daí a necessidade de um segundo passo – a reampliação –, que consiste em conferir o que foi compreendido, o que fazemos cotejando-o com compreensões pessoais prévias e, a seguir, com a compreensão dos outros. Dessa forma, procuramos reampliar o que havia sido reduzido.

O problema é que nem sempre é fácil voltar a ampliar depois da redução inicial. Isso se dá porque tendemos a reduzir nossas compreensões às dimensões do nosso ego, que é frágil, medroso e teme a reampliação porque ela o põe à prova, isto é, leva-o a confrontar as suas percepções e entendimentos com os dos outros. Como está preparado para ser competitivo, o ego vê os outros como adversários e sente-se sempre ameaçado por eles. Por isso, pensar segundo predeterminações e buscar apoio em referenciais que julgamos inquestionáveis, tornou-se uma forma de remediarmos a nossa fraqueza. É um modo de pôr em prática o ponto de vista empiricista, que diz que existe uma realidade externa que é a mesma para todos.

Vimos que se isso fosse correto a cognição seria um fenômeno passivo. Nessa ordem de idéias, quem não percebesse a "verdade" estaria com problemas, e precisaria de ajuda para alcançar o nível de percepção dos outros, isto é, para perceber as coisas como "todo mundo". A percepção padronizada leva, evidentemente, ao comportamento estandardizado. Esse é o principal problema da redução não seguida de reampliação.

Faça você mesmo a prova: tente escutar até o fim, sem concordar nem discordar, o que o seu interlocutor está dizendo. Procure evitar que logo às primeiras frases dele você já esteja pensando no que irá responder. Então constatará facilmente que o automatismo concordo-discordo é uma das manifestações mais primitivas do condicionamento de nossa mente pelo pensamento linear.

Tanto faz discordar ou concordar: o que é realmente limitante é a reação instantânea, automática, do tipo sim/não. É ela que fecha a nossa razão, que faz com que fiquemos privados da suspensão momentânea de julgamentos e, assim, nos impede de fazer escolhas além das programadas.

Concordar logo que percebemos que o interlocutor está tratando de algo sobre o qual já temos opinião formada, é também um modo de não querer ouvi-lo até o fim: "Já sei do que você está falando, então não vou me dar ao trabalho de escutar mais". Utilizamos, pois, algumas das variantes do "já conheço", do "isso é antigo" – como se o outro não tivesse o direito de pensar e expor o que pensa à sua maneira, seja ou não original o seu ponto de vista.

Há ainda outra tática, que consiste em fingir concordar logo de saída, e cujo objetivo é o mesmo. O mais comum, porém, é que logo que alguém começa a expor uma determinada idéia, comecemos a buscar formas de contradizê-lo. Em qualquer das hipóteses, o que realmente pretendemos é de algum modo ignorar o interlocutor. Discordando, concordando, ou mesmo fingindo concordar, nosso imediatismo acaba negando-o existencialmente.

A arte de esperar

No dizer do matemático Claude Shannon, os fatos que acontecem desordenadamente e sem significado constituem ruídos de comunicação. Contudo, o que para nós é ruído para outros pode ser informação e vice-versa. Além disso, o que num primeiro instante percebemos como ruído pode, algum tempo depois, ser percebido como informação. Esse intervalo é o que se chama de tempo de defasagem, ou tempo de espera dos sistemas. A incapacidade de respeitá-lo é um dos fatores que mais contribui para o estreitamento e o obscurecimento do nosso horizonte mental.

É por isso que a diversidade de opiniões precisa ser respeitada: ela é a melhor forma de evitar a redundância e gerar informação. A redundância uniformiza, a informação forma por dentro, isto é transforma. A redundância gera condicionamentos, a informação produz aprendizagem, educa.

Os processos vitais não são imediatos, como quer a ansiedade da nossa cultura. Exigem um tempo de evolução – o há pouco mencionado tempo de defasagem sistêmico –, que pode durar uma fração de segundo ou ser muito longo. Para nós, é muito difícil lidar com essa imprevisibilidade e por isso estamos sempre querendo atropelá-la, o que quer dizer que tendemos a não respeitar a dinâmica da natureza. A falta de respeito ao tempo de espera dos sistemas dificulta a autoprodução, impede que aprendamos algo de novo. É preciso, como diz a terapeuta Barry Stevens, não apressar o rio – ele corre sozinho.

É claro que diminuir a prevalência do automatismo concordo-discordo não implica concordar com tudo nem discordar de tudo. O que é importante é não concordar ou discordar *logo de saída*, porque essa atitude trava o nosso entendimento e fecha a nossa razão. Precisamos aprender a transformar o reducionismo em aliado, tirando-o da condição de armadilha, que tende a nos aprisionar nos limites de nossa visão de mundo. Aprender a ouvir até o fim, sem concordar nem discordar de imediato, é antes de mais nada uma postura de respeito ao outro. Talvez ele demore a entender isso, e daí nem sempre nos retribua com o mesmo respeito. Mas não podemos depender dessa condição para exercer o nosso próprio posicionamentro ético.

O automatismo concordo-discordo é uma forma de estreitamento mental tão perigosa quanto o duplo vínculo. Mas concordar nem sempre significa que devamos nos colocar à mercê das opiniões e preconceitos do outro, e discordar nem sempre quer dizer que devamos colocar-nos à mercê de nossas próprias opiniões e preconceitos.

No limite, a atitude de discordar sempre é uma disfunção do pensamento crítico. Algumas pessoas tendem a adotar uma postura invariavelmente cética e sarcástica em relação a tudo – uma espécie de hipertrofia da dúvida metódica cartesiana, que assim acaba se transformando em dúvida paranóica. Em conseqüência, as ações destinadas a exprimi-la transformam-se em instrumentos de repressão. Em geral, esses indivíduos têm grandes dificuldades de estabelecer relacionamentos interpessoais, o que faz com que fiquem à margem das redes de conversação. Por isso, muitas vezes acabam desenvolvendo posições arrogantes. Esse mecanismo surge com freqüência na estrutura da personalidade de muitos ditadores.

A reflexão inclusiva é um dos meios de tentar diminuir a dominância do automatismo concordo-discordo. Um de seus pontos básicos consiste em prestar especial atenção àquilo com que menos concordamos, e aproximarmo-nos do que mais nos desafia. Isso não quer dizer que tenhamos de ficar eternamente ouvindo ou observando, sem tomar uma posição. Repito que o automatismo concordo-discordo é a reação reducionista imediata, automática, limitante, não seguida de reampliação.

Já sabemos que é extremamente difícil reampliar o que reduzimos. É bem mais fácil declarar que o horizonte mental de nosso interlocutor é estreito e que o nosso é amplo. A esse respeito, convém relembrar aqui uma curiosa espécie de reducionismo – a que pretende reduzir tudo a uma totalidade ideal: tudo é o "cosmos", tudo é a "totalidade" etc. Trata-se de uma forma de idealizar a compreensão, reduzir os seres humanos a espectadores de suas próprias vidas, evitar o convívio concreto com as diferenças e tentar eliminá-las por absorção. Como todo reducionismo radical, constitui uma forma de autoritarismo. Traduz a falta de respeito à diversidade de opiniões e à legitimidade humana do outro. É, pois, um instrumento de "competitividade".

Existe outra variante do automatismo concordo-discordo, que consiste em a todo momento tentar estancar o discurso do interlocutor por meio de advertências, ressalvas e constantes recomendações de cautela, aconselhá-lo a "pensar bem", adverti-lo de que deve estar ciente dessa ou daquela exceção etc. São observações que, quando colocadas nos momentos oportunos, são em geral sensatas e pertinentes. Mas sua repetição compulsiva funciona como trava, e produz um efeito censório e repressivo.

Para que o diálogo – que dá início às redes de conversação – dê bons resultados, é preciso que respeitemos a legitimidade humana do outro. E não podemos fazê-lo sem pôr nosso ego à prova. Daí a necessidade da abordagem complexa. As dificuldades para a sua implantação são bem conhecidas. Em primeiro lugar, o homem "prático" costuma não levar a sério a "espiritualidade". De outra parte, os homens "espiritualizados" desprezam a prática, como alguns dos antigos faziam com os trabalhos manuais.

Mantém-se então a divisão, que nada mais é do que uma manifestação do automatismo concordo-discordo. Ela pode ser descrita como se segue: "Estou sempre prestando o máximo de atenção à pessoa com quem falo, mas não para verificar o efeito que o conteúdo do que ela diz produz em mim. Em vez disso, o que faço é ficar vigilante, com a finalidade de surpreendê-la numa falha. Estou sempre alerta, para no momento 'certo' concordar ou discordar automaticamente, ou seja, julgar essa pessoa a partir do que ela está dizendo agora. Para isso, uso a unidimensionalidade da minha primeira impressão". Em nossa cultura, esse mecanismo atinge a todos nós, sejamos "práticos" ou "espirituais".

É evidente que a capacidade de ouvir sem discordar nem concordar de imediato (ouvir fenomenologicamente, digamos assim), pode ser aprendida, embora não seja um processo fácil. Já vimos, com Shannon, que fatos que se reproduzem com regularidade são redundâncias. Já os eventos portadores de novidade, de surpresa, são informações. Ao acionar o automatismo concordo-discordo, visamos reduzir a informação a um referencial conhecido, isto é, tiramos dela o efeito surpresa, a aleatoriedade. Essa redução tem a "vantagem" adicional de fazer com que não pensemos.

É por isso que as pessoas nos cobram sempre uma opinião formada sobre tudo. A dúvida e o talvez são circunstâncias assustadoras para nós. Em geral, assumimos uma posição preconceituosa diante de pessoas que nos dizem que ainda não têm opinião formada sobre um determinado assunto. Costumamos chamá-las de indecisas, porque estamos convencidos de que todo mundo deve ter sempre posições definitivas sobre tudo.

Não tomar posição imediata, esperar pela defasagem dos sistemas, ouvir até o fim sem concordar nem discordar (isto é, sem fazer juízos imediatos de valor) – tudo isso nos ameaça. A sociedade nos cobra o uso sistemático do automatismo concordo-discordo. A atitude de espera, de observação inicial não-julgadora, é vista como estranha, ofensiva, algo a ser combatido, um verdadeiro perigo. Se olharmos com cuidado, veremos que o ato de ouvir sem concordar nem discordar de imediato, significa renunciar a traçar uma fronteira e ficar de fora dela. A auto-observação significa que o observador se inclui no que observa, primeira providência no sentido de ao menos atenuar a separação sujeito-objeto.

Penso que agora é possível mencionar alguns pontos que podem ajudar na prática da reflexão inclusiva:

a) A reflexão inclusiva é um processo de pensamento que se propõe a auxiliar a ampliação da razão.
b) A mente está encarnada, e por isso não é separada do mundo. A consciência não é anterior à experiência do indivíduo: faz parte dela.
c) A realidade de um indivíduo é a visão de mundo que a sua estrutura lhe permite perceber num dado momento.
d) Assim, quando um indivíduo estiver repetindo os pontos de vista de outro, por cujo pensamento foi influenciado, o que ele expressar será o resultado de sua compreensão do pensamento desse outro num dado aqui-e-agora.
e) A estrutura de cada indivíduo muda continuamente, de modo que essa compreensão, que num dado instante lhe parece indubitável e definitiva, pode não sê-lo mais tarde.
f) Enquanto permanecer apenas individual, qualquer compreensão de mundo será precária. Por isso, é preciso ampliá-la por meio do diálogo.
g) Com quanto mais pessoas um indivíduo conversar sobre suas percepções e compreensões, melhor. Quanto maior a diversidade de pontos de vista dessas pessoas, melhor ainda.
h) Se essas conversações produzirem no indivíduo um ânimo competitivo, ou uma tendência a achar que seus interlocutores não lhe estão dizendo nada de novo, ele precisa ficar alerta: é possível que esteja na defensiva, e essa atitude tende a estreitar e obscurecer a sua compreensão.
i) É muito importante para um indivíduo dar especial atenção aos pontos de vista dos quais mais discorda, e aos comportamentos que mais o irritam.

j) Mas isso não quer dizer que ele esteja obrigado a aceitar tudo ou a concordar com tudo: significa que o contato com a diversidade é fundamental para a aprendizagem e para a abertura de sua razão.

k) Do mesmo modo, é fundamental dar a mesma atenção (no sentido de reavaliar constantemente) aos pontos de vista com os quais mais concordamos – as crenças e pressupostos que nos deixam mais confortáveis, mais acomodados.

Pode-se também dizer que a reflexão inclusiva busca mais a gnose (a sabedoria) do que a diagnose (o conhecimento), pois esta é a tentativa de definir, e em casos extremos, rotular os fenômenos, como se isso pudesse explicá-los em sua profundeza, ou então substituir a sua naturalidade e originalidade. Chamar uma percepção que não conseguimos explicar de "ilusão de ótica" é um exemplo. Diagnosticar é bem mais rápido, e exige menos esforço do que experienciar. Neste último caso, como já foi dito, temos de saber lidar com o tempo de espera dos sistemas, coisa que nossa ansiedade torna muito difícil.

Daí a tendência a superdiagnosticar que tem sido denunciada, por exemplo, na medicina atual: grande ênfase no diagnóstico (que implica muita tecnologia, muito trabalho mecânico) e comparativamente poucos resultados no tratamento. Este exige a complementação do trabalho mecânico pela compreensão da pessoa, a solidariedade, a compaixão – enfim, tudo aquilo que o modelo de alteridade hoje predominante em nossa cultura dificulta ao extremo.

Mas sabemos que, infelizmente, a ênfase excessiva no diagnóstico nem sempre ajuda a quem de direito, isto é, ao doente. Basta lembrar as inúmeras doenças (e são muitas) diante das quais a medicina continua confundindo tratamento com explicações "científicas". Fala-se muito em "controles", "mapeamentos" e quantidade de anos "ganhos" de vida, e muito pouco na qualidade dessa mesma vida. Dessa maneira, a solidariedade que o paciente precisa receber do médico acaba se perdendo no labirinto da tecnoburocracia científica, e no hermetismo de seus jargões.

Por fim, é preciso ter sempre presente que as sugestões para a reflexão inclusiva acima enumeradas não constituem receitas, nem muito menos diretivas. É melhor considerá-las componentes de uma lista de sugestões necessariamente incompleta, a ser questionada, acrescida e melhorada. Não poderia ser de outra maneira, aliás: lembremo-nos de que a complexidade pressupõe a instabilidade, a diversidade e a incerteza, e que o equilíbrio possível precisa ser buscado tendo em vista essas condições.

Daí se segue que a reflexão inclusiva está também muito longe de propor-se a resolver, mesmo em parte, o problema do conhecimento. Seu objetivo é apenas ajudar a suavizar o rigor cartesiano da proposta de Husserl, cuja pretensão transcendente acabou por distanciá-la da concretude do cotidiano. Ao tentar aproximar as consciências lógica e poética, a reflexão inclusiva quer ser uma forma de trazer para o cotidiano a atitude fenomenológica, e ajudar a pensar a complexidade. Tenta, enfim, seguir o exemplo dos grandes poetas, como Fernando Pessoa:

> Não acredito em Deus porque nunca o vi.
> Se ele quisesse que eu acreditasse nele,
> Sem dúvida que viria falar comigo
> E entraria pela minha porta dentro
> Dizendo-me, Aqui estou![14]
> (...)
> Mas se Deus é as flores e as árvores
> E os montes e o sol e o luar,
> Então acredito nele,
> Então acredito nele a toda hora,
> E a minha vida é toda uma oração e uma missa,
> E uma comunhão com os olhos e pelos ouvidos.
> Mas se Deus é as árvores e as flores,
> E os montes e o luar e o sol,
> Para que lhe chamo eu Deus?
> Chamo-lhe flores e árvores e montes e sol e luar;
> Porque, se ele se fez, para eu o ver,

Sol e lua e flores e árvores e montes,
Se ele me aparece como sendo árvores e montes
E lua e sol e flores,
É que ele quer que eu o conheça
Como árvores e montes e flores e luar e sol.[15]
(...)
Sim, eis o que os meus sentidos aprenderam sozinhos:
As coisas não têm significação, têm existência.
As coisas são o único sentido oculto das coisas.[16]
(...)
A espantosa realidade das coisas
É a minha descoberta de todos os dias.
Cada coisa é o que é,
E é difícil explicar a alguém quanto isso me alegra,
E quanto isso me basta.[17]
(...)
O Universo não é uma idéia minha.
A minha idéia de Universo é que é uma idéia minha.
A noite não anoitece pelos meus olhos,
A minha idéia da noite é que anoitece por meus olhos.
Fora de eu pensar e de haver quaisquer pensamentos
A noite anoitece concretamente
E o fulgor das estrelas existe como se tivesse peso.[18]

7. A DINÂMICA DA REINTEGRAÇÃO (II)

*Uni o que é completo e o que não é, o que concorda e o que discorda,
o que está em harmonia e o que está em desacordo.*

Heráclito

Este capítulo dá seqüência às considerações sobre reintegração iniciadas no anterior.

A AUTO-OBSERVAÇÃO

Se a vida é um processo de aprendizagem, quem viveu mais aprendeu mais. Não proponho aqui uma avaliação quantitativa, porque do meu ponto de vista viver mais significa viver eticamente. E uma vida ética é aquela que inclui, mesmo com os inevitáveis tropeços e erros de percurso, tentativas constantes – umas mais bem sucedidas, outras menos – de reconhecimento da legitimidade humana do outro.

É clássica, em psicologia, a noção de que uma criatura só pode ser chamada de consciente quando dá conta de si própria, isto é, quando se vê como indivíduo. Para isso, precisa ser capaz de perceber e acompanhar seus estados mentais. Segundo essa definição, a consciência não teria mistérios para si própria, porque poderia se auto-observar sem nenhum obstáculo.

Até Freud, como sabemos, essa noção era aceita sem maiores questionamentos. Depois dele, porém, tornou-se claro que a mente não é transparente para si mesma, porque a dimensão inconsciente da psique não é perceptível pela consciência. Essa circunstância tirou do auto-exame pela introspecção boa parte de seu prestígio. O significado dessa relativa desimportância do processo introspectivo tem passado despercebido por muitos, mas o fato é que hoje existe uma espécie de preconceito contra ele. A base desse preconceito é a idéia de que a objetividade "pura" é possível, e por isso tudo deve ser feito para eliminar a percepção subjetiva, que estaria ligada a uma espécie de "regressão" ou fuga da realidade.

Desde que seus resultados sejam discutidos com outras pessoas, a abordagem introspectiva continua a ser um instrumento razoável de autopercepção, embora esteja longe de ser o único. Seu aperfeiçoamento pode levar à identificação e ao entendimento de muitos dos mecanismos pelos quais a sociedade formata a mente dos indivíduos e os aliena. Mas é justamente para evitar isso que, em nossa cultura, tudo se faz para que as pessoas não pensem com suas próprias cabeças. Porque se tal acontecesse em grande escala, o resultado seria mau para o mercado de ilusões e seu gigantesco público-alvo.

Atenção passiva: a fenomenologia da inocência

Recordemos que Bohm assinala que a noção de que o observador não pode ser separado daquilo que observa surgiu na física quântica, como condição necessária ao entendimento das leis fundamentais da matéria. Na verdade, essa noção remonta às tradições védicas da Índia. Segundo Bohm, a descoberta fundamental de Krishnamurti foi perceber que não nos damos conta do que realmente acontece porque não temos consciência de nossos processos de pensamento. Para o filósofo indiano, em geral nos damos conta *do que* estamos pensando, mas pouco ou nada sabemos sobre *como* estamos pensando num determinado momento. Por outras palavras, não fazemos a epistemologia do nosso pensar. Isso decorre de que não estamos suficientemente atentos para ser capazes de observar os nossos processos de pensamento.

Como conhecer a estrutura e a função desses processos? Segundo Krishnamurti, por meio da auto-observação, mais especificamente do método que ele denomina de atenção passiva, que consiste em refletir e, ao mesmo tempo, estar atento ao que acontece enquanto se reflete. Mas é importante fazê-lo sem crítica, sem aceitar ou rejeitar desde logo o que se está percebendo. Sem tentar, enfim, dar de imediato "um sentido" ao que se percebe, mesmo porque esse "sentido", no mais das vezes, não passa de uma forma de reduzir tudo ao que achamos que faz sentido.

Trata-se de refletir sem tentar logo de saída pôr ordem na confusão que muitas vezes surge em nossa mente enquanto pensamos. É fundamental não ceder à resistência inicial ao contato com idéias novas. Pelo contrário, é preciso deixá-las vir e examiná-las em seus mínimos detalhes, buscar a familiaridade com elas. Não nos esqueçamos de que essa resistência, esse espanto inicial, representava, para Aristóteles, o ponto de partida da investigação filosófica e não uma oposição a ela.

No entender de Krishnamurti, a atitude de evitar a intervenção precoce da crítica e da vontade permitirá que o pensamento se auto-regule. Por ser o cérebro um sistema autopoiético, a não-interferência imediata em seus processos permitirá que nos beneficiemos dos frutos dessa auto-regulação, que é sistêmica e acontece quando conseguimos que nossa mente fique quieta.

Como se vê, o método de reflexão que proponho no capítulo anterior é praticamente a mesma coisa. Apresenta apenas algumas variantes, e é acrescido da ênfase na necessidade de levar os resultados do processo reflexivo à validação pelo diálogo, com pessoas de pontos de vista os mais diversificados possíveis.

Na reflexão inclusiva há um princípio simples de enunciar, mas extremamente difícil de pôr em prática: dar o máximo de atenção às idéias com as quais menos concordamos, ou examinar com cuidado as coisas, os temas e as situações de que menos gostamos. Essa proposta tem duas finalidades. Uma é aprender a evitar dizer "concordo" ou "discordo" logo de saída, e a outra é manter a reflexão sempre dentro do contexto da ética da alteridade. Não nos esqueçamos de que a concordância ou discordância imediatas têm muito de emocional, e muitas vezes de preconceituoso.

Por outro lado, a reflexão demasiadamente prolongada tem muito de racionalização. Chegar a um ponto de equilíbrio entre essas duas atitudes é a proposta da reflexão inclusiva, cujo primeiro passo é o auto-exame por meio da atenção passiva, e cuja segunda fase é a validação das conclusões por meio da conversação. Lembrando o que já frisei em outro lugar deste livro, todas estas propostas parecem evidentes – e realmente o são: daí a extrema dificuldade que todos temos de percebê-las e, mais ainda, pô-las em prática.

O lugar da razão

Os seres humanos não são, como quer a nossa cultura, definíveis exclusivamente pelo seu lado racional, mesmo porque aquilo que comumente se chama de racional foi antes constituído por emoções e desejos. Chamamos de racional ao emocional que foi trabalhado e está supostamente sob controle.

A esse respeito, convém falar um pouco em semiótica da cultura. Trata-se de uma teoria elaborada pelo semioticista tcheco Ivan Bistrina, que propõe que os fenômenos relativos à transmissão e retenção de informações pelos seres humanos podem ser concebidos em três níveis: o hipolingual, o lingual e o hiperlingual.

O nível hipolingual acontece no organismo. Como todo sistema vivo, o corpo humano mantém a sua organização por meio da troca de informações entre as suas diferentes estruturas e o exterior. Por exemplo, é o aumento da taxa de glicose no sangue (vinda de fora, com os alimentos) que comunica ao pâncreas a necessidade de uma produção aumentada de insulina, que agirá sobre a glicose, trazendo o seu nível sanguíneo (a glicemia) de volta ao equilíbrio. Essas trocas informacionais são intra-organísmicas, individuais e regidas pela autopoiese.

No nível lingual as informações são trocadas entre organismos diferentes. São, pois, extra-individuais. Trata-se de processos complexos de comunicação, que ocorrem entre organismos que se agruparam em sociedades, e que por isso são ao mesmo tempo autoprodutores (autopoiéticos) e interdependentes. As linguagens desse nível vão desde gestos e posturas às comunicações olfativas, tácteis, visuais etc., até chegar à palavra falada e escrita. São as linguagens de comunicação social.

O terceiro nível de comunicação é o hiperlingual. Aqui o comando é exercido pela realidade do imaginário, nos planos da sociedade, da história e da cultura. A filósofa Olgária Matos observa que as forças imaginárias da sociedade são tão ou mais importantes do que suas forças produtivas materiais e matrizes culturais. Morin sustenta que a ciência, a razão e a idéia de progresso constituem, na verdade, figuras abstratas de uma grande mitologia. Para esse autor, do mesmo modo que os vegetais produzem o oxigênio da atmosfera, as culturas humanas elaboram os mitos, os símbolos e as idéias, que são dimensões fundamentais para a nossa vida. O acúmulo das teorias, do conhecimento científico e da técnica – acrescenta ele – é sempre acompanhado, passo a passo, pelo desenvolvimento da literatura de ficção, do teatro, da televisão, do cinema. Dimensões como o sonho, a fantasia e os mitos interferem em todas as atividades humanas, das mais espontâneas até as mais pragmáticas.

Essa mesma dinâmica é abordada por Dietmar Kamper, da Universidade Livre de Berlim, numa formulação sem dúvida inspirada pelo pensamento de Espinosa. Para ele, o mundo se compõe de três planos, o real, o simbólico e o imaginário. O real corresponde à concretude da natureza, e o experienciamos mediante nossa dimensão corporal, cujo nível de comunicação é o hipolingual. O simbólico é trabalhado pelas linguagens inter-individuais. O imaginário, por fim, é vivenciado por meio da hiperlinguagem dos sonhos e da fantasia – a linguagem das imagens e das metáforas.

Entre essas três instâncias há interações e retroações incessantes, que permitem atitudes que nos capacitam a lidar com a complexidade dos fenômenos naturais. Se tentarmos entender cada uma delas isoladamente, isto é, pela via disciplinar, não seremos capazes de compreender como se comportam em conjunto. Isso só será possível se nessa abordagem utilizarmos o pensamento complexo, o que pressupõe a utilização dos operadores cognitivos.

Acredito que a teoria de Bistrina é um bom modelo para ajudar a compreender e levar à prática a auto-observação. Pode-se descrever uma percepção com palavras. Mas isso só pode ser feito *a posteriori*, porque a experiência inicial é unitária, corresponde à vivência do aqui-e-agora e jamais poderá ser expressa de modo adequado por meios apenas verbais. Eis por que Krishnamurti diz que ao escutar alguém precisamos prestar atenção também aos nossos sentimentos. Estes nos remeterão de imediato aos acontecimentos a eles relacionados em nossa memória, coisa que nenhuma descrição ou relato seria capaz de fazer no mesmo espaço de tempo.

Cada um de nós tem sua própria visão de mundo, suas idéias e expectativas de vida. Cada indivíduo tem, por exemplo, o seu conceito do que é um automóvel, e este é determinado por suas experiências com esses veículos. Desse modo, quando falo em automóvel alguém pode se recordar de um acidente, de uma viagem, de um presente que ganhou etc. Essa lembrança se acompanha sempre de sentimentos, que se traduzem por sensações corporais, às quais em geral não damos atenção, porque estamos muito ocupados em escutar as palavras que contam os fatos.

Entretanto, se prestarmos atenção às nossas reações globais, sempre que ouvirmos falar em automóveis teremos a nossa experiência com eles instantaneamente recordada, sem que haja necessidade de qualquer narrativa e, muito menos, de interpretações. Poderemos então desenvolver estratégias de como lidar com essa experiência no aqui-e-agora.

Se ficarmos apenas pensando nela, porém, acabaremos reduzindo-a a um discurso verbal, e assim a vivência será remetida ao passado e perderá sua potencialidade de nos transmitir dados novos. No caso da auto-observação, as percepções são sintéticas, instantâneas, e dispensam pensamentos e discursos. Essa característica aumenta as possibilidades de se chegar a novos pontos de vista, que serão depois desenvolvidos pela reflexão.

Muitos psicoterapeutas acham um tanto estranha essa idéia, porque estão acostumados a pensar apenas em termos de eventos, que se desenrolam ao longo de uma seqüência. Porém, como observa

Bohm, há evidências de que os *insights* produzem modificações significativas no funcionamento das células cerebrais. Essa circunstância favorece a complementaridade dos pensamentos linear e sistêmico, e precisa ser levada em conta, inclusive no trabalho psicoterapêutico. Na mesma linha, é claro que não estou propondo que o processo seja abandonado e substituído pelo *insight*. Aqui, como em muitos outros âmbitos, é a idéia de complementaridade que é necessário considerar. O *insight*, ou compreensão interna súbita, é uma quebra da linearidade do pensamento racional. É uma cunha que, como um relâmpago, introduz-se no fluxo do raciocínio lógico. É nesses interstícios de frações de segundo que surgem idéias que não costumam aparecer de outro modo.

"Comece pelo desconhecido. Tente começar pelo desconhecido", recomenda Krishnamurti. Essa atitude significa dispensar por um instante o conhecimento acumulado e tentar perceber o que surge de inédito. Em mentes profundamente condicionadas e treinadas para repetir como as nossas, uma postura como essa pode trazer lampejos significativos.

Como diz Bohm, os *insights* atuam no processo do pensamento, não em seu resultado. Esse ponto é fundamental. É preciso interferir no processo em si. É importante, questionar o pensamento, tentar modificá-lo. Se mudarmos o sistema de pensamento mudarão os resultados, e assim questões que pareciam insolúveis podem passar a não sê-lo. Para mudar a forma de olhar não é preciso mudar os olhos, e sim o modo de funcionamento do cérebro, do qual eles são uma extensão.

Se mudam as percepções, mudarão as emoções. Esse é um dos objetivos do pensamento complexo: aceitar a diversidade e aprender com ela, fazer com que a centelha do aleatório seja, além de eventual, também intencionalmente evocável. Essa é, aliás, também a proposta das práticas meditativas atrás mencionadas.

As primeiras impressões de quem utiliza o pensamento complexo, ou qualquer de seus operadores cognitivos, são desconfortáveis, porque implicam a necessidade de respeitar o tempo de espera dos sistemas. Sabemos que essa defasagem pode ser longa e às vezes aparentemente interminável, mas também pode ser muito rápida ou manifestar-se por meio de intuições instantâneas. A imprevisibilidade dessa dinâmica é, evidentemente, produtora de ansiedade. São fenômenos difíceis de entender pela mente condicionada, porque não podem ser explicados por meio da causalidade simples. Muitas vezes, nem mesmo podem ser explicados por qualquer modelo de causalidade.

O começo da auto-observação

Passo agora a algumas considerações sobre a auto-observação. Algumas delas derivam de minha experiência pessoal e clínica, outras das idéias dos autores que menciono. Em qualquer dos casos, porém, gostaria de deixar claro que é importante não confundi-las com receitas, orientações psicoterapêuticas, nem muito menos como instrumentos de "auto-ajuda". Trata-se de sugestões para reflexão, a serem aprofundadas pelo diálogo.

A auto-observação – que é uma das formas de iniciar o processo de autoconhecimento –, está ligada à nossa capacidade de perceber a estrutura do nosso próprio pensamento. Precisamos de informações vindas de fora, é claro. Mas convém lembrar mais uma vez que nossa percepção não é um mero registro dessas informações: ela implica uma construção de mundo. A auto-observação significa que devemos nos observar como construtores. A ordem está implícita na desordem, e só pode ser entendida se a assimilarmos e aprendermos a conviver com ela. Mas não se pode conseguir isso apenas pelo estabelecimento de uma ordem circunstancial, objetiva, como a operada pelo homem por meio da técnica. É preciso acrescentar o contato com as dinâmicas naturais da vida.

Pode-se dizer que grande parte do processo de autoconhecimento consiste em localizar as fraquezas do ego e aprender a lidar com elas. Essas debilidades são as maiores responsáveis pelos preconceitos, pelas desconfianças – enfim, por tudo o que nos impede de observar os fenômenos em sua naturalidade e originalidade. Localizá-las pode não ser ainda o autoconhecimento, mas é boa parte do caminho andado.

Ao começar a auto-observação pelo questionamento egóico, é fundamental deixar desde logo muito claro que sem a ajuda do outro não existe auto-observação. Se isso parece um paradoxo (e é), aproveitemos a oportunidade para uma segunda consideração, não menos importante: sem que aprendamos a conviver com paradoxos, também não pode haver auto-observação.

Isto dito, comecemos.

A auto-observação e o ego

Em essência, o ego é um artefato social. Não sabemos o que realmente somos: os outros é que têm condições de nos dizer isso. No entanto, sempre fazemos tudo para que eles tenham muito receio de revelar o que pensam a nosso respeito. É o que costumam fazer, e procedem assim porque sabem que o nosso ego – como o deles – é frágil, desconfiado e necessitado de valorização. Quando o poeta T.S. Eliot disse que o ser humano não suporta muita realidade, certamente estava se referindo à nossa porção egóica. É assim que ocorrem muitas das relações entre as pessoas em nossa cultura: como um minueto de fraquezas que se fingem de forças.

A dimensão egóica é apenas uma parte do ser humano, mas nos comprazemos em fazer de conta que ela pode representá-lo integralmente. Na qualidade de fração, o ego só pode pensar parcialmente e não em termos sistêmicos, o que o faz ter dificuldades para decidir o que é bom ou não para os outros. Por isso, costuma decidir em termos do que é bom para ele, embora diga o tempo todo que está preocupado em agir de modo solidário.

A fração egóica é uma necessidade social que nossa cultura transformou em prioridade. As sociedades moldam o ego segundo as necessidades das instituições e não segundo as das pessoas. Daí por que nossa cultura não parece interessada em que busquemos o autoconhecimento. Nossa suposição de que o ego é o centro da psique nos fragiliza, além de diminuir nossa capacidade de entrar em contato com a originalidade dos fenômenos naturais. Essa circunstância ocorre porque, estando o ego identificado com os preconceitos e as praxes sociais, os fenômenos são por ele percebidos e interpretados segundo esses ditames. Em outros termos, o ego não tem a inocência necessária para aprender com o fluxo da vida.

Morin adverte que ninguém pode escapar de modo total e definitivo da histeria egocêntrica, mas cada um pode estar consciente de que ela existe e, a partir daí, começar a questioná-la. O pensamento complexo facilita a auto-observação, que facilita o autoconhecimento, que facilita o pensamento complexo. É por isso que se diz que os pontos de alavancagem do sistema humano podem ser localizados e trabalhados por meio da observação do ego, que é a parte mais frágil do conjunto.

Krishnamurti diz que um dos princípios essenciais da auto-observação nos ensina que, se temos preconceitos, não podemos observá-los como se estivessem fora de nós, ou seja, como algo que nos acomete. Nossa perspectiva se modificará radicalmente – afirma o pensador – quando nos tornarmos capazes de perceber que *somos* os nossos preconceitos e não observadores imparciais deles.

Tais ponderações são fáceis de entender intelectualmente, mas essa espécie de compreensão não é facilmente transformável em mudanças significativas. Para Krishnamurti, essas modificações não são progressivas: surgem de imediato, não dependem do pensamento e por isso é fundamental estar atento a elas. Ele assegura que quando observamos um sentimento por tempo suficiente, em geral este se modifica ou desaparece. Mas se o observamos tentando mantê-lo "fora", mesmo que venha a desaparecer continuamos como observadores. E assim o sentimento cedo ou tarde voltará, porque não foi vivido inteiramente e sim reprimido.

Existe ainda outro complicador, apontado por Krishnamurti, que consiste no hábito que temos de dar nomes a todos os nossos sentimentos. Ao fazer isso imaginamos poder conhecê-los e entendê-los, quando na verdade apenas os tornamos mais fortes, porque os rótulos que lhes aplicamos muitas vezes nos dão a ilusão de que não precisamos aprofundar a sua observação. Trata-se, é claro, do mesmo fenômeno que faz os médicos aplicarem terminologias herméticas a patologias sobre as quais pouco ou nada conhecem.

Os sentimentos são sempre novos. Porém, por medo de entrar em contato profundo com eles, nós os "carimbamos", para tornar mais fácil confiná-los em categorias. Além disso, acreditamos que essa rotulagem os coloca no passado, o que supostamente nos permitiria observá-los à distância. Se nos empenharmos demais em seguir métodos e técnicas, a auto-observação acabará se tornando por si só uma fonte de tensão. O que não significa que devemos descartar esses auxílios: eles podem ser úteis, é claro, mas não ao ponto de se transformarem em disciplinas rígidas. Não nos esqueçamos de que insistir em que nenhuma técnica tem utilidade é também uma forma de disciplina.

Enfim, é sempre prudente não depositar demasiadas esperanças em métodos que vêm prontos de fora. Sejam quais forem os seus resultados, eles dependerão de como serão percebidos/construídos por nossa estrutura. O essencial é que estejamos atentos de modo constante mas não forçado, o que é diferente de estarmos concentrados. A atenção precisa ser difusa e fluir sem esforço. Para tanto, é necessário que acompanhemos os nossos pensamentos e sentimentos sem tentar manipulá-los, sem desvirtuar a sua dinâmica. Nenhum detalhe pode ficar de fora, em especial os que nos parecerem mais desafiadores – e também os que julgarmos mais insignificantes.

A consciência encarnada

O principal âmbito da auto-observação é a consciência encarnada. Nossa capacidade de prestar atenção ao que nos é externo baseia-se na nossa habilidade de estar atentos a nós próprios. Se desenvolvermos essa atenção de modo adequado, perceberemos que não estamos separados do que aparentemente está fora de nós.

Observar é observar os fenômenos em si, tal como se apresentam à nossa experiência. Observar comparando o percebido com referenciais prévios não é observar, é julgar. Não estou dizendo que julgar é pior ou melhor do que observar, mas que são atitudes diferentes. Por conseguinte, os resultados de julgamentos não podem ser apresentados como se fossem oriundos de observações, como se faz com muita freqüência em nossa cultura.

Se tivermos uma autopercepção desenvolvida, teremos uma auto-estima elevada e vice-versa. Uma contrabalança os exageros da outra, isto é, a auto-estima não permite que a autopercepção se transforme em narcisismo, e a auto-estima não deixa que a auto-observação se transforme em autovigilância. Se nossa auto-estima estiver muito baixa, tenderemos a evitar a auto-observação, isto é, a fugir de nós mesmos. Ficaremos, então, presos a um círculo vicioso. Por outro lado, se nossa auto-estima estiver alta demais, tenderemos a imaginar que os outros devem se modificar apenas para ser como queremos que eles sejam.

No processo de auto-observação, é fundamental não deixar de lado o que sentimos no plano corporal, isto é, manifestações físicas como o ritmo respiratório, a freqüência cardíaca, contrações musculares, pequenas dores e desconfortos, sensações súbitas de angústia ou alívio e assim por diante. É sempre importante confrontar o que se pensa com o que se sente, sem buscar nexos causais imediatos. Tentar separar o que sentimos do que somos (fingir que uma dor ou uma frustração, por exemplo, não estão em nós) significa tentar resolver as coisas "objetivamente", o que corresponde a fragmentar as situações e fugir delas. Trata-se de uma velha artimanha nossa: fazer de conta de que *todos* os problemas estão "lá fora" e, por conseguinte, que *todas* as culpas e responsabilidades também estão. Pôr a culpa de tudo o que nos acontece em fatores externos é uma estratégia que, além de ineficaz, dificulta o desenvolvimento da confiança interpessoal e a legitimação humana do outro.

Com muita freqüência, ao nos auto-observar surpreendemo-nos tentando controlar nosso pensamento, o que tende a bloqueá-lo e a confundi-lo. É preciso ter em mente que, pelo menos num primeiro momento, não há necessidade de nenhuma análise, nenhuma interpretação. Basta que fiquemos atentos e acompanhemos o fluxo. Em geral, a experiência da auto-observação é suficiente para que o pensamento desvele a si próprio.

Apegos, dependências e repetição

Como venho fazendo ao longo deste livro, chamo mais uma vez atenção para o problema da repetição. Há muitos programas de televisão, por exemplo, que se repetem interminavelmente e que, dada a sua superficialidade, não nos desafiam. Tendem a alienar-nos, e por isso não os julgamos repetitivos. Contudo, se confrontados com a repetição de fatos e estímulos que nos desafiam, contestam pontos de vista que temos arraigados, ou que simplesmente nos obrigam a pensar, logo reagimos acusando-os de repetitividade e monotonia.

Uma forma de avaliar nossa atitude diante das possibilidades de mudança é observar o grau de repetitividade que atribuímos aos eventos de nossas vidas. Como estamos acostumados a pôr a culpa de praticamente todos os nossos problemas em fatores externos, é bem provável que o que vemos como repetitividade seja uma expressão de nossa incapacidade de perceber o novo e, por conseguinte, de mudar.

Ver invariavelmente o mundo como um grande processo repetitivo corresponde a projetar nele a nossa própria repetitividade, o nosso próprio conservadorismo. Como não queremos mudar, tendemos a ver repetição em tudo o que nos cerca. Se não conseguirmos aprender (e aprender é mudar), viveremos nos termos do que aprendemos anteriormente. E dessa maneira, quanto mais nos recusarmos a mudar (vale dizer, quanto mais nos tornarmos repetitivos) mais acusaremos a vida de ser repetitiva.

Um dos sinais mais claros de que estamos nos repetindo (e, conseqüentemente, vendo repetição em tudo), é nossa tendência a nos subordinarmos a dependências e apegos. Nesse contexto, a auto-observação é importante e pode levar a resultados significativos. Mas, como de hábito, se eles não forem discutidos com outras pessoas, serão inúteis, ou na melhor das hipóteses enganosos. Sem consensos, a possibilidade de estarmos equivocados é sempre muito grande, como grandes serão as conseqüências desses equívocos, e maior ainda o preço que teremos de pagar por eles.

SOLIDARIEDADE: O MITO DO CURADOR FERIDO

No decorrer da história da medicina, o tato e a audição se somaram à visão. Ao olhar se juntaram a percussão, a palpação e o exame cadavérico, como observa Michel Foucault.

Na psicoterapia a evolução foi análoga. No começo, só a audição contava. Deitado no divã psicanalítico, o paciente não via o analista, que o escutava sem encará-lo. Com Jung, a visão já participava mais da cena psicoterapêutica: analista e analisando, sentados frente a frente, viam-se e conversavam. Wilhelm Reich introduziu, em termos práticos, o toque na cena psicoterapêutica. Partiu-se, pois, da exclusividade da palavra e prosseguiu-se em busca das demais dimensões. A isso Foucault chamou, em termos de clínica médica, de "demarcar um volume".

Esse autor conta que a medicina clássica encontrou obstáculos, quando precisou acrescentar ao olhar o tato (a palpação) e a audição (a auscultação). Ele menciona que, já em 1774, comentavam-se as dificuldades que os médicos enfrentavam, quando tentavam palpar seus pacientes. Tais obstáculos eram consideráveis dado o extremo pudor da época, principalmente entre as mulheres. Como se isso não bastasse, havia o nojo que os profissionais sentiam ao ter de auscultar os doentes – principalmente os hospitalizados – com os ouvidos colados aos seus corpos.

A invenção do estetoscópio, como observa Foucault, veio abrandar esse asco. Mas convém acrescentar que ela também marca o ponto de partida para o progressivo distanciamento que as sucessivas inovações tecnológicas vêm estabelecendo entre médicos e pacientes. O estetoscópio hoje é uma metáfora para a frieza, o tecnicismo, o burocratismo e o economicismo, que também se intrometeram no exercício da medicina.

Na prática médica – prossegue Foucault –, o olhar acabou se constituindo no ponto para onde tudo converge. A autópsia e os exames subsidiários que ela possibilita representam, na opinião do autor francês, o triunfo final do olhar. Basta lembrar o respeito com que os médicos encaram a anatomia patológica, desde os seus primórdios. O mesmo também acontece, hoje, com os exames complementares cujos resultados são expressos por imagens.

A atual crise da relação paciente-médico (que é uma das manifestações do autoritarismo de nossa cultura patriarcal), recomenda-nos cautela antes de falar em triunfos nesse terreno. Essa advertência é tanto mais pertinente quanto sabemos que, em nossa cultura, idealiza-se a vitória que resulta na eliminação do adversário. É preciso que o médico receba outra espécie de preparo, além do tecnocientífico, que lhe permita aprender a lidar com as situações em que sua onipotência é posta à prova.

Estou falando de situações-limite, nas quais a ciência e a tecnologia, balizadas pelo pensamento linear, revelam um grau desconcertante de inconsistência e inadequação. Em muitas dessas circunstâncias, o que se observa é que a convivência com as pessoas doentes, em especial as terminais, desperta nos médicos uma grande confusão de sentimentos, bem diversa da sensação de segurança que eles costumam exibir na atividade profissional mais rotineira. Sabemos que, diante da proximidade da morte, a atitude de não-envolvimento em geral é uma variante da separação sujeito-objeto, cujos resultados nesse caso são invariavelmente precários, quando não desastrosos.

Não exagero quando falo em resultados desastrosos. Para mostrar que não, falarei agora de uma das manifestações mais perversas de nosso condicionamento pelo raciocínio linear. O médico Sérgio Zaidhaft publicou um importante estudo sobre as reações dos profissionais da medicina diante da morte. É nele que se inspiram algumas das considerações seguintes, como sempre acompanhadas de comentários e acréscimos.

Retomemos a postura que muitos médicos adotam de não se envolver com os pacientes. A princípio, ela parece sensata: se não me envolvo com o doente, a morte dele dificilmente me fará sofrer. Trata-se de um equívoco, porém, porque a experiência mostra que essa posição muitas vezes gera um certo sentimento de culpa, seja ele vago ou um pouco mais acentuado.

Além disso, se só posso considerar a morte pelo meu ponto de vista de vivo, o não-envolvimento com ela implica o não-envolvimento com a vida. Nesse caso, como proceder? Posso me colocar como observador separado da vida, com o que nego a minha própria morte. Depois, nego a morte do paciente (que me faz lembrar a minha). E está "resolvida" a questão.

Trata-se de mais um engano: ao negar ao mesmo tempo a minha morte, a morte do outro e a minha participação em tudo isso, estou negando a própria vida. A mais grave das conseqüências dessa atitude não é a identificação do médico com a doença em prejuízo da saúde, como muitos pensam: é a sua identificação com a morte em prejuízo da vida. É assim que – embora com enorme freqüência imerecidamente – muitos o vêem em nossa sociedade.[19]

Se o médico se mantém de fora, se não se envolve, passa a ser visto não como aquele que dá, mas como aquele que tira. Esse é o resultado da postura tecnocrática dos profissionais de ajuda. Para se tornarem tecnologizados, "imortais" e invulneráveis, é preciso que projetem a sua finitude e vulnerabilidade nos outros. Como para esse fim qualquer um serve, eles se tornam indiferentes e impessoais.

Daí o temor que esse não-envolvimento inspira. Como o fim da vida é algo que acontece indiferentemente a todos, a impessoalidade do médico tende a ser vista como a indiferença da própria morte. É sempre bom relembrar que, por trás de tudo isso, está a cultura patriarcal e uma de suas manifestações-chave: a apropriação da verdade.

"O poder letal da espada"

O historiador Philippe Ariès conta que, na segunda fase da Idade Média e no Renascimento, o moribundo tinha um papel proeminente em seus instantes finais: presidia a própria morte. Esta representava, talvez, o momento culminante da afirmação de um indivíduo: a morte era dele, e de mais ninguém. A partir do século 18, porém, começou a acontecer o que Ariès chamou de despossuimento do moribundo. Este já não mais presidia à sua morte, porque os familiares passaram a interferir e retirar-lhe essa prerrogativa.

Esse despossuimento aumentou com o passar do tempo. A partir dos anos 30 do nosso século, e acentuando-se depois da Segunda

Guerra Mundial, morrer no hospital tornou-se um costume amplamente adotado. Começava uma nova fase da apropriação da morte: a sua medicalização, que desde então só tem aumentado e hoje chega a um ponto de grande destaque, com o problema dos transplantes e a necessidade de retirar órgãos para a sua prática.

Para Ariès, a morte é hoje um evento meramente técnico. Acrescento que ela agora envolve a intervenção reguladora da medicina e de outras instâncias, que a institucionalizam e instrumentalizam. O paciente tornou-se, em apreciável medida, um simples figurante na cadeia de eventos que leva ao término da vida. Isso começou a acontecer quando ele deixou de ser o personagem principal no cenário das tentativas de curá-lo.

Tudo apreciado, conclui-se que uma coisa fica a cada dia mais clara: aumenta progressivamente o desconforto nas relações entre pacientes e médicos, e até mesmo dentro da própria comunidade médica. Os médicos não estão satisfeitos com o modo como exercem a profissão. Os pacientes estão decepcionados com a atenção que recebem. Há uma descaracterização dos conceitos de compaixão, ajuda e cuidado. E assim, ao que parece, pouco resta de genuinamente humano nas relações entre as duas partes.

Hoje, tornou-se claro que se o paciente deixou de ser o personagem principal da medicina, o médico também já não o é. Não haveria por que sê-lo, de resto, até por que outra das grandes *dramatis personae* de todo esse teatro – que deveria ser a saúde – também está em segundo plano. Sob a cultura do patriarcado, esse papel principal é atualmente exercido por um poder difuso, onipotente e onipresente. Ele está concentrado na verticalidade e na linearidade de seu autoritarismo, e distribui-se pelas ramificações e engrenagens desse imenso organograma de mando, obediência, reificação e quantificação.

Já sabemos que a apropriação da verdade pela cultura do patriarcado reflete a rigidez da divisão sim/não, dominador/dominado, sem meios-termos. A prática médica, evidentemente, não está isenta dessa determinação. Ainda assim, a onipotência permeia as relações de ajuda, e tende a conferir ao médico a ilusão de que ele não está sujeito às mesmas mazelas de seus pacientes. Essa circunstância pode ser verificada quando profissionais da medicina comentam entre si a morte de um colega ainda em plena atividade. A reação em geral é de um assombro mal disfarçado, como se a morte houvesse ousado quebrar as regras do jogo, ao atingir o não-doente por excelência.

Estudos antropológicos mostram como a morte de um rei, ou de qualquer outra pessoa detentora de grande poder, provoca sempre muita comoção, porque esses indivíduos encarnam o corpo social. De modo análogo, a morte do médico ativo deixa em seus colegas uma estranha sensação de que a medicina – o poder institucionalizado de curar – está também morrendo um pouco.

Já o paciente, frágil e vulnerável, representa a contrapartida desse poder. Daí por que o médico, ao morrer, deverá fazê-lo na condição de paciente, o que só pode dar-se quando ele estiver aposentado e destituído de poder. Já na qualidade de profissional ainda atuante, ele precisa continuar vivo e influente, magicamente indestrutível, cumprindo o seu papel de manter a mística do poder patriarcal.

Essa mística é perpetuada de várias formas. Uma delas é o hábito de exprimir a relação da medicina com a doença como uma guerra sem tréguas. O jargão médico tradicional está cheio de metáforas bélicas: "dose de ataque", "arsenal terapêutico", "gânglio sentinela", "barreiras imunológicas". Na psicanálise, Freud fala do fenômeno da transferência como o terreno no qual a vitória deve ser obtida. Na obstetrícia, alguns livros de texto falam de "expectação armada".

A atual medicina do patriarcado é, em muitos casos, uma profissão de instrumentos, ferramentas, máquinas – uma medicina penetrante, perscrutadora, avessa aos processos autopoiéticos do organismo. Eis por que em muitos médicos existe uma grande desconfiança (em muitos casos justificada, diga-se) em relação aos medicamentos não-industrializados e aos tratamentos que não implicam invasividade e intervencionismo. De todo modo, em praticamente todos os domínios de nossa vida atual os padrões não variam: hierarquia, autoridade, combates, dominação e submissão – "o poder letal da espada", como dizia Marija Gimbutas.

Por outro lado, há muito que se constatou que boa parte dos pacientes graves procura ajuda nos membros do serviço de enfermagem. Nesse setor, a preferência é dada aos profissionais mais idosos, que se mostram inclinados a cuidar dos pacientes de um modo menos técnico, menos institucional. Assumem uma postura mais próxima, mais disponível, menos impessoal. Em geral, prescindem quase que inteiramente da palavra: apenas permanecem por alguns momentos ao lado dos enfermos.

A experiência mostra que os pacientes terminais se beneficiam de modo significativo dessas presenças silenciosas. Nem mesmo é preciso que elas durem muito, pois trata-se de necessidades não-quantitativas e, de todo modo, a corporeidade já diz tudo. Ao abrir mão dos tradicionais emblemas e instrumentos do poder, essas presenças são muitas vezes mais terapêuticas do que os tratamentos em si – o que é certo no caso dos pacientes terminais. Ao se colocarem ao lado do paciente, sem exercer poder algum, essas pessoas estão partilhando com ele as limitações da existência. Ao mesmo tempo, atendem a algumas das carências mais profundas do ser humano.

A carreira dos objetos-máquina

Na sociedade atual, a reificação se baseia no mecanicismo e o reforça. Isso acontece também na medicina. E o pior é que, por incrível que pareça, o paciente muitas vezes deixa claro que prefere ser tratado como um objeto, embora não tenha consciência disso.

Testemunhei esse fenômeno inúmeras vezes, no meu cotidiano profissional. Em suas conversas com o médico, o paciente vai aos poucos se encaminhando para essa direção, até que passa a comportar-se como se estivesse falando de outra pessoa. As lesões agora estão "fora" de seu corpo. Com sua profusão de exames complementares, boa parte deles baseada na imagem (raios-X, ecocardiograma, ultrassonografia, ressonância magnética, tomografia computadorizada etc.), a medicina ajuda a compor essa negação do corpo. O tumor ou a úlcera já não estão no organismo e sim na radiografia, na tela do ultra-som e assim por diante. Vai-se estruturando a fantasia de um corpo doente "fora" do sadio.

Da utilização desses meios diagnósticos começou a surgir uma nova imagem corporal: o corpo-objeto externo, que aparece nas imagens e na linguagem das chapas radiográficas, nos traçados do eletroencefalograma, no eletrocardiograma, na cineangiocoronariografia etc. Por meio de todos esses processos, o ser humano "adquiriu" um "outro" corpo, que está "fora", e que representa a sua contrapartida tecnológica. Eis o novo homem-máquina, cujo corpo, apesar de virtual (ou talvez por isso mesmo), acaba recebendo do médico mais atenção do que o corpo real.

Ao que parece, esse é o único corpo que importa para uma medicina que se afasta cada vez mais da pessoa. Esse afastamento pode ser de duas ordens. No primeiro caso, o que se tem é um objeto, um corpo "tecnologizado" que representa outro – o corpo real. Nessa circunstância, como acabei de dizer, a negação do corpo é muitas vezes desejada pelos pacientes, que assim podem "expulsar" a doença de seus organismos.

O segundo mecanismo tem a ver com o médico. Acontece sempre que ele, ao pretender reservar para si o poder na relação, passa a trabalhar quase que exclusivamente com esse corpo virtual. Ou, como se costuma dizer, trata a doença e os exames, não a pessoa. Na psicoterapia, o equivalente é lidar com interpretações feitas pelo terapeuta e baseadas em teorias, que se propõem a ser verdades totais e por isso pouco ou nada têm a ver com as pessoas. Em ambos os casos, a meta é fácil de identificar: trata-se de ficar o mais longe possível do incontrolável, do imprevisível.

Nos últimos tempos, a medicina vem desenvolvendo uma nova forma de afastamento entre as pessoas: o chamado *managed care*, ou assistência gerenciada. Dada a tecnologização excessiva dos cuidados médicos, chegou-se a um estado em que os custos se tornaram proibitivos. É preciso, pois, gerenciar a aplicação desses recursos. Isso significa que entre os médicos e seus pacientes agora se interpõe mais uma instância: os avaliadores de custos e adequações. São eles que dão a palavra final sobre quem receberá esse ou aquele cuidado, quando e como. O economicismo tecnocrático amplia e multiplica o seu alcance.

Mas como eliminar de todo o aleatório (isto é, a própria essência da condição humana) da medicina, ou de qualquer outro domínio? A experiência mostra que, por incrível que pareça, essa tarefa continua a ser cada vez mais tentada por muitos. Lembremos aqui a ânsia de controlar o incontrolável, que acabou levando à criação de novas linguagens e de novos códigos, alguns deles úteis, a maioria nem tanto. Surgiu uma nova escrita, composta de gráficos, cifras e traçados.

Todos esses meios de expressão, como se sabe, estão sob a guarda da chamada comunidade científica. Por não ser possível controlar totalmente o ser humano real, controlam-se os discursos extraídos de seu corpo: os gráficos, as imagens e os laudos técnicos que os descrevem. Esse acervo, claro, é mantido fora do alcance dos leigos e mesmo dos iniciados não-especialistas. Sabemos que as imagens e os traçados nada são em si mesmos: precisam ser interpretados. Essas interpretações permitem transpô-los para uma linguagem que para o leigo é tão impenetrável quanto os ícones de que se originou. Codificam-se então os arcanos e assegura-se o domínio do saber e do poder.

Mas o processo não pára aí: esse jargão é por sua vez recodificado no cotidiano das clínicas, consultórios, laboratórios e lugares semelhantes. Quanto mais avança a codificação, mais diminui o número dos que a entendem. Há então uma tendência crescente à elitização dos próprios círculos de iniciados, cujo acesso vai se tornando cada vez mais difícil aos profanos – como acontece, aliás, nas confrarias místicas e esotéricas, tão condenadas pelos cientistas.

O resultado é que o paciente passa a ocupar um lugar cada vez menos importante nesse universo que, apesar de criado em seu nome e para seu benefício, complicou-se tanto que terminou adquirindo autonomia. Estruturou-se uma realidade fechada em si mesma, apesar da oposição de muitos médicos e pacientes, que terminam, apesar de seus protestos, também envolvidos e dominados.

É dessa maneira que os códigos naturais do corpo são apropriados e reescritos numa língua que lhe é estranha. Nunca é demais lembrar que, também aqui, estamos diante de mais um dos infinitos exemplos da apropriação da verdade pela cultura do patriarcado. É preciso lembrar que hoje, mais que nunca, crescem as evidências de que o excesso de tecnologia passou, como diz o filósofo Gerd Bornheim, a nos dominar e a decidir por nós de um modo surpreendente e irracional.

Acrescento que essa irracionalidade da razão instrumental só é viável por causa da dominância do pensamento linear, para o qual a persistência da separação sujeito-objeto é condição *sin ne qua non*. Tal irracionalidade não apenas salta aos olhos, como alimenta-se de si própria: quando mais evidente ela se torna, mais se multiplicam os nossos esforços (via racionalização) para negá-la, ou, se isso não for possível, escondê-la a todo custo.

O centauro vulnerável

Conta o mito que a arte de curar foi ensinada por Apolo ao centauro Quíron, que por sua vez a ensinou a Esculápio, o deus da medicina. Esculápio aprendeu com Quíron a praticar a cura por meio de ervas. Mas era portador de uma ferida que nunca cicatrizava: apesar de viver curando os outros, estava sempre doente. Em termos de medicina atual, esse mito pode ser interpretado como a necessidade que o médico (ou qualquer indivíduo envolvido em uma relação de ajuda) tem de reconhecer a sua própria vulnerabilidade, isto é, tomar consciência de sua própria ferida, que representa a possibilidade de ficar, ele próprio, doente.

Desse modo, um hipotético indivíduo sem problemas não teria como reconhecer – e muito menos tentar ajudar a resolver – as dificuldades dos outros, porque seria incapaz de colocar-se no lugar deles. Essa parte da lenda retrata as dificuldades da relação médico-paciente nos dias atuais. Supondo-se invulnerável, e entrincheirado em sua tecnologia, o médico perdeu quase toda a sua capacidade de empatia – e com ela muito do seu poder de curar.

Eis como a medicina também se viu enredada no problema criado pela ciência da modernidade, que visa estudar o mundo natural em sua realidade objetiva, independentemente do ser humano. É por isso que as relações de ajuda vêm se transformando cada vez mais num jogo de poder. Vem daí a crescente busca de liberdade por parte das pessoas, sua necessidade de ativar o seu "médico interior", dispensando dessa maneira grande parte do autoritarismo das relações frias, impessoais e intermediadas pela tecnoburocracia dos sistemas de saúde. Essa tendência, aliás, corresponde ao desejo de grande número de médicos em todo o mundo.

Mas o nosso médico interno não pode ser ativado pelas instruções de nenhum manual, inclusive os de "auto-ajuda". Essa ativação só pode ser feita por meio de um modelo de relacionamento interpessoal bem diferente do que hoje vivemos, e que precisaria ocorrer em qualquer lugar, a começar pelos ambientes de trabalho. É indispensável insistir neste princípio: o desenvolvimento humano só pode ser adequadamente atingido por meio da reforma das relações interpesssoais.

O intercâmbio de percepções é um dos meios mais eficazes de esvaziar tentativas de manipulação e de diminuir nossa vulnerabilidade aos condicionamentos. A diversidade de compreensões, quando compartilhada, nos mostra como as coisas são relativas, e como a separação sujeito-objeto dificulta a percepção dessa relatividade. A importância dessa idéia, em circunstâncias como processos de negociação e resolução de conflitos, é óbvia. Não existe desenvolvimento humano sem compartilhamento. Quanto mais interdependência mais independência.

Ainda assim, vivemos buscando quem nos diga o que fazer e como fazê-lo. Vem daí o grande sucesso dos manuais de instrução, que nos dizem como fazer isso e aquilo. É nesse espírito que se baseiam os métodos de "auto-ajuda": apesar de aparentar o contrário, eles nos induzem a crer que é possível desenvolver nossas capacidades segundo receitas padronizadas, determinantes vindas quase que exclusivamente de fora.

A chamada "auto-ajuda" reforça o egocentrismo, porque visa preparar as pessoas para vencer a qualquer preço e sem o auxílio dos outros. Baseia-se em um modelo mental excludente, que torna quase impossível conceber a afirmação do vencedor sem a eliminação do vencido. É essa situação que leva muitos a pensar que competência é sinônimo de competição predatória. É claro que seria ingenuidade imaginar que alguém pode sobreviver no mundo de hoje sem um mínimo de características competitivas. No entanto, a experiência continua a mostrar – indiferente à nossa dificuldade de aprender com ela – que a "competitividade" com o tempo acaba destruindo também os vencedores.

O EQUÍVOCO DA "AUTO-AJUDA"

A separação das disciplinas científicas e a super-especialização são fenômenos típicos da era industrial: peças estanques, produção massificada e em seqüência. São orientações que nasceram do modelo mental cartesiano, e se manifestaram nos processos padronizados das linhas de montagem. Fazem parte de uma visão de mundo baseada no planejamento hierarquizado e centralizado: os superiores determinam e os subordinados executam sem discutir. Esse modelo atrela nosso centro de regulação a valores quase que exclusivamente externos.

Mas há contribuições que vêm de fora e nem por isso deixam de ser importantes. Alguns conselhos, por exemplo. Eles constituem, talvez, a forma de ajuda mais comum no dia-a-dia. O bom senso diz que convém recusar conselhos que não pedimos. Mas também recomenda que não os descartemos de saída. Lembremos Shakespeare, no *Hamlet*: "Dê seus ouvidos a muitos, sua voz a poucos; acolha a opinião de todos, mas você decide".

Assim são os conselhos. Não que os sigamos sempre: a maioria deles, pedidos ou não, acaba descartada. O que importa, porém, é a atitude de pedir ajuda. Ela nos mantêm cientes de que não estamos sozinhos no mundo, e que a existência dos outros determina a nossa. Na ótica da nossa cultura, porém, pedir ajuda é sinal de fraqueza. Aprendemos que o mundo requer homens fortes: muita razão e pouca ou nenhuma emoção, ou seja, muita linearidade e pouca complexidade. Reprimir o que se sente é quase um imperativo. "Quem não tem competência não se estabelece", diz a sabedoria popular.

Mas competência para o quê, exatamente? O executivo impiedoso (inclusive para com ele próprio) no ambiente de escritório, parece ser muito diferente do homem inseguro e atemorizado que, na hora do almoço ou depois do expediente, aparece nos consultórios de psicoterapia. Não se trata de outro indivíduo: é a mesma pessoa que, ao estabelecer um corte profundo entre o trabalho e a vida privada, acabou ele próprio se dividindo, em dois ou em vários. Até que um dia adoece e as pessoas ao seu redor, antes dispensáveis ("amigos, amigos, negócios à parte"), tornam-se subitamente muito importantes. Desmorona o tabu de que pedir ajuda é sinal de fraqueza – só que às vezes isso ocorre tarde demais.

Em todo caso, em pelo menos um aspecto a atitude de buscar auxílio é importante: para deixar claro o quanto dependemos dos outros – dessas mesmas pessoas a quem tratamos como coisas ou adversários a eliminar. De repente, muda o cenário. É só quando a arrogância se transforma em medo que aparece o nosso temor de que essa mesma gente, que antes mantínhamos à distância, agora esteja longe demais para vir em nosso auxílio.

Quando digo que é o outro quem confirma a nossa presença no mundo, estou apenas repetindo o que, por exemplo, o filósofo chinês Chuang-Tzu já dizia no quarto século a.C.: "Se não há outro, não haverá um eu. Se não houver um eu, não haverá ninguém para fazer as distinções". Ora, se não existe ser humano isolado, não pode existir também o que se chama de "auto-ajuda". Toda relação de auxílio – pedida ou não – começa nesse ponto. Existe um potencial em todos nós. Se o desenvolvermos, estaremos nos preparando para ajudar os outros e deles receber auxílio. Nenhum homem realiza suas potencialidades sem que os benefícios dessa realização se estendam aos seus semelhantes, de modo direto ou indireto.

A solidariedade é, pois, o modo fundamental de desenvolvimento do potencial humano. Se trabalharmos para incrementá-la estaremos envolvidos numa rede produtiva, mesmo sem perceber. É preciso criar ambientes em que seja mais fácil reconhecer nossas vulnerabilidades e aprender a lidar com elas. Essa postura produz uma diminuição do autoritarismo, e um aumento das possibilidades da emergência daquilo que Montaigne chamava de amizade.

Em geral, diante de situações difíceis costumamos apelar para dois tipos de auxílio: a) o diálogo com amigos e familiares. Aqui predominam a argumentação racional, o reasseguramento e as tentativas de persuasão; b) a psicoterapia em suas várias formas. Mas há uma terceira opção, que surge quando a primeira já não é eficaz e a segunda ainda não é necessária. Consiste em criar um âmbito no qual seja mais fácil reconhecer nossas vulnerabilidades e aprender a lidar com elas. Essa circunstância produz uma diminuição do autoritarismo e um aumento das possibilidades de ajuda mútua. Tais ambientes se desenvolvem, por exemplo, com atividades de pequenos grupos de autogestão, e têm sido chamados de espaços de convivência e interação para o desenvolvimento humano.

8. A DINÂMICA DA REINTEGRAÇÃO (III)

As pessoas levam muito tempo para ficar jovens.
Pablo Picasso

Terminemos o exame dos principais aspectos da religação dos pensamentos linear e sistêmico, que vêm sendo abordados nos dois capítulos anteriores.

TOLERÂNCIA E COMPAIXÃO

Voltemos a duas premissas. A primeira deriva do idealismo de Hegel, modificado por Marx, que afirmava que no fim da evolução da história desapareceriam a propriedade privada, as classes sociais e o Estado, todos os homens seriam iguais e a felicidade reinaria. Do outro lado estão as promessas do capitalismo, renovadas na pós-modernidade: economize agora e usufrua no futuro; prive-se agora e aproveite mais tarde.

De qualquer maneira, se os homens fossem todos iguais, seja em cooperatividade, seja em "competitividade", as sociedades não seriam formadas por indivíduos, mas por peças e componentes. Nesse caso os outros não seriam humanos: ficariam reduzidos a outros-objeto, cuja exclusão seria fácil de fazer e esquecer, pois sua substituição seria banal demais.

Além disso, se a questão é descaracterizar e uniformizar o indivíduo (seja comunizando-o, seja transformando-o num consumidor), não é preciso esperar pelo *Weltgeist* de Hegel, nem por uma linha de chegada em que a justiça social seja alcançada pelo pensamento linear. Em qualquer dos casos, o nosso dia-a-dia mostra que já somos suficientemente cruéis uns com os outros.

Ao que parece, o mal triunfa sempre. Na fantasia de muitos, a extinção das classes sociais, e a realização dos benefícios prometidos pela utopia marxista, poderiam ter acontecido se o problema do mal no coração do homem houvesse sido resolvido. Uma reflexão mais detalhada mostra que esse raciocínio não passa de mais uma forma de utilizar o "outro de conveniência", isto é, de atribuir a fatores externos a culpa por nossas incapacidades.

Se concluirmos que o mal de fato predomina, teremos de concordar com pensadores como Joseph de Maistre (em cujas idéias, aliás, estão algumas das raízes do nazismo), para quem ele está em toda a parte. Esse autor fala da mão destruidora do homem, que não poupa nada e é a cumpridora da "grande lei da destruição violenta das criaturas vivas". Para de Maistre, a hegemonia do mal faz abortar as utopias. Porém, a história mostra que elas morrem e ressurgem sempre, no fluxo do tempo de espera dos sistemas, e em busca do momento em que a repetição possa desencadear a diferença.

É o que ensina o mito de Sísifo, no qual o personagem tinha uma missão a cumprir: havia sido condenado pelos deuses a empurrar uma enorme pedra até o topo de uma montanha. Lá chegando, a pedra se desequilibrava, rolava até a planície e ele tinha de descer e começar tudo de novo, empurrando-a morro acima e assim indefinidamente.

Como alegoria da inexorável rotina do nosso cotidiano, o mito não poderia ser mais adequado. O que leva à pergunta: o que será que nos faz prosseguir sempre em frente, sem desistir? A descida, responde o filósofo Albert Camus: aquele momento em que Sísifo mais uma vez desce a montanha em busca da pedra rolada para recomeçar a sua ação, mesmo sabendo-a absurda. É exatamente essa viagem morro abaixo que interessa ao pensador, pelo muito que ela ensina sobre a teimosia de quem não se rende à repetitividade.

Saber-se condenado, então, é sentir-se desafiado a ampliar a consciência, conviver com o absurdo e lidar com os paradoxos sem tentar negá-los, fugir deles ou diminuir a sua importância. Equivale a viver o fato de a condição humana ser limitada, frágil e finita, mas ao mesmo tempo plena de possibilidades. Corresponde, enfim, a descer a montanha, ir buscar pela enésima vez a pedra rolada – e com isso descobrir que a verdadeira realização está em saber respeitar o tempo dos sistemas, sempre atento ao instante em que, de súbito, o que parecia ser uma repetição enfadonha se revela uma recursividade produtiva.

A rocha que Sísifo vai obstinadamente buscar, depois de cada tentativa frustrada, pode muito bem ser vista como a necessidade que temos de estar sempre à procura da realidade – o real tal como o percebemos e construímos, não o apropriado pela cultura e imposto pelas ideologias. Ou, dito de outro modo, a infinita necessidade que o ser humano tem de ao menos tentar superar aquilo que o aliena, a começar pelos excessos de seu próprio ego. Por isso, cada tentativa malograda não é sempre a mesma, como parece: é nova a cada vez. Compete a nós buscar essa originalidade, aguçando nossa percepção.

As utopias existem porque têm a virtude da inocência, que lhes dá a possibilidade de intuir o inédito. Isaiah Berlin observa que o utopismo é um fenômeno que está no âmago do pensamento ocidental, e representa a percepção da fragmentação da unidade e o anseio de reconstitui-la. Mas argumenta que alguns ideais (os chamados Grandes Bens) não podem existir juntos, e é por isso que estamos sempre tendo de escolher, ou seja, estamos sempre obrigados a descartar.

Sartre diz que ao fazer uma escolha o homem escolhe a si mesmo, e mais: escolhe todos os homens. Escolhemos a nós próprios sempre em relação aos outros. Para o moralista inglês John Stuart Mill, o que diferencia o homem de outros animais não é a racionalidade, e sim a capacidade de escolher, de ser permanentemente capaz de não seguir o rebanho se assim o decidir. Para que as escolhas sejam viáveis, porém, é preciso que haja tolerância, e esta não é senão a manifestação do nosso respeito pelas escolhas alheias e vice-versa.

Se isso é verdade, não vejo porque os chamados Grandes Bens não possam coexistir ao menos parcialmente, ao contrário do que diz Berlin. Para tentar chegar a esse estado, porém, é necessário desenvolver a tolerância. E esta, ao longo da história, tem sido motivo constante de frases feitas e outros volteios retóricos, tão brilhantes quanto opacos têm sido seus resultados práticos.

O pensador Robert Wolff a estuda analisando a teoria e a prática do pluralismo democrático. Como se sabe, o ideal da democracia prevê um Estado no qual os cidadãos façam as leis e depois passem a obedecê-las. No entanto, dada a complexidade dos mecanismos político-administrativos, o cidadão tende a se distanciar do governo. A solução para essa dificuldade tem sido reunir as pessoas em grupos de pressão, os quais, atuando sobre os representantes eleitos pelo povo, negociariam seus interesses junto às instituições. Eis o pluralismo na prática.

Os grupos de pressão constituem a maneira mais viável de levar a tolerância à prática, na medida em que a atuação final do Estado representa, de certo modo, o resultado de múltiplas negociações. Sob essa perspectiva, a concorrência econômica não passa de uma das infinitas modalidades da luta entre os homens. E nela, se por um lado toleramos as pretensões dos nossos oponentes, por outro não deixamos de combatê-los sem trégua.

A tolerância acaba sendo uma tensão entre o confronto e a aceitação mútua entre as pessoas, ambos inevitáveis. A existência e o funcionamento dos *lobbies*, aliás, baseia-se nisso. O resultado final é que o pluralismo só na aparência é uma manifestação de tolerância. Não poderia ser de outra maneira, aliás, em nossa cultura do patriarcado.

Nessa ordem de idéias, a sociedade real não é o todo harmônico que precisaria ser, e sim um aglomerado de grupos de pressão, cujo entrechoque nem sempre reflete os interesses da comunidade. É por isso que a democracia que temos hoje não é nem sequer o menor dos males, e sim um sistema apropriado pela cultura patriarcal, e ainda longe de poder exercer todas as suas possibilidades. Ainda assim, não há justificativa para o individualismo, o conservadorismo e os autoritarismos.

A TOLERÂNCIA E A DEMOCRACIA MANIPULADA

Para Marcuse, a tolerância só se justifica como prática libertadora, mas o comum é que ela não passe de uma camuflagem para a opressão. O que significa que os cidadãos não escolhem de fato os seus governantes, mesmo em eleições democráticas. Logo, as democracias da nossa cultura só são representativas até certo ponto – mas com certeza não representam todas as necessidades das pessoas. Desse modo, estas não podem usar em sua plenitude os meios que teoricamente lhes dariam condições de uma vida de melhor qualidade.

Nos dias atuais, a extensa utilização de técnicas de *marketing* e manipulação de pesquisas de opinião nas campanhas eleitorais, mostra a propriedade da observação marcusiana. Por outro lado, nunca é demais relembrar que essas técnicas têm sua eficiência aumentada, quando aplicadas a pessoas condicionadas pelo raciocínio de causalidade simples.

O primeiro princípio da tolerância foi estabelecido por Voltaire, que dizia: "Odeio todas as suas idéias, mas lutarei até a morte para defender o direito que você tem de expressá-las". O segundo é representado pelas instituições democráticas. O terceiro foi proposto por Pascal: "O contrário da verdade não é a mentira, mas uma verdade contrária".

Convém destacar que nossa cultura do patriarcado não faz muito para facilitar a prática dessas proposições, principalmente quando lembramos que ela gerou e continua a ser a fonte perene do nacionalismo, do obscurantismo e da competição predatória. Não é de admirar, pois, que tenhamos tanta dificuldade de aprender a tolerar. *A Carta sobre a tolerância*, do filósofo inglês John Locke, é de 1698. O *Tratado sobre a tolerância*, de Voltaire, data de 1763. "Exorto-vos, pelas entranhas de Cristo, a que penseis na possibilidade de que estejais errados", escreveu o político Oliver Cromwell à Assembléia Geral da Igreja da Escócia, em 1650, apesar de não ser ele próprio um modelo de pessoa tolerante.

Não se trata, pois, de falta de apelos nem de tempo para aprender. A dificuldade é a mesma de sempre: esses pedidos e exortações, como infinitos outros, são motivados pelos mesmos condicionamentos, e são expressos na mesma linguagem que produziu e perpetua as situações que pretende evitar. É esse modelo que faz com que não consigamos entender que a tolerância é a arte de conviver com paradoxos. Na verdade ela acaba se tornando um deles, pois questiona os dualismos, mas os aceita como meios e oportunidades de entendimento de mundo e de expansão da consciência.

Os sofistas Górgias e Protágoras costumavam questionar a lógica de Aristóteles e até mesmo zombar dela. Hoje, na mesma linha, verificamos a disposição que muitas pessoas vêm mostrando para aprender a conviver com as contradições. Todas essas manifestações têm sido, passo a passo e muito lentamente, incluídas nas práticas da convivência humana. Ao que parece, vem aumentando o reconhecimento da necessidade de aceitar as diferenças e a diversidade.

Convém perguntar se o conceito de tolerância que estamos discutindo aqui não representa apenas a tolerância tal como apropriada pela cultura do patriarcado. Páginas atrás, vimos como isso tem sido feito no caso da democracia. Afinal de contas, é bem possível que por trás de nossa leniência se esconda o seguinte raciocínio: "Tolero o outro porque sou obrigado a conviver com ele. Mesmo assim, só o aceito enquanto ele se resignar a um papel secundário, isto é, enquanto não se atrever a ser um privilegiado como eu".

Tudo isso nos leva a considerar o processo de evolução de nossa consciência e a refletir sobre algumas premissas. A meu ver, é a partir delas que pode se tornar possível criar e consolidar valores que possam modificar nossa atual noção de alteridade, e conduzir-nos a uma idéia ampliada de desenvolvimento humano. São as seguintes:

a) a evolução da consciência humana passa por um grau razoável de diminuição da inflação do ego;
b) essa diminuição é produzida pelo reconhecimento da legitimidade humana do outro;
c) esse reconhecimento será tanto maior quanto menor for o autoritarismo da sociedade e de suas instituições;

d) nesse sentido, a evolução da consciência é a evolução da tolerância;
e) a tolerância amplia e aprofunda os espaços de desenvolvimento humano, que incluem a emergência e o cultivo de novos valores, de uma nova ética e de uma nova estética;
f) em suma, a evolução da consciência pode ser vista como a evolução da inteligência e a involução da esperteza;
g) essas premissas podem ser entendidas e praticadas de modo mais eficaz por meio da complementaridade dos modos linear e sistêmico de pensamento.

Sabemos que muito antes de Descartes a Igreja já havia sedimentado a noção de que o homem é uma alma temporariamente encerrada em seu condutor material – o corpo –, mas estaria separada dele, como um gás que supostamente não fizesse parte do balão que o contém. A essa proposta, Alan Watts chamou de "ego encapsulado em sua pele" – o eu encerrado em suas fronteiras.

Eis o padrão a que devemos nos adaptar, sob pena de sanções várias, morais, religiosas e sociais. As punições prometidas podem ser resumidas numa palavra – exclusão: ser excomungado, não entrar no céu, não ter direito à terra, ser barrado na festa, ficar à margem da sociedade, perder o emprego, não conseguir um "nicho de mercado" e assim por diante. Para seres gregários como nós, isso significa a morte. Porém, como sabemos, a obediência aos ditames do ego não nos livra da exclusão: só a favorece.

Ainda assim, continuamos convencidos de que nossa segurança vem da obediência às normas do pensamento linear, que é a principal base da sustentação egóica. E dessa forma prossegue a cadeia racionalizadora, por meio da qual fingimos não perceber que nossa tão desejada segurança se baseia em uma seqüência de equívocos. Ela própria, quando confrontada com a impermanência e a imprevisibilidade da condição humana, é talvez o maior desses enganos. É possível que esse seja um dos motivos pelos quais resistimos tanto à idéia de um exame mais profundo dos problemas criados pelos nossos condicionamentos.

"COMPETITIVIDADE" E TRANSFORMAÇÃO

As melhorias da qualidade de vida propostas com base apenas em parâmetros econômico-financeiros são ilusórias, porque tendem a criar mais problemas do que soluções. "Competitividade" e eqüidade social são conceitos e práticas mutuamente excludentes, mas eqüidade social e competência são situações complementares. Vejamos como e por que.

A atitude de adoração do "mercado", com a exclusão social que acarreta, apenas substitui a predatoriedade do Estado dirigista. Esse fenômeno é ainda mais nítido em culturas que investem pouco em educação básica, e muito em adestramento bacharelesco. Em qualquer dos casos criam-se sociedades mecânicas, que privilegiam o modelo de argumentação que consideram racional, o qual por sua vez entretém a "competitividade".

Educação produz cidadania, que gera liberdade, a qual por sua vez reflui sobre a cidadania, realimentando-a. Essa circularidade pode ser potencializada e assumir uma orientação mais humana, se o processo educacional for orientado pela complementaridade dos saberes e, portanto, dos sistemas de pensamento. Mas sabemos que não é nada fácil chegar a essa situação. Séculos de visão de mundo unidimensional produziram populações alienadas, submissas e acomodadas – e como tal facilmente comandáveis pelo "mercado".

Estamos diante de mais uma forma de autoritarismo, tanto mais eficaz quanto mais dissimulada e apresentada como escolha consciente e democrática. A mente autoritária é intolerante por definição, e a intolerância é antes de mais nada excludente. É ela que gera fenômenos como o policialismo, o cartorialismo, a pena de morte, o banimento, a censura, a medicina voltada para a doença, as leis voltadas para a proteção do patrimônio em prejuízo das pessoas, e assim por diante.

Como é evidente, a massa excluída (seja pelo capitalismo, seja pelo socialismo"real", seja pelo que for), e a grande maioria das pessoas supostamente incluídas, têm cada vez menos participação nas políticas que decidem e regem os seus destinos. Esse fenômeno configura o que tem sido chamado de novo autoritarismo. Nele, a "competitividade" tem um papel de destaque, que é o de orientar as estratégias de caça às chamadas "vantagens competitivas". Com esse termo, definem-se situações nas quais algumas pessoas adquirem habilidades e poderes, que lhes permitem excluir muitas outras. É bom lembrar que não há prêmios de consolação nesse duríssimo campeonato. A exclusão é radical, atinge o próprio âmago da condição humana e coloca muitos dos indivíduos descartados abaixo não apenas da linha da cidadania, mas das necessidades mais primitivas de qualquer sistema vivo.

A justificativa ética dessa postura tem sido uma interpretação fundamentalista da teoria da seleção natural. Partamos do princípio de que, na qualidade de ser vivo, o homem deve aceitar as leis da natureza. Se isso é correto, como ele é também um ser cultural, deveria seguir o ditame iluminista de "dominar" a natureza, transformá-la, e assim procurar salvar-se de pelos menos alguns de seus determinismos.

É o que realmente procura fazer. Mas os fiéis do credo competitivo quase sempre só procedem dessa maneira nos casos em que isso é vantajoso para si e seus aliados. Para tanto, utilizam ao máximo a ciência e a tecnologia. Como regra, os fundamentalistas da "competitividade" só "dominam" e transformam a natureza quando é de interesse do capital que investiram. Quando não é, deixam que o darwinismo social siga o seu caminho. Quando se trata de sua própria pele, eles são iluministas: a natureza pode e deve ser modificada. Quando a pele é a dos outros, são pragmáticos: lamentamos, mas é preciso obedecer à lei da seleção natural. Eis um exemplo didático de como utilizar uma teoria como se ela fosse um outro de conveniência.

Nessa ordem de idéias, existe todo um léxico destinado a fazer com que os vencedores esqueçam imediatamente os vencidos, depois que os eliminam. É bem conhecido o chavão que afirma que, no próximo século, só existirão dois tipos de empresários: os rápidos e os mortos. Isso significa que a prática das "vantagens competitivas" produzirá um tal grau de exclusão, que transformará (como já está acontecendo) milhões de pessoas naquilo que alguns tecnocratas chamam de "excedentes onerosos da dinâmica do mercado".

O LUGAR DO INFERNO

Lembremos aqui a conhecida pirâmide de Maslow, que tem em sua base as necessidades humanas fisiológicas, de sobrevivência. A partir delas, progride-se para as necessidades de segurança, depois para as sociais e em seguida para as de reconhecimento, até atingir as de auto-realização, que estão no topo.

Façamos agora a correlação dessa pirâmide com o cérebro triúnico de Mac Lean, no qual as determinantes mais primitivas do ser humano estão localizadas nas estruturas mais inferiores do tronco cerebral (o cérebro reptiliano ou complexo R). Daí, ascendem até o sistema límbico, ou cérebro mamífero, e por fim chegam à parte mais alta – o neocórtex –, onde se situam a inteligência e o raciocínio lógico.

Recordemos agora que o elogio da guerra, da agressividade, do autoritarismo, da hierarquia e da satisfação imediata (que transforma todas as necessidades em fisiológicas) constitui a tônica do discurso do patriarcado e de seus instrumentos mantenedores. Um dos resultados mais evidentes disso tudo, é a redução da situação humana às suas determinações econômico-financeiras, o que por sua vez resulta na nossa condenação a uma vida quase que totalmente mecânica.

O padrão de vida proposto como desejável pela mentalidade competitiva é, em linhas gerais, o regido pelo primitivismo do cérebro reptiliano. Para ele não existe a noção de que ao pensar no outro estamos necessariamente pensando em nós mesmos. Pelo contrário, o outro é sempre posto na rubrica dos males necessários (como se faz com a democracia), e contabilizado na coluna das despesas inevitáveis (o "custo humanidade"). Tendemos a ignorar as evidências de que esse é um passivo que cresce cada vez mais, e tanto mais aumenta quanto maiores são nossas tentativas de negá-lo.

É claro que as praxes da vida cotidiana resultam inevitavelmente num certo grau de exclusão. A questão que surge é como diminuí-lo, e o que fazer para auxiliar os excluídos, proporcionando-lhes oportunidades de voltar aos âmbitos de onde foram afastados. Diante de uma situação como essa, nossa reação é automática: logo argumentamos que temos um problema para resolver.

Voltemos, pois, ao pensamento de Gabriel Marcel. Vimos que para esse filósofo um problema é algo com que deparamos, que surge em nosso caminho. Já o mistério nos envolve, é uma experiência da qual fazemos parte, que permeia a nossa existência. Não estamos diante dele nem ele está à nossa frente: trata-se de uma relação transacional.

Marcel propõe que o mistério precisa ser vivido, mas sabemos que a linearidade de nossa mente faz disso uma tarefa extremamente difícil. Daí nossa tendência a transformá-lo em problema, e por esse meio procurar fugir à responsabilidade de relacionamentos nos quais deixamos de ser exclusivamente o sujeito. O filósofo adverte ainda que as tentativas de transformar mistério em problema, por meio do raciocínio lógico, constituem uma espécie de corrupção da nossa inteligência.

Mas sua posição não deixa de ser unidimensional, na medida em que constitui-se em uma variante da divisão sujeito-objeto. Não há por que dividir e polarizar. A vida é mistério *e* problema, embora se apresente ora de um modo ora de outro, a depender das circunstâncias. O suicídio é um mistério, mas cria problemas para os que continuam vivos; construir uma ponte é um problema, mas saber se poderemos atravessá-la e chegar vivos ao outro lado, mesmo estando com saúde, é um mistério.

Se não convém reduzir os mistérios à condição de problemas, o inverso também é verdadeiro. As coisas práticas existem, e precisamos lidar com elas por meios práticos. É importante que tenhamos sempre em mente a noção de complementaridade, porque, como foi dito há pouco, a vida consiste de problemas a serem resolvidos (essa é a finalidade do pensamento linear), e também de mistérios a serem vividos (esse é o propósito da complementaridade entre os pensamentos linear e sistêmico). Do ponto de vista do pensamento complexo mudar não é substituir, é complementar, abraçar.

Está no Eclesiastes: quem aumenta o seu conhecimento aumenta a sua dor. Esse é o conteúdo de uma das questões que as pessoas freqüentemente se propõem: até que ponto posso me abrir para o autoconhecimento (que implica sair da acomodação) sem sofrer demais? Feita de outro modo, a pergunta se apresenta assim: em que medida posso aprender (e aprender é mudar) sem sofrer muito? Até que ponto me sinto feliz por causa de minha ignorância e alienação?

Ser feliz ou não faz parte da imprevisibilidade do futuro. Nada nos garante que o dia da amanhã será necessariamente melhor, mas isso não significa que devamos ser sempre pessimistas. Se partirmos do princípio de que aquilo que nos acontecerá no futuro é, em certa medida, influenciado pelo que pensamos e fazemos no presente, concluiremos que podemos, dentro dessas limitações, traçar um projeto de vida, elaborar uma visão. Podemos até não ter consciência disso, mas essa possibilidade existe, faz parte do nosso potencial e, mais ainda, também faz parte de nossas responsabilidades. A não-realização do nosso potencial pode ser indefinidamente protelada, mas o preço a pagar é sempre alto.

Muitos dos que estudam o comportamento humano têm afirmado que a base das relações interpessoais em nossa cultura é o conflito. Com efeito, não se pode negar que em muitos casos o nosso modo de convivência leva a essa conclusão. A esse propósito, lembremos a peça de Sartre *Huis Clos*, traduzida entre nós com o título de *Entre quatro paredes*. Eis a história. Os três personagens principais, Estelle, Inês e Garcin, morrem e vão para o inferno. Lá chegando, vêem-se confinados numa espécie de sala de hotel. Estão isolados, exceto pelas poucas aparições de um camareiro. Depois de esperar em vão pelas proverbiais torturas, começam a conversar e acabam entrando em atrito. Já quase no final, descobrem que a essência do castigo é precisamente esta: estarem obrigados a ficar para sempre juntos, sem nenhuma possibilidade de saída. É quando Garcin, fechando um breve monólogo, diz a frase famosa: "O inferno são os outros".

Esse aparente pessimismo exagerado de Sartre também pode ser entendido como uma advertência para que não idealizemos demais as relações interpessoais. A peça termina, porém, com uma constatação: apesar de tudo, é preciso continuar. Se nossa existência é confirmada pela dos outros, e se os vemos como o próprio inferno, não é excluindo-os que resolveremos a questão, pois essa exclusão cedo ou tarde também nos atingirá. É o que já está acontecendo conosco, que estamos cada vez mais encerrados atrás de grades, condomínios fechados, ruas privadas e coisas do estilo.

A solução para o nosso confinamento, por mais que desejemos, não está apenas dentro dos guetos em que nos refugiamos. Está dentro e fora, no estabelecimento de estratégias de convivência. É preciso que o outro seja visto não apenas como a encarnação do inferno. Se o virmos de uma única maneira, ele se comportará também de modo único. Se pudermos mudar nossa percepção, ele poderá ser o agente de nossa libertação – desde que seja incluído nela. Só não podemos é esperar que tal aconteça de modo espontâneo: temos de abrir esse caminho.

O processo de fazer escolhas nos ensina que nenhuma proposta isolada, por mais atraente que pareça, conseguirá nos isentar da responsabilidade de manter sempre um alto nível de abertura, atenção e preocupação. Para tanto, é preciso que observemos e critiquemos sem cessar a nós mesmos, a sociedade em que vivemos e o nível de cidadania que alcançamos. Sem essa providência, o desenvolvimento humano jamais passará de simples retórica.

RESPEITAR A DIVERSIDADE: UMA TAREFA DIFÍCIL

É bem conhecida a metáfora que mostra que a mente se põe contra uma idéia nova, com o mesmo estilo e a mesma rapidez com que o organismo rejeita uma proteína estranha. Segundo essa comparação, as idéias novas estão entre os antígenos de ação mais fulminantes que se conhece.

Esse fenômeno também pode se apresentar do modo oposto: certas idéias são imediatamente aceitas, desde que se enquadrem nos padrões aos quais estamos submetidos num determinado momento. Já falei sobre essa polarização, que chamo de automatismo concordo-discordo.

A diversidade é fundamental para a nossa vida. Resistindo ou não, precisamos aprender a lidar melhor com ela. Com efeito, sabemos que sem resistência não há mudança, isto é, não há aprendizagem. Precisamos saber o que fazer, não para acabar com a resistência, mas para diminuir a sua radicalização, a sua obstinada linearidade. Oscar Nicolaus assinala que há duas maneiras de lidar com a complexidade. A primeira representa o modo de resistência, por meio do qual as pessoas a consideram uma inimiga, e entendem as percepções sempre como novas ameaças. Essa posição leva a várias tentativas de diminui-la. Eis as principais:

a) fragmentação: dividir as percepções em partes;
b) estandardização: tentativas de uniformizar essas partes;
c) especialização: fazer examinar cada um desses segmentos em separado por *experts* (abordagem disciplinar).

Essas providências acabam levando ao aumento das disfunções do sistema, que por sua vez nos levam a ver novas percepções como novas ameaças, e daí passarmos a mais tentativas de reduzir a complexidade. E assim prossegue o círculo vicioso.

RUMO A UMA NOVA CULTURA

Na Idade Média, as pessoas estavam convencidas de que o ser humano era impotente diante do destino e dos poderes de Deus. A partir do Iluminismo, porém, consolidou-se a convicção de que poderíamos controlar o mundo, por meio da razão e da técnica. Hoje, ao que parece, trocamos o poder ao qual devemos nos submeter. Em vez de submeter-nos aos ditames divinos, passamos a ser submissos aos do "mercado".

Nos últimos tempos, vêm surgindo indícios de que as coisas estão se modificando. A progressiva "renaturalização" do homem vem fazendo com que ele perca ao menos parte da rigidez da sua formatação cultural. Para que ocorra algum grau de reaproximação com a natureza, é necessária a criação de uma nova ética. Trata-se de avançar mais no sentido da transacionalidade da razão com a emoção, mas para consegui-la é preciso que nos reconciliemos com o mundo natural.

Vejo a reconciliação com a natureza não como uma volta romântica ao estado de "bom selvagem", mas como alguns passos a mais na direção da espiritualidade. No meu modo de entender, a espiritualidade corresponde a uma atitude de respeito pelo mundo natural e seus processos, que só poderá atingir a plenitude quando aprendermos a reconhecer a legitimidade do outro. A espiritualidade deriva da solidariedade. O entrelaçamento das duas conduz a um âmbito que transcende a ambas – a competência de viver.

Nossa noção de culpa está dirigida para o alvo errado. Se é que devemos nos sentir culpados, que seja por um motivo que realmente valha a pena: o de não saber respeitar a nós próprios (o que nos leva a viver idealizando mestres e gurus) e, por causa disso, não termos a competência necessária para reconhecer a legitimidade humana dos nossos semelhantes.

A menor repressividade dos dias atuais já é um começo importante para essa alteração de rumo. A contestação do excesso de normas e regras, e o questionamento da rigidez institucional, constituem atitudes que permitem a emergência de valores latentes. Entre eles, é fundamental o aumento da abertura para a criatividade, e a necessidade de reconhecer e lidar de modo mais eficaz com os conflitos e com a desordem.

Surge então outra proposta ética, que confere uma nova dimensão à interpessoalidade. Faz parte dela uma abertura mais ampla para o desenvolvimento de novas competências para trabalhar a corporeidade, e outras dimensões sensoriais das relações entre as pessoas. Essa postura pode levar a uma reavaliação da posição das minorias, e a uma modificação da relação entre os sexos. Todas essas tendências de transformação permitem entrever até que ponto será possível chegar, por meio da reforma do sistema de pensamento hoje predominante.

No mundo das empresas, por exemplo, começam a aparecer iniciativas de economia de rede, nas quais as parcerias se mostram mais eficazes do que a "competitividade". Surgem também circunstâncias em que o *marketing* se coloca como uma proposta de atenuação das conseqüências do chamado *marketing* de guerra. Essas iniciativas fazem parte de um âmbito bem mais amplo, que inclui as chamadas abordagens não-cartesianas para a evolução da consciência. Eis algumas delas, já em desenvolvimento em várias partes do mundo:

a) autopoiese e biologia da cognição;
b) práticas meditativas;
c) bioética;
d) redesenho de empresas e processos (mudança de cultura organizacional);
e) modelagem sistêmica da interação humana;
f) trabalho cooperativo auxiliado por computadores;
g) transacionalidade de saberes (transdisciplinaridade, aplicações do pensamento complexo à educação);
h) desenvolvimento de competências éticas.

Acrescentaria ainda o estudo da relação entre algumas abordagens tradicionais – a psicologia do budismo tibetano, por exemplo – e várias das propostas do pensamento complexo, que constitui o que me parece uma linha fecunda de pesquisa, que tem sido trabalhada pelo cientista Francisco Varela, entre outros.

Em meu livro *Organizações de aprendizagem; educação continuada e a empresa do futuro*, entro em detalhes sobre as aplicações do pensamento complexo à cultura organizacional. Nessa obra exponho um método – a culturanálise – que permite o diagnóstico das culturas patente e latente das corporações, com ênfase no imaginário organizacional, e na possibilidade de estruturação de *learning organizations* (organizações de aprendizagem).

Em outras áreas, delineia-se também uma reavaliação de posições como a censura e a punitividade, que se traduzem na revisão das políticas de direitos humanos. Toda essa sensação de mudança vem se refletindo no desaparecimento das ditaduras no plano mundial. A emergência da necessidade de desenvolver a criatividade é uma demonstração dessas transformações. É preciso não esquecer, porém, que a relativa lentidão com que elas vêm ocorrendo torna muito fácil as estratégias de negá-las por meio de argumentos "racionais".

COMPETÊNCIA, ECONOMIA SOCIAL E SUSTENTABILIDADE

Na economia do modelo patriarcal, o valor de um ser humano é calculado com base no que ele é capaz de produzir em trabalho. O trabalhador e seu coletivo – a classe – são tradicionalmente definidos em termos de produtividade, isto é, por parâmetros mecânicos. Essa é a noção de homem que caracterizou a era industrial.

Hoje, como se sabe, a automação vem provocando o crescente desaparecimento de postos de trabalho no mundo inteiro. Ao lado disso, os bens de capital (o capital físico, os bens concretos) vêm perdendo cada vez mais valor, enquanto o capital humano (o conhecimento adquirido pelas pessoas) vale cada vez mais. O concreto (o tangível) vale cada vez menos do que o virtual (o intangível). É por isso que se diz que o conhecimento será o produto mais valioso do terceiro milênio.

O desaparecimento de milhões de empregos pelo mundo afora está levando a conseqüências piores do que se imagina. Acontece que, pelo fato de ter seu valor tradicionalmente calculado em termos produtivistas, as pessoas cujos postos de trabalho foram ocupados por máquinas já não têm parâmetros para definir sua situação na sociedade. Ao perder o emprego, o indivíduo perde também o valor por meio do qual era definida e calculada a sua existência. Com isso, como diz o economista Jeremy Rifkin, ele deixa de ter função e definição social.

O Estado-nação, confinado em suas fronteiras, e agarrado à ilusão do domínio de bens físicos e do controle territorial, vem perdendo cada vez mais poder. A informação, a comunicação e o conhecimento já não podem ser controlados como antigamente. Essa velocidade de difusão do capital humano (aquilo que as pessoas aprenderam) estende-se à área financeira – o chamado capital volátil. Enquanto os Estados-nação perdem poder, este se concentra nas grandes empresas e nos capitais transnacionais.

Eis o cenário: a importância do Estado (o primeiro setor do processo produtivo) vem diminuindo, e as empresas privadas que visam lucro (o segundo setor) vêm crescendo em termos de poder. Ao lado disso, a massa dos que estão à margem desses dois setores vem assumindo um papel da maior importância em todo o mundo.

A esse segmento deu-se o nome de terceiro setor. É nele que funcionam as iniciativas comunitárias, as chamadas organizações não-governamentais e inúmeras outras, cuja característica é o grau relativamente pequeno de institucionalização, que em certos casos pode chegar à quase total informalidade. Esse universo hoje configura uma vasta diversidade de forças produtivas e comunidades locais, cujas características básicas são:

a) ênfase nas relações comunitárias, interdependência e valorização do trabalho voluntário, como se vê, por exemplo, em creches, escolas, instituições hospitalares e iniciativas semelhantes;
b) disposição das pessoas para doar o seu próprio tempo a outras;
c) uma nova visão do valor do ser humano e, em conseqüência, a emergência de um novo conceito de alteridade, no qual a tendência é o aparecimento de novas formas de definir a existência das pessoas no tecido social;
d) enfim, como muitos já chegaram a afirmar, a progressão do terceiro setor tem sido vista como uma espécie de revolução, da qual surgirá o modelo de contrato social predominante do século 21.

O terceiro setor vem se mostrando também como um ponto de partida para a desinstitucionalização e a laicização de segmentos até então fechados, como a medicina. Com efeito, já existe um número crescente de atos, antes exclusivos dos profissionais médicos, que são executados por leigos treinados. Essa área vem tendo um crescimento impressionante, à medida que aumentam o desemprego e a exclusão social no mundo. Mesmo em países onde tais problemas não são muito expressivos ela também se desenvolve.

Ainda no século passado, depois de visitar os EUA, o escritor político francês Alexis de Tocqueville escreveu um livro hoje clássico,

A democracia na América, no qual se mostra impressionado com o espírito associativo dos americanos, sua capacidade de ajuda mútua e espírito comunitário. Hoje, os EUA são o país em que as atividades do terceiro setor mais se desenvolvem em todo o mundo, favorecendo a abertura cada vez maior de um novo campo, menos dependente do mercado convencional e das políticas do setor público.

A sociedade é um sistema vivo, e a dinâmica da economia é basicamente regida por fatores subjetivos. Para comprovar isso, basta analisar as variáveis que diariamente fazem subir e descer as bolsas de valores. Não levar em conta esses dados constitui um dos equívocos da economia de mercado, que insiste em entender fenômenos complexos por meio do pensamento linear. O mesmo faz o socialismo, que propõe o capitalismo de Estado. Ambos incorrem no mesmo engano, porque estão formatados pelo mesmo modelo mental. Não lhes ocorre que um Estado que seja a um só tempo necessário e suficiente, é uma situação que só pode ser pensada e entendida pelo pensamento complexo.

De certo modo, a construção de comunidades viáveis representa uma espécie de retomada e aperfeiçoamento de alguns dos aspectos da vida comunitária anterior à sociedade industrial. O trabalho voluntário é remunerado fora das praxes do mercado, muitas vezes por meios não-financeiros, e é fator contribuinte para a emergência de uma cultura latente (instituinte) por entre as brechas da cultura patente (instituída).

É preciso considerar também que as atividades do terceiro setor são de natureza desburocratizante e facilitadora da vida das pessoas. Essa característica faz com que elas tendam a extinguir "nichos de mercado", que precisam da rigidez institucional para sobreviver, como ocorre em certos modelos cartoriais, nos quais proliferam despachantes, agenciadores e similares. Daí a resistência que suscitam em determinadas áreas.

O terceiro setor continua a ser subvalorizado, ou mesmo ignorado por alguns cientistas políticos e economistas, justamente por causa de seu rótulo de "alternativo". Como se trata de uma cultura que ainda se mantém em grande parte latente (instituinte), representa um desafio para a cultura instituída, porque vem se mostrando de difícil controle pelos mecanismos institucionais clássicos. Nesse caso, as próprias tentativas de exclui-lo o fortalecem.

O serviço comunitário provém da noção sistêmica de que tudo está conectado com tudo, e que ajudar o outro é ajudar a si mesmo. Essa circunstância, como vimos, até certo ponto diminui a intermediação do dinheiro como forma de pagamento, e constitui-se em um primeiro passo para uma economia da alteridade. Esta, obviamente, não dispensará o capital nem a propriedade privada, mas aprenderá a lidar com eles de modos diferentes.

As práticas comunitárias, com sua economia social, são bem diferentes das atividades de "mercado". Nestas a troca é sempre material e financeira, e os ganhos e perdas econômicos são julgados mais importantes do que as conseqüências sociais. A noção de ganho indireto, não facilmente quantificável, é dificilmente compreendida pelo pensamento linear, mas facilmente entendida por meio do pensamento complexo.

Se reunirmos pequeno grupos e discutirmos qualquer tema, procurando tanto quanto possível deixar de lado os preconceitos, o conhecimento acumulado e a necessidade de sermos considerados autoridades nesse ou naquele assunto, acabaremos descobrindo novos modos de perceber e entender o mundo. Mas o que fazer com o que for descoberto? Que valor terão esses achados, conseguidos a partir de um modelo mental que pouco tem a ver com uma sociedade em que predominam valores como a agressividade e a "competitividade"?

Uma comunidade em que as determinantes egóicas predominem tenderá a desqualificar tudo o que as conteste. Reflitamos sobre isso, e logo descobriremos por que estamos, em apreciável medida, condenados à mediocridade e ao nivelamento por baixo. Aprenderemos então que na vida real, marcada pela rigidez das instituições, a felicidade é como que um privilégio, algo que costumamos ver apenas nos outros, que eles em geral vêem somente em nós, e que por isso parece não estar em lugar nenhum. Perceberemos também por quais razões as pessoas são definidas por suas posses e hábitos de consumo.

A DINÂMICA DA REINTEGRAÇÃO (III)

SOCIEDADES DE PARCERIA

Nosso desafio é descobrir o que fazer como indivíduos, no sentido de desenvolver uma sociedade de cooperação. Instrumentos cognitivos não faltam. O que escasseia é a criação de condições e oportunidades para aplicá-los. Seja como for, o mais importante é que o ponto de partida precisa ser a pessoa. É essencial que entendamos que as culturas só podem ser modificadas por meio de acontecimentos criados por indivíduos, e não por ideologias postas em prática por instituições. Daí a extrema importância do trabalho dos pequenos grupos de autogestão.

Cabe repetir aqui a diferença entre individualidade e individualismo. Talvez seja mais adequado explicá-la utilizando a metáfora das partes e do todo. Para Maturana, os componentes de um sistema só podem ser chamados de componentes em relação a esse sistema. Trata-se da aplicação do princípio de que as coisas não podem ser definidas em si mesmas, e sim por meio de sua relação umas com as outras.

Uma parte só é parte quando desempenha a função de componente de um todo, o que quer dizer que as partes e os sistemas não existem por si sós. O que dá significado à sua existência é a complexidade de seus inter-relacionamentos. O indivíduo individualista, que quer ser visto como separado de seu sistema social, acaba pondo em questão a sua própria existência como pessoa. Por isso, diz-se que ele está alienado.

Na individualidade ocorre algo bem diferente. Usemos de novo uma metáfora explicativa. Relembremos que os sistemas autoprodutores constróem a si mesmos, mas para isso utilizam recursos vindos do ambiente. São ao mesmo tempo independentes (autoprodutores) e dependentes (precisam da energia vinda do meio). É por isso que a individualidade (que se relaciona à autoprodução) implica a indispensabilidade do outro (que está no ambiente). O indivíduo autoprodutor precisa do outro para se produzir e vice-versa. A autoprodução é, em última análise, uma produção conjunta.

Na opinião de Maturana, o conflito e a agressividade sob os quais vivemos em nossa cultura patriarcal não fazem parte da natureza biológica dos seres humanos. A questão do bem e do mal não é biológica, e sim cultural. A biologia humana encerra o potencial de luta pelo domínio, mas também o da busca da interpessoalidade. O que determina a colocação em prática de uma ou de outra dessas latências são os fatores culturais.

Daí se segue que não estamos definitivamente condenados a viver sob o autoritarismo e a hierarquia do patriarcado. Já vimos que La Boétie diz que nossa propensão à servidão não é existencial e sim circunstancial (cultural). Se foi possível adquirir um modo de comportamento, é também possível modificá-lo. Isso não significa que conseguiremos fazê-lo, mas que se trata de uma escolha nossa. Cabe-nos decidir se queremos ou não continuar condicionados pelo modelo mental linear.

9. A ESTRATÉGIA DO ABRAÇO

Nossas ações ressoam muito além do nosso ambiente imediato.
Tenzin Gyatso, 14º Dalai Lama

O esforço para a reforma do pensamento tem inúmeras vertentes, como acabamos de ver nos capítulos anteriores. Muitos são os seus proponentes e igualmente diversificadas as suas propostas. Não há, é claro, como falar de todas elas no espaço de um livro.

Em vista disso, talvez seja melhor buscar uma espécie de reunião de propósitos ou intenções, que possa servir como fechamento para este volume. Eis por que proponho, agora, falar brevemente do que chamo os cinco saberes do pensamento complexo: saber ver, saber esperar, saber conversar, saber amar e saber abraçar. Todos estão inter-relacionados, e por isso dependem uns dos outros para ser vividos em sua plenitude. Vejamos como.

SABER VER

Sartre, entre outros, percebeu que nossa existência é fundamentalmente confirmada pelo olhar do outro. Mas não é necessário ser um filósofo para chegar a essa conclusão. Peter Senge relata que entre certas tribos do Natal, na África do Sul, o principal cumprimento é a expressão *Sawu bona*, que quer dizer "eu vejo você". As pessoas assim saudadas respondem dizendo *Sikhona*, que significa "eu estou aqui". Ou seja, começamos a existir quando o outro nos vê.

E mais: existe, entre tribos africanas que vivem abaixo do Saara, a ética *ubuntu*, que vem da tradição *Umuntu ngumuntu nagabantu*, que em zulu significa "Uma pessoa se torna uma pessoa por causa das outras". Para esses povos, quando um indivíduo passa por outro e não o cumprimenta, é como se houvesse se recusado a vê-lo, o que significa negar-lhe a existência.

Saber ver é antes de mais nada saber ver os nossos semelhantes. De fato, a localização anatômica dos nossos olhos mostra que eles estão orientados para ver o mundo – isto é, para ver o outro. Todos sabemos que há certas partes de nossa anatomia que só podemos enxergar em ângulos muito precários, e outras que não podemos ver de modo algum.

Convém notar que a unidimensionalização da visão – que nada mais é do que o resultado da apropriação do olhar pela cultura dominante – é um dos fenômenos mais alienantes do nosso cotidiano. A iconização da sociedade, isto é, o fornecimento de um mínimo de palavras escritas e um máximo de imagens padronizadas, conduz a uma diminuição do contato com a razão – o *logos*. Disso resulta a restrição ao acesso das pessoas ao imaginário, o que as leva a ver o mundo de modo concreto e literal.

Essa é uma das principais causas da redução da capacidade de lidar com a palavra e, por conseguinte, de conversar. É uma forma de dificultar a formação de consensos derivados da experiência, e perpetuar a unidimensionalização. Trata-se de reprimir o imaginário e a diversidade em todas as suas dimensões: na linguagem escrita e falada, na expressão corporal, na produção de imagens e símbolos, enfim, em todos os meios pelos quais o indivíduo pode se diferenciar da massa.

As imagens e os símbolos tendem a quebrar a linearidade do nosso pensamento. Nesse sentido, os mitos são indispensáveis à facilitação das conversações e, conseqüentemente, à formação de consensos. A experiência mostra que ao compartilhar histórias, lendas e narrativas, as pessoas vêem abrandado o seu ânimo competitivo e litigante. No entanto, como alerta o historiador e mitólogo Joseph Campbell, os símbolos têm, ao longo da história, levado povos inteiros a comportamentos violentos e destrutivos. Para Campbell, muitos desses comportamentos resultam da interpretação ao pé da letra do conteúdo de mitos heróicos. As metáforas são tomadas como reproduções exatas do real, e desse modo reaplicadas à prática.

É claro que essa espécie de compreensão pressupõe mentes como as nossas, pesadamente condicionadas por uma cultura cujos mitos básicos configuram uma interminável crônica de guerras, pilhagens, vinganças e punições. É dessa maneira que os fundamentalismos reforçam os condicionamentos, que por sua vez reforçam os fundamentalismos e assim por diante.

A primitivização de nossas mentes pela supressão da palavra (em especial a palavra escrita) traduz-se na prática pelo estreitamento de nossa percepção de mundo. Dessa maneira, ela passa a depender de virtualmente um único sentido – a visão. A audição vem em segundo lugar, mas com menos destaque. Essa circunstância nos torna cada vez menos capazes de perceber a importância do conjunto. Perdemos a abrangência de avaliação proporcionada pela totalidade dos sentidos, e dessa forma nos afastamos da perspectiva sistêmica de estar no mundo. Em conseqüência, as percepções veiculadas pelos sentidos, que têm sido reprimidos e anestesiados, são desvalorizadas, o que favorece a unidimensionalização e a manipulação.

É indispensável que evitemos assumir uma visão conspiratória desse fenômeno, para não cairmos mais uma vez no eterno equívoco (ou conveniência) de atribuir as causas de nossas dificuldades exclusivamente a fatores externos, dos quais nos julgamos vítimas indefesas. É bom que estejamos alertas para essas circunstâncias, pois ao que parece muitos de nós estão convencidos de que a alienação das massas, com todas as suas conseqüências, resulta da atuação de um *establishment* onipotente, ao qual é inútil resistir. É com essa espécie de desculpa que costumamos fugir à responsabilidade de ter de lidar com o real.

Convém não esquecer que tudo isso vem acontecendo com nossa anuência, consciente ou não. Essa postura de vítimas, aliás, expressa-se em nossa tendência a dar pouco valor às iniciativas individuais para a transformação social: se sou uma vítima, e ainda mais estando isolado, como poderei mudar alguma coisa? Muitos parecem não entender que para superar essa circunstância é fundamental o desenvolvimento do fabulário, que aglutina as pessoas. Parecem não compreender também que para isso a palavra, as imagens, os sons e as sensações tácteis e olfativas precisam caminhar juntos, como meios de percepção e integração de nossa experiência de mundo.

O que aconteceria se de repente perdêssemos a visão, ficando inteiramente dependentes dos demais sentidos? Essa foi a idéia que levou o escritor português José Saramago a produzir o romance *Ensaio sobre a cegueira*. A história se passa em uma grande cidade, onde as pessoas começam a ficar súbita e inexplicavelmente cegas. Pior ainda, o problema é contagioso. O alastramento do surto marca o início de uma série de terríveis acontecimentos, centrados num só fato: as desventuras de uma sociedade que, acostumada à unidimensionalidade, a um modo virtualmente único de perceber o mundo, é de súbito levada a depender por inteiro dos demais sentidos, que sempre havia mantido em plano relativamente secundário.

Continuemos com o romance de Saramago. Os casos de cegueira vão se multiplicando. A primeira providência tomada é previsível: os cegos são confinados, com guardas armados a vigiá-los – a clássica atitude concentracionária, à qual nossa cultura recorre, sempre que tem de lidar com pessoas que de um modo ou de outro se revelam diferentes. A história prossegue, e logo se estabelecem entre os cegos confinados ações que oscilam entre a competição e a cooperação. Seguem-se cenas em que essas circunstâncias se generalizam, e a disputa pela comida leva a conseqüências degradantes, que se alastram para fora do ambiente do confinamento.

O livro é uma metáfora das desventuras de uma sociedade cujo principal modo de perceber o mundo foi suspenso. A isso se adiciona o fato de que essa forma de percepção, por sua própria natureza, impele as pessoas a buscar referenciais externos, com o resultante apagamento progressivo da vida interior. No romance, ao se verem privadas desses referenciais (impedidas, por exemplo, de consultar o

Grande Guru que é a televisão), elas se dão conta de seu vazio interno, e partem para a busca de uma solidariedade perdida, o que é feito de modo canhestro e ineficaz. Não se pode, aliás, esperar outra coisa de indivíduos mais preparados para a competição do que para a parceria.

A obra de Saramago pode ser lida como um questionamento ao pensamento único, apropriado pelo poder de uma cultura em que o homem perdeu o sentido da globalidade e o de si mesmo. Nesse contexto, a proposta do pensamento complexo corresponde a uma retomada da pluri-sensorialidade. Esta pode ser considerada um equivalente orgânico da transdisciplinaridade – uma forma de ver e entender o mundo, traduzida em um saber que questiona a cegueira do modelo mental dominante.

Esse detalhe pode não ser claro para muitos de nós, mas não escapou à sensibilidade dos poetas, como por exemplo Fernando Pessoa:

> E penso com os olhos e com os ouvidos
> E com as mãos e com os pés
> E com o nariz e com a boca.[20]

O que nos conduz de volta ao marco inicial: saber ver é saber ver o outro, único ponto de partida realmente humano para começar a enxergar o mundo. Ou, como diz Pessoa,

> O essencial é saber ver,
> Saber ver sem estar a pensar,
> Saber ver quando se vê,
> E nem pensar quando se vê
> Nem ver quando se pensa.
>
> Mas isso (tristes de nós, que trazemos a alma vestida!),
> Isso exige um estudo profundo,
> Uma aprendizagem de desaprender.[21]

Convém lembrar que esses versos foram escritos no começo deste século (Pessoa morreu em 1935), ou seja, muito antes de se começar a falar de modo constante em complexidade, reforma do pensamento, aprender a aprender e temas semelhantes.

SABER ESPERAR

Para nós, não há nada mais difícil do que esperar. A exemplo do que fez com tudo mais, nossa cultura privilegiou a dimensão quantitativa do tempo. Deu primazia ao tempo medido em relação ao vivido. Como a temporalidade medida é, em nossa concepção, igual a dinheiro, e como o dinheiro muito freqüentemente se relaciona a imediatismo, ansiedade e temor, esperar reduziu-se a um sinônimo de perder tempo, isto é, perder dinheiro e sentir medo.

Transformamos o tempo em uma coisa, uma mercadoria, como mostrou Marx em seus estudos sobre o tema. Na mesma linha, a apropriação do tempo (e a mecanização da gestualidade) das pessoas, foi também consagrada como o ponto central do taylorismo – a "gerência científica" das linhas de produção industrial, que Charles Chaplin satirizou em *Tempos modernos*.

Qualquer tentativa de fazer uma ontologia do tempo suscita desde logo a questão de se ele é linear ou circular. É importante registrar que nas três grandes tradições patriarcais de nossa época – o cristianismo, o judaísmo e o islamismo – o tempo é linear. Na *Bíblia*, com exceção do Eclesiastes, é assim que ele é considerado. Segundo essas tradições, marchamos sobre essa reta com princípio meio e fim determinados, sempre em direção a um alvo final – a morte –, que pode representar a salvação ou a danação eternas. Não existe possibilidade de segunda chance. Não há lugar para o eterno retorno de que fala Mircea Eliade.

É essa linearidade que torna possível as pressões, cobranças e advertências, que instilam em nós o pavor em relação a esse marco do qual não se volta. Tal circunstância contribui, evidentemente, para que encaremos a morte como um ponto final que nos apavora, e não como um dado da vida. Tende também a fazer com que desvalorizemos a passagem, a trajetória, e tudo aquilo que com ela se relaciona.

Trata-se de uma unidirecionalidade que torna possível as ameaças partidas de deuses masculinos, severos, punitivos e fiscalizadores. Possibilitou, ainda, a emergência de filosofias como o determinismo histórico de Hegel, apropriado por Marx e transformado em uma espécie de via dolorosa, a ser percorrida na direção da beatitude final do comunismo salvador.

Além de levar à desvalorização do cotidiano, a retilineidade princípio-meio-fim dificulta muito a prática da tolerância, da serenidade e da compaixão. Por outro lado, sempre estimulou a "competitividade". Mesmo com o aceno a penas terríveis e com a impossibilidade de retorno, porém, não se conseguiu evitar as infindáveis tentativas de burlar as punições, mediante toda sorte de estratagemas, muitos deles antiéticos.

Tudo isso nos levou ao desaprendizado da espera. A concepção linear do tempo tornou possível, como já foi dito, a sua apropriação e transformação em mercadoria – ponto central da filosofia das linhas de montagem industrial e da idéia de produto acabado. A reificação, a quantificação e a comercialização do tempo fizeram com que ele se tornasse artificialmente escasso, e como tal objeto de usura. É o caso dos prazos bancários – e também da apropriação e desvalorização da temporalidade e da subjetividade das pessoas. Nesse modelo não há lugar para o ser humano individualizado, mas sim para o homem recortado, o homem-função.

O padrão linear-quantitativo fez com que a técnica determinasse a vida humana e não o contrário. Temos uma enorme dificuldade de compreender que, ao ver o tempo unicamente como um bem de consumo ou moeda de troca, perdemos a sabedoria da espera. Isto é: perdemos uma das dimensões mais importantes da nossa existência. Não sabemos distinguir o tempo cultural do tempo natural, e pagamos muito caro por isso. Ao institucionalizar a temporalidade linear, deixamos de respeitar a diversidade das temporalidades individuais.

Essa é a tônica da nossa cultura, na qual os dominadores impõem aos dominados (mas também a si próprios) o seu modelo mecânico de temporalidade, e o tempo da cultura patente reprime o da cultura latente. É claro que precisamos dessa linearidade para as práticas da vida mecânica – mas decididamente não precisamos dela como indutora de paranóias.

Do ponto de vista qualitativo, o tempo não se ganha nem se perde: vive-se. Nas grandes tradições anteriores à judaico-cristã, a temporalidade é circular, reflete a dinâmica dos sistemas da natureza, o que nos mostra que vivemos num mundo de ciclos. Com elas, aprendemos que saber esperar é saber viver.

É preciso reaprender a aguardar o nascer do dia, o cair da noite, a chegada de uma estação do ano, as fases da lua, o desenvolvimento de uma idéia. Os ciclos da vida incluem o tempo de espera dos sistemas. Vivemos neles e eles em nós. Não há como desenvolver uma alteridade significativamente diversa da que vivemos hoje, sem entender a complementaridade dos tempos linear (o tempo mecânico-produtivista) e não-linear (o tempo sistêmico). Ela nos levará a uma visão complexa da temporalidade.

É preciso, por exemplo, não pretender apressar a chegada da felicidade. Essa proposta não quer dizer que devamos esperá-la passivamente, mas por outro lado mostra que de nada adianta persegui-la como se ela fosse uma caça. Com efeito, a experiência mostra (e insistimos em não aprender com ela) que é precisamente a perseguição ansiosa da felicidade que muitas vezes nos faz infelizes.

Aqui a noção de coisa mais uma vez faz com que ignoremos a de processo: a felicidade que se busca com tanta sofreguidão é apenas a da acumulação material. Essa é a idéia de felicidade que herdamos do Iluminismo, e que continua em vigor até hoje. Ela pressupõe que as sociedades caminharão sempre rumo à perfeição, que o evoluir da história está predeterminado por leis fixas e que o indivíduo, na qualidade de instrumento desse determinismo, é inexoravelmente conduzido por ele.

Trata-se, pois, da idéia de felicidade projetada sobre uma linha de tempo, sujeita à quantificação e que suscita, no outro pólo, a noção de escassez. Esta, por sua vez, produziu a convicção de que prolongar o processo vital é igual a prolongar a felicidade. Trata-se de um ponto de vista em princípio razoável, mas que em certos casos, além de desvalorizar o momento presente, inspira ações de postergação artificial da vida, em situações em que ela já não é compatível com a dignidade humana.

Fala-se pouquíssimo na felicidade que surge no aqui-e-agora do convívio das pessoas – a felicidade solidária. É compreensível: nosso cotidiano competitivo pode ser tudo, menos feliz, embora seja nele e não num reino transcendental que temos de viver. Nossa mente tem pouca capacidade de entender e valorizar a felicidade que emerge da convivência. Um dos motivos para isso, é que esta não é facilmente apropriável e transformável em moeda de troca, como se faz com o tempo.

Os obstáculos a essa compreensão são muitos, e estão profundamente enraizados nos cânones de nossa cultura, segundo os quais é preciso competir, batalhar, ganhar muito dinheiro para poder comprar a felicidade. Na prática, as pessoas não raro acabam concluindo que é tão difícil ser feliz por esses meios que imaginam que o seja por todos os demais. E assim, no fim das contas, acabamos nos considerando incapazes de ser felizes seja de que maneira for.

A felicidade não está no término de uma linha de tempo, na qual o começo e o meio também estão predeterminados. A própria idéia de conquista subentende-a difícil e fugidia. Nessa ótica, ela é considerada uma forma de vantagem e continuamos a persegui-la por toda parte – menos onde realmente se encontra: no espaço de convivência com o outro humanamente legitimado, e no respeito ao tempo de que ela precisa para emergir.

Saber esperar não é uma condição que deriva de um conjunto de regras, de um sistema filosófico ou de uma disciplina pragmática. Tampouco é uma condição transcendente, à qual devemos nos curvar movidos pela fé. Trata-se de uma dimensão importante da condição humana, e negá-la é negar a própria essência do viver.

A biologia da espera

Não é por acaso que saber esperar é uma dimensão essencialmente feminina. Na mulher, essa característica não é uma virtude, uma proposta metafísica ou um valor moral. Pode até evoluir para tudo isso, sem dúvida, mas no princípio, na base, saber esperar é uma questão biológica. A mulher é um ser lunar, que sabe que precisa aguardar pelos grandes ciclos de seu universo orgânico: o menstrual, o gravídico, o puerperal, o do aleitamento. Ela sabe que não há como tentar acelerá-los, nem competir com eles sem que os resultados sejam desastrosos. E é essa sabedoria do viver que a capacita naturalmente para a sabedoria do conviver.

Aprender com a mulher os mistérios da temperança e da serenidade é algo que nós, os homens, precisaríamos voltar a fazer.[22] Digo voltar, porque já sabemos que era assim nas ancestrais culturas matrísticas. Se existe uma biologia do amor, existe também uma biologia da espera, e saber exercê-la é o caminho natural para aprendermos a lidar com a ansiedade e o imediatismo. Não estou dizendo que a mulher é superior ao homem ou vice-versa, mas convém lembrar que, em nossa cultura, um dos grandes obstáculos à compreensão e aceitação da biologia da espera é a tradicional desvalorização do feminino.[23]

Há muito que lançamos sobre as mulheres a culpa pelas dificuldades e frustrações que nosso imediatismo nos faz passar. Projetamos nelas os preconceitos oriundos de nossa insistência em negar a não-linearidade e a complexidade inerentes ao mundo e ao tempo. Por isso, dizemos que elas são imprevisíveis, inconstantes, obscuras, difíceis de lidar. Ou seja, dizemos que a mulher encarna todos os aspectos da vida que nossa mente racionalizadora não consegue pôr sob controle. Esquecemo-nos de que, ao nos expressarmos assim, reafirmamos que o feminino é a própria vida, da qual tanto nos queixamos, e à qual, ao mesmo tempo, tanto nos apegamos.

SABER CONVERSAR

O determinismo estrutural ajuda a explicar por que motivo aquilo que percebemos, entendemos e transformamos em ações nos parece perfeitamente lógico. No entanto – e pela mesma razão –, o que para nós é claro pode ser incompreensível para o outro. Como observam O'Connor e McDermott, em princípio tendemos a julgar a nós mesmos pelas nossas intenções, e não pelo resultado de nossos atos.

Esse pressuposto em muitos casos nos leva a ser auto-tolerantes: se algo dá errado, ou se o resultado de nossas atitudes prejudica alguém, sempre poderemos dizer que não era essa a nossa intenção. Por outro lado, costumamos julgar o outro não pelas suas intenções (que nem sempre podemos adivinhar), mas por seu comportamento. Se algo não dá certo, ou se alguém é prejudicado, torna-se bem mais difícil sermos tolerantes com ele.

Mas ocorre que o tipo de alteridade ao qual estamos culturalmente determinados – gerador de mil cautelas, medos e desconfianças –, não nos põe à vontade para conversar abertamente sobre nossas intenções. Ao contrário, muitas vezes tendemos a escondê-las ao máximo. Se avalio o outro apenas pelo seu comportamento (e não pelo seu comportamento *mais* suas intenções), é claro que ele me julgará do mesmo modo.

Esse é mais um dos resultados da limitação de nossas percepções e entendimentos pelo raciocínio de causalidade simples, que reforça a desconfiança e a constante busca de "provas", aumenta o nível de cobranças e dificulta a tolerância. Somos inclinados a reagir a comportamentos, e não a interagir com intenções e condutas.

Modificar o nosso modelo de conversação constitui, talvez, a melhor forma de lidar com essa dificuldade. Sabemos que nosso conversar é determinado por um alto nível de institucionalização. Em nossa cultura, não são muito freqüentes as oportunidades de falar livremente e com sinceridade. Essa situação poderá mudar de modo significativo, se e quando conseguirmos transformar nossas conversas em trocas de intenções, em vez de continuar a fazer delas meios de ocultá-las. É preciso construir uma ética do dialogar, cujo ponto de partida pode ser a aprendizagem de como receber *feedback* (principalmente o negativo) e mudar em função disso.

É claro que essa atitude não significa que devemos fazer tudo o que o outro quer. Nosso principal empenho será fazê-lo dar-se conta de que estamos procurando entender que seu comportamento provavelmente reflete suas intenções, e que esperamos que ele faça o mesmo a nosso respeito.

Precisamos estar bem conscientes, porém, de que a alteridade que baliza a nossa cultura potencializa as posições reativas e dificulta as criativas, o que não quer evidentemente dizer que devamos renunciar a estas. A chave para alcançar o ponto de alavancagem desse sistema é tentar chegar às intenções do outro. Para tanto, as duas principais questões a responder são:

a) O que ele realmente quer?
b) De que modo posso ajudá-lo a conseguir isso sem me ferir?

Para chegar às respostas, é necessário refletir sobre os seguintes pontos:

a) o mais provável é que o comportamento do outro esteja traduzindo suas intenções, e por isso lhe parece lógico;
b) se esse comportamento faz sentido para ele, por que não o faz para mim? O que posso fazer para que tal aconteça?
c) eu e o outro não somos pessoas isoladas. Nossa inter-relação constitui um sistema;
d) tomar o ponto de vista de cada um em separado, ignorando o sistema, só piorará a situação;
e) as coisas só começarão a mudar quando o sistema for levado em conta, isto é, quando percebermos que indivíduos isolados nada representam;
f) só começamos a existir efetivamente quando estabelecemos relações;
g) essas relações só se tornarão harmoniosas quando conversarmos e chegarmos a um acordo (não a uma uniformização) entre nossas intenções, o que por sua vez levará a um acordo (não a uma padronização) entre nossos comportamentos.

Tudo bem examinado, deduz-se que saber conversar é algo que só se aprende quando se é livre. Entre as muitas maneiras de definir o que significa ser livre chama atenção a de Viktor Frankl, que definiu liberdade como o intervalo entre o estímulo e a resposta, isto é, o espaço entre as questões que o mundo nos propõe e as respostas que lhe damos. Frankl sabia o que dizia. As bases de seu pensamento – que deram origem a uma corrente de psicoterapia existencial, a logoterapia – começaram na década de 20, mas foram consolidadas em sua experiência como prisioneiro de campos de concentração nazistas.

Rollo May define liberdade do mesmo modo: como a possibilidade que uma pessoa tem de estabelecer uma pausa entre o estímulo e a resposta, e depois orientar-se para uma determinada atitude, escolhida entre várias outras. É precisamente esse intervalo, esse pequeno interstício, que convida as pessoas a ser livres.

E é exatamente dele que temos tanto medo: sempre que chamados a visitá-lo refugiamo-nos no já visto, no conhecido. Essa é a principal forma de manter conversações que costumam louvar as virtudes do novo e queixar-se da repetitividade da vida, mas que são, elas próprias, repetitivas em sua insistência em opor-se a novas maneiras de ver o mundo.

Quando digo que precisamos reaprender a conversar, estou me referindo exatamente a essa circunstância. Reaprender a conversar significa aprender de novo a utilizar nossos espaços de criação. Mas, como sabemos, o medo da liberdade faz com que fujamos deles. Essa fuga se faz mais comumente por meio de nosso hábito de fazer perguntas padronizadas, as quais por sua vez suscitam respostas estereotipadas. Ou seja, dizemos o que os outros querem ouvir para que eles nos respondam o que queremos ouvir – e assim nada se aprende e nada se ensina.

Se cada um de nós percebe o mundo segundo a sua própria estrutura, saber conversar significa antes de mais nada saber perguntar. Expliquemos. Em nossa cultura, muitas vezes o diálogo se torna uma competição, na qual se decidirá quem fala melhor, quem argumenta com mais brilhantismo e assim por diante. Em geral, julgamos que uma questão bem formulada é aquela que põe o outro em dificuldades. Sentimo-nos vitoriosos quando conseguimos embaraçar o nosso interlocutor. Propor-lhe perguntas difíceis, acuá-lo, significa para nós um triunfo. Com muita freqüência, usamos as perguntas não para conversar, para aprender algo, mas para "vencer" um debate.

Já sabemos que o modo como o interlocutor entende o nosso questionamento depende de sua estrutura, não exatamente do que perguntamos. Saber perguntar é fazer perguntas que produzam alterações no questionado, isto é, que o levem a aprender algo, a modificar-se e depois partilhar conosco o que aprendeu. Nesse sentido, saber questionar, antes de ser uma pretensão a receber algo de quem se pergunta, equivale a dar-lhe uma oportunidade de transformar a sua estrutura, isto é, de aprender. Trata-se, no fim das contas, de um processo maiêutico.

Ensinar é propor questões mobilizadoras. Estas produzem em quem as formula uma expectativa respeitosa diante da resposta, e é por isso que saber questionar conduz a saber ouvir. Não pode haver indagações adequadas sem a conseqüente preparação para receber o retorno.

Saber questionar equivale a desencadear um processo de co-educação. Krishnamurti costumava dizer que o verdadeiro problema da educação são os educadores. Marx preocupava-se em saber quem os educaria. Se partirmos do princípio de que o verdadeiro papel dos educadores é formular perguntas adequadas, segue-se que quem os educa são os educandos, ao dar-lhes as respostas.

Nós somos o mundo. Quando perguntamos algo a alguém, é o próprio mundo que se abre para essa pessoa, não para desafiá-la ou constrangê-la, mas para proporcionar-lhe uma oportunidade de modificar-se e, a partir daí, modificá-lo. Do mesmo modo, ao recebermos a resposta é do mundo que ela vem. Nesse sentido, conversar com o outro significa que o mundo está conversando consigo próprio por nosso intermédio. É por isso que conversar significa estar-com, encontrar-se, religar-se, descondicionar-se, libertar-se. Eis a essência da autoprodução.

Repetindo Maturana e Bohm, George Johnson assinala que quando lemos algo, ou quando conversamos com alguém, essa experiência produz modificações físicas em nosso cérebro (isto é, mudanças de estrutura), que se manifestam pela formação de novos circuitos neuronais e mobilizações de memória, que por sua vez levam a dinâmicas diferenciadas. Logo, a multiplicação dessas conexões, e sua organização em forma de rede, constituem o ponto central de qualquer processo importante de transformação. Muitas vezes, absorvidos com a possibilidade do emprego de métodos e técnicas mais elaborados, esquecemo-nos de que a fluidez e a naturalidade das conversações compõem o que há de mais simples e importante para essa finalidade.

Se o que define uma cultura é o conteúdo das redes de conversação que a percorrem e compõem, saber conversar é saber construir um universo cultural. Conversar é aprender, mesmo quando por um motivo ou por outro nosso interlocutor não é capaz de nos dar a resposta que consideramos "certa". Dizer ao outro o que ele quer ouvir – e fazê-lo retrucar na mesma medida – não é conversar, é monologar.

A conversação constitui uma oportunidade para que as emoções de cada interlocutor se reorganizem. Como diz Maturana, ela promove o entrelaçamento do emocional com o racional. Daí a importância dos pequenos grupos. Eles representam a ampliação dos espaços de liberdade individual e, em conseqüência, das possibilidades de aprender a conversar. A diversidade de opiniões que caracteriza os grupos assim formados, faz com que esses espaços de criação jamais se fechem nem sejam totalmente preenchidos. Eles precisam ficar sempre abertos, porque constituem uma região de troca e enriquecimento. Educar-se é adquirir a capacidade de identificar e ampliar ainda mais os espaços de conversação e, sobretudo, mantê-los sempre permeáveis.

A linguagem não acontece nos interlocutores e sim no "entre", no espaço comum criado entre eles e por eles. Ela ocorre no intervalo de liberdade há pouco mencionado. Além disso, as modificações estruturais produzidas pela linguagem não se limitam ao campo verbal, nem ao momento em que ocorrem as conversas. É o que se lê na epígrafe deste capítulo.

Já sabemos, com Maturana, que a linguagem promove modificações estruturais porque coordena (organiza, sintetiza) nossos comportamentos e, ao relatá-los, contribui para que eles se modifiquem. As interações (os encontros) deflagram mudanças nos sistemas vivos: são as coordenações. A linguagem coordena e relata essas coordenações. Ela é, portanto, a coordenação das coordenações.

Muitas das dimensões de nossas interações são inconscientes. Se é certo que boa parte da nossa conduta é determinada pelo inconsciente, isso não quer dizer que nos devamos entregar por completo às prescrições dessa parte oculta de nossa psique. Podemos lidar com elas de vários modos. O principal consiste em fazer com que os conteúdos inconscientes venham à tona, para que possamos tentar examiná-los e, dentro do possível, fazer escolhas. Para a promoção dessa emergência a conversação é indispensável. Por isso é que afirmo que saber conversar é saber ser livre.

SABER AMAR

Dizia Rousseau: "Não concebo que aquele que não tem necessidade de nada possa amar alguma coisa; não concebo que aquele que não ama nada possa ser feliz". Se o inferno são os outros, a felicidade também o é. Se não existe inferno sem os outros, também não há felicidade sem eles.

Amar é algo que já se nasce sabendo. Em geral, os pais tentam educar as crianças para aperfeiçoá-las nesse saber. Procuram criar um ambiente onde elas tenham oportunidades de desenvolver aquilo para o qual nasceram, isto é, respeitar os outros e o mundo natural. Mas sabemos que, ao crescer, elas se vêem obrigadas a enfrentar uma cultura que é o oposto de tudo isso. Têm de desaprender a amar, e disso se encarregam a racionalização, as ideologias e o conformismo, cuja estratégia é transformar o amor em um produto raro, difícil de obter e por isso mesmo muito valorizado no "mercado". Esse fenômeno não afeta com a mesma intensidade os dois sexos, como veremos logo mais.

Rousseau fala do *amour de soi* (amor de si) e do *amour propre* (amor-próprio). No primeiro caso, o amor precede as posturas morais e se relaciona ao mundo dos instintos. É o amor pelo que somos, mas que se amplia em termos de amor ao próximo. Por outro lado, o amor próprio é o sentimento que nos leva a comparar-nos aos outros e, em muitos casos, julgar-nos superiores a eles.

Esses conceitos nos proporcionam mais uma forma de definir a cultura do patriarcado, na qual prevalece o amor próprio, e também a cultura matrística, em que predomina o amor de si, que leva ao sentimento de participação, à aceitação do corpo e da sexualidade e à legitimação do outro. No caso do amor próprio predomina a repressão, a vergonha do corpo e da sexualidade e a ânsia pelo domínio do mundo natural. Não é difícil, pois, compreender por que a mercantilização do amor e da sexualidade constitui uma das faces mais destacadas da cultura patriarcal.

Rousseau fala de outro sentimento, a que deu o nome de idéia de consideração, que é uma espécie de intermediário entre os anteriores. O filósofo mostra como é vital para os homens viver em sociedade. Essa condição se manifesta fundamentalmente pela necessidade que os seres humanos têm de serem vistos uns pelos outros. Vem daí a idéia de que o outro é um complemento indispensável do eu, o que coloca a sociabilidade no próprio cerne da situação humana.

A biologia do amor

Maturana e Verden-Zöller sustentam que somos seres dependentes do amor. Vivemos, porém, em uma cultura que se caracteriza pela agressão e pelas guerras – uma cultura de desamor. A questão que esses autores propõem é a seguinte: os seres humanos são animais geneticamente agressivos e às vezes amorosos, ou são animais amorosos que às vezes se tornam agressivos? Há outra maneira de formular a pergunta: os seres humanos são animais geneticamente patriarcais, que ocasionalmente agem de modo matrístico, ou são animais geneticamente matrísticos e culturalmente tornados patriarcais? Se recorrermos à teoria do cérebro triúnico de Mac Lean, a questão poderá ser enunciada ainda de outra forma: somos animais guiados pelas determinações do cérebro reptiliano, que às vezes agem segundo os ditames do cérebro mamífero, ou o contrário?

Pouco importa a forma de indagar. Sabemos que Maturana afirma que nossa agressividade é de origem cultural. Sustenta, além disso, que somos seres que vivem na linguagem. Se esta desaparecesse, também desapareceríamos como humanos. Essas noções permitem entender de outra forma o que foi dito há pouco. Se as crianças já nascem sabendo amar (isto é, se são biologicamente amorosas e eventualmente agressivas), as conversações da cultura em que vivem é que fazem com que elas desaprendam o amor. Em conseqüência, passam a comportar-se de forma agressiva, mesmo sendo geneticamente amorosas.

Como se vê, o raciocínio de Maturana é eminentemente biológico, e considera o amor não uma dimensão excepcional ou virtude transcendente, mas um fenômeno da natureza. Nesse sentido, a vida amorosa é uma forma de exercermos essa condição. É o que ele denomina de biologia do amor. Mas esse reducionismo inicial abre caminho para muitas reampliações, o que o livra de ficar prisioneiro do automatismo concordo-discordo.

Amar o outro significa reconhecê-lo e legitimá-lo, sem que ele precise de nenhum modo justificar a sua humanidade. Todavia, vivemos em uma cultura em que prevalecem o não-reconhecimento e a exclusão. Nesse caso, o outro não é aceito como humano *a priori*: reservamos esse privilégio para nós próprios, e a partir daí pretendemos impor-lhe os nossos valores. Isso significa que passamos a exigir do outro mais e mais provas de sua humanidade e, por mais que ele as forneça, estaremos sempre prontos a desqualificá-las.

Cabem aqui mais algumas reflexões. Se estamos há tanto tempo e tão profundamente orientados para o desamor e para a agressividade, será que ainda há possibilidade de mudança? Ou, de modo ainda mais pessimista, será que o ponto de mudança já não foi ultrapassado e agora malhamos em ferro frio?

É muito difícil responder, mesmo porque qualquer resposta só poderia ser dada nos termos dos nossos condicionamentos. Até que consigamos reduzir ao menos um pouco essa influência, quaisquer tentativas nesse sentido levarão a conclusões equivocadas. De modo que nesse caso somos levados a pensar em termos excludentes: ou nos resignamos ao que se vem repetindo há séculos – que o homem é biologicamente mau e nada se pode fazer quanto a isso –, ou prosseguimos com nossos esforços de reforma do pensamento.

Há pouco, observei que amar é algo que já se nasce sabendo, mas que a cultura dominante nos levou a desaprender. Assinalei também que essa desaprendizagem não afetou na mesma proporção os dois sexos. Com efeito, o antropólogo Ashley Montagu observa que a mulher cria e conserva a vida, enquanto o homem a mecaniza e destrói. Para Montagu, o amor da mãe pelos seus filhos é o grande modelo para todas as demais formas de relacionamento. Já no fim dos anos 60 ele observava, embora não utilizasse essa expressão, que as mulheres são naturalmente mais preparadas do que os homens para pensar em termos sistêmicos.[24]

Transpostas para a terminologia que venho utilizando neste livro, as palavras desse autor mostram como as mulheres não se deixaram condicionar tão profundamente quanto os homens pelo pensamento linear. Pode-se dizer que elas são as grandes produtoras e mantenedoras do modelo mental sistêmico, representado basicamente pela intuição, que com tanto empenho aprendemos a desprezar. Assim, deduz-se que saber amar é algo que os homens precisam reaprender com as mulheres. Como diz Montagu, o que precisamos é de um pouco mais do espírito feminino e um pouco menos da agressividade masculina.

O homem pode aprender com a mulher a pensar sistemicamente. A partir daí ambos podem chegar a uma visão complexa de mundo. Mas para tanto ele precisa deixar de impor-lhe a sua linearidade. Isso feito, a complementaridade ocorrerá espontaneamente, porque os processos naturais são cooperativos e não, como se pensou durante muito tempo, competitivos. A "competitividade" é uma circunstância cultural, criada pelo medo que aprendemos a ter uns dos outros. Nós, do sexo masculino, precisamos de ajuda para sair dessa situação, e esse auxílio está bem mais próximo do que imaginamos.

É evidente que, aqui e ao longo de todo este livro, não estou me referindo ao feminino como sexo. Meu propósito é bem mais abrangente: falo de um amplo conjunto de qualidades e habilidades próprias da totalidade do ser humano que, no momento atual e pelas razões já apontadas, as mulheres encarnam de modo mais amplo e mais claro. De todo modo – e com Montagu –, reflitamos sobre o que diz Biron, personagem de Shakespeare:

> From women's eyes this doctrine I derive:
> They sparkle still the right Promethean fire;
> They are the books, the arts, the academes,
> That show, contain and nourish all the world:
> Else none at all in aught proves excellent.[25]

> [Dos olhos das mulheres tiro esta doutrina:
> Elas ainda brilham como o verdadeiro fogo prometéico;
> Elas são os livros, as artes, as academias,
> Que mostram, contêm e nutrem o mundo inteiro:
> Sem isso, de qualquer forma, nada mais dá provas de excelência.]

Maturana observa que só o amor expande a inteligência, e parece não haver dúvidas a esse respeito. Nesse sentido, sustento que viver a biologia do amor é viver inteligentemente, isto é, de modo competente, o que significa, entre outras coisas, deixar de querer reduzir mistérios a problemas e vice-versa. A inteligência é ao mesmo tempo o resultado do amor e a vertente que o faz brotar. Quem ama estende a mão. Quem estende a mão prepara-se para o abraço – e não se pode abraçar a quem não se ama.

SABER ABRAÇAR

Para saber abraçar é preciso antes saber amar. Surge então a pergunta: o que será que eu preciso ver no outro, para que possa sentir vontade de abraçá-lo, isto é, tornar-me solidário com ele? Em primeiro lugar, preciso ver a mim mesmo, e é por isso que devo evitar projetar nele o que não desejo em mim. A maneira como vejo o outro depende mais de mim do que dele, isto é, de como trabalho o meu ego e dos resultados a que chego.

Nosso ego funciona como o guardião dos condicionamentos de nossa mente. É o meio pelo qual pomos em prática a razão instrumental. Trata-se, como se sabe, de uma dimensão instituída, isto é, elaborada pelas circunstâncias da cultura. As pessoas que se empenham em um trabalho sobre si próprias, seja pela psicoterapia, seja por outros processos de desenvolvimento pessoal, podem chegar a uma outra dimensão egóica – o ego trabalhado –, que se aproxima de um modo de viver não apenas mecânico.

Trata-se de uma dimensão participante. Não estou propondo que tenhamos dois egos, é claro. Ao nos darmos conta desse redimensionamento, porém, percebemos nossas possibilidades e limitações. Defrontamo-nos a um só tempo com a liberdade e com o nada.

Heidegger diz que há duas formas fundamentais de existência humana. A primeira se caracteriza pelo esquecimento do Ser. A outra tem essa consciência, e faz com que vejamos a morte como um fato da vida, e não apenas como o seu término. No primeiro caso, temos a existência pautada pelo ego-pensamento, que produz o homem individualista. No segundo, surge o modo de viver do homem que se fez indivíduo sem se afastar de seus semelhantes.

A marca central da inautenticidade é a perda do sentido de totalidade. Talvez seja essa a noção que temos maior dificuldade de compreender. Quando um indivíduo se mantém inteiro, adquire naturalmente a compreensão de que essa integridade pode e precisa ser partilhada com o outro, isto é, com o mundo. A essência do ser humano se define por meio de sua relação com o mundo, e guarda também uma afinidade indispensável com a totalidade do Ser. Espinosa expressa essa circunstância ao dizer que essa ligação configura uma unidade, que é a própria natureza. Esse é um dos motivos pelos quais a idéia de razão desse filósofo é essencialmente ética.

Aceitar a morte como um fato da vida equivale a admitir nossa vulnerabilidade e finitude. O homem individualista, que se pretende imortal, acha que não precisa de ninguém. O homem-indivíduo pensa o oposto. Nos termos do mito do curador ferido, sua posição corresponde a admitir a possibilidade de estar lesado e, em conseqüência, respeitar as feridas dos outros e dispor-se a ajudar a cuidar delas.

Sem essa consciência não poderemos instaurar plenamente uma nova ética da alteridade. Acompanhando Montaigne, Goethe assim expressa a nossa situação: "Os homens trazem dentro de si não somente a sua individualidade, mas a humanidade inteira, com todas as suas possibilidades". Se persistirmos na recusa de assumir na prática essa condição, continuará a ser para nós extremamente fácil agredir e eliminar o outro – e, convenhamos, não pode haver vontade de abraçar aquele a quem vemos como um condenado.

A idéia da morte valoriza nossa existência e faz com que valorizemos a vida do outro. Nas palavras do psicoterapeuta Irvin Yalom, se a morte destrói o homem, a idéia dela o salva. Aceitamos a morte como um fato da vida – e não apenas como o fim de tudo –, quando nos damos conta de que somos vulneráveis e frágeis, e de que o mundo (que inclui a figura do outro) também o é.

Eis o que chamo de interfragilidade. Para chegar a ela, é preciso percorrer três planos: a) primeiro, a fase de prevalência do ego, com sua mão fechada, pronta para o soco, ou então crispada sobre a empunhadura da espada; b) a seguir, surge a etapa da mão aberta e estendida, que resulta do trabalho sobre a dimensão egóica; c) por fim vem a mão estendida, que se continua por um braço, que por sua vez se alia a outro e ambos se dispõem a abraçar.

Os braços pertencem a um corpo. No estado atual de nossa cultura, este é comandado pelas determinações do ego não trabalhado, que precisa dele para utilizá-lo como arma ou ferramenta, dado que é assim que exerce a competição e a agressividade. O ego "possui" o corpo, e essa relação dividida transforma a vida das pessoas em uma sucessão de apegos, disputas e conflitos.

Já a experiência do ego trabalhado muda esse horizonte, porque torna-se claro que não possuímos o nosso corpo: nós o *somos*. Entendida dessa forma, a corporeidade passa a ser vivida como uma intercorporeidade – e assim nos damos conta de que o corpo é o lugar onde se fundem o morador e a morada, a teoria e a prática, o abstrato e o concreto, o ser e o nada.

Da intercorporeidade emerge a espiritualidade. Esta, como escrevi anteriormente, corresponde a uma atitude de respeito pelo mundo natural e participação em seus processos. Tudo isso começa, evidentemente, pela relação com o outro. Não estou dizendo que não se deva buscar por outros meios a transcendência, mesmo porque esta é uma dimensão necessária e fundamental para o ser humano. O ponto no qual insisto, e que certamente é a tese principal deste livro, é que nenhuma iniciativa de religação pode ser tomada, sem que primeiro se chegue ao ponto mais importante de todo o processo, que é a legitimação da figura do outro.

Se a busca do outro é a procura da integração no mundo, dizer que o amor é uma dimensão biológica só na aparência é uma redução. Uma reflexão mais aprofundada revela que apenas por meio do outro é possível ampliar e transcender as limitações de nossa fragmentação e solidão existencial.

A busca da alteridade é inerente à condição humana. Já sabemos que a localização anatômica de nossos olhos revela que eles estão orientados para enxergar o outro. Também não podemos abraçar a nós mesmos: só o outro pode abraçar-nos. Eis por que precisamos dele: para que nos abrace e assim nos ajude a saber que existimos.

Somos seres desejantes. Mas, como intuiu o psicanalista W. Fairbairn, a finalidade do desejo não é o prazer e sim a relação com o outro. O prazer é um meio para esse fim. Não buscamos a convivência por causa do prazer – é ele que nos leva a procurá-la. O si-mesmo não é apenas único, é também coletivo. Nesse sentido, o indivíduo não tem primazia sobre a cultura em que vive. Quanto mais nos identificarmos apenas com o ego, mais dificuldade teremos de entender que o si-mesmo é a um só tempo individual e comunitário.

Já em 1953, o escritor argentino Ernesto Sábato, certamente influenciado por Martin Buber, via no processo histórico um impulso em direção ao feminino, ao qual chamou de gamocentrismo. Esse abraço dos sexos é, evidentemente, uma metáfora para exprimir a complementaridade dos pensamentos linear e sistêmico, que resulta no pensamento complexo, o qual por sua vez permite o entendimento e a prática da visão de mundo neomatrística. Para Sábato as sociedades humanas se movem, desde a Idade Média, segundo a seguinte dinâmica:

a) comunidade medieval (predomínio do Nós);
b) individualismo mercantil do Renascimento (predomínio do Eu);
c) ciência e capitalismo abstratos da modernidade (predomínio do Isso);
d) rebelião romântica, existencial, concreta e feminina (predomínio do Eu);
e) síntese fenomenológica, rumo a uma comunidade feminino-masculina (predomínio do Nós).

As encruzilhadas do eu

Neste ponto, é necessário fazer uma digressão. Sabemos que o início da experiência mental é inconsciente, e se estrutura com o feto no útero materno, confortavelmente imerso em seu pequeno mar de líquido amniótico. Nesse ambiente ele está em paz, satisfeito e em "união oceânica" com a mãe, como escreveu Freud. Ao determinar a expulsão brusca da criança dessa "oceanidade", o nascimento representaria um trauma terrível. É dessa separação que se originaram mitos conhecidos, como o da queda, e o que fala de uma idade de ouro há muito perdida.

Nessa ordem de idéias, a partir do nascimento o ser humano se vê diante de dois caminhos: ou supera o trauma primal e torna-se um indivíduo no mundo, ou o nega, e sua vida passa a ser uma longa jornada de volta à unidade perdida. No segundo caso, tem-se o que ocorre com certos místicos, para os quais a busca de uma fusão com o Universo significa a negação da existência individual – julgada insignificante –, e uma idealização da religação com o todo.

Essa posição tem sido interpretada por muitos como alienante. Em termos psicológicos, corresponde a uma renúncia radical ao ego, que por sua vez tem sido vista como uma alternativa a ter de enfrentar o terror de sentir-se abandonado num mundo estranho e hostil. Para outros, ela também representaria uma necessidade de onipotência, cujo resultado mais imediato seria um certo desprezo por tudo o que é material.

O desejo de diluição narcísica na totalidade pode também ser interpretado como a raiz de nossa tendência a achar que pouco ou nada podemos fazer por nós próprios, o que nos levaria a buscar apoio em âmbitos abstratos e idealizados. Como resultado, nossos semelhantes passariam a ser encarados como fracos e desprezíveis ou, na melhor das hipóteses, como companheiros de infortúnio. Tenderíamos a transferir nosso centro de auto-regulação para um domínio externo, o que acabaria nos alienando da realidade.

É muito importante não confundir a necessidade de ser visto (reconhecido) e abraçado (acolhido) pelo outro com o desejo de retornar a essa "oceanidade". Abraçar e ser abraçado derivam da primeira escolha atrás mencionada, isto é, da opção de tornar-se um indivíduo *neste* mundo. Sustento que ver e ser visto, tocar e ser tocado, abraçar e ser abraçado (pelo outro e pelo mundo) são metáforas de integração, não de diluição ou apagamento. A religação de que fala o pensamento complexo é uma reaproximação de saberes, a ser posta em prática na concretude dos sistemas da natureza. Não se trata de uma vontade de retorno, mas sim de uma efetiva participação na dinâmica dos ciclos do mundo natural. É uma interdependência espontânea, que produz autoprodução e autonomia, e não uma co-dependência induzida pelo medo, que resulta em aprisionamento.

Foi dito e repetido que a negação radical do ego, ou sua transformação em vilão, traz consigo o perigo de alienação e, em conseqüência, a negação do outro. A suposição, por exemplo, de que a ancestral cultura matrística seria um reino encantado, um grande útero materno ao qual todos devemos retornar, é um equívoco que, em última análise, traduz o desejo de submissão a um matriarcado ideal, que nada tem a ver com o modo matrístico de convivência.

Por isso, é necessário que não confundamos as atuais propostas de sociedades de parceria com fantasias de regressão a uma idade de ouro perdida. Essas iniciativas incorporam várias das características da cultura matrística, mas a consciência que as orienta está baseada em uma visão de futuro realista, e nada receosa ou submissa. Do mesmo modo, o pensamento complexo está muito longe dessa idéia de fusão "oceânica". Sua proposta inclui a procura do autoconhecimento, que resulta da compreensão de que o ego é frágil e por isso precisa ser trabalhado e reestruturado, para que possa ser capaz de cumprir o seu papel. Um ego frágil, alienado ou negado em nada ajudará na reforma do sistema de pensamento.

O eu contém o múltiplo (a sociedade, a cultura), que por sua vez o contém. Eis a *unitas multiplex* – a unidade na multiplicidade, a tradução do abraço comunitário que envolve a cada um de nós. Tudo isso se expressa de um modo dinâmico: o eu se transforma com a cultura, que por sua vez o modifica, numa relação de congruência. O abraço não é um substantivo, e sim um verbo – um verbo no gerúndio: melhor seria que estivéssemos sempre abraçando e nos deixando abraçar.

A insistência em negar essa necessidade gera a interminável seqüência das nossas aflições. Fingimos não saber que quanto mais "competitividade" mais esperteza e menos inteligência. A esperteza fragmenta, mutila, não respeita a unidade das coisas naturais. A inteligência aproxima, abraça. Não pode ser medida, porque sua única dimensão é a totalidade.

Não é que a inteligência seja melhor do que a esperteza, nem vice-versa. Vejo as duas do ponto de vista operacional – e afirmo que elas não precisam complementar-se, porque a primeira já inclui a segunda, isto é, o homem inteligente é aquele que sabe que, no fluxo das coisas, é preciso ser inteligente sem deixar de ser esperto. Sabe que é necessário temperar a habilidade de resolver problemas mecânico-fisiológicos com os limites apontados pela ética.

É o que diz, aliás, o historiador David Landes em um livro recente, *A riqueza e a pobreza das nações*. Para ele, os países ricos precisam ajudar os países pobres, porque a paz e a prosperidade das nações dependem, a longo prazo, do bem-estar de todos.[26] É claro que Landes não fala de altruísmo, e sim de um grande jogo de interesses econômico-financeiros. Mas não se pode deixar de reconhecer que estamos diante de um esboço de pensamento sistêmico. Digo sistêmico e não complexo, porque os critérios de qualidade de vida adotados pelo autor são exclusivamente econômico-financeiros. Por isso, é preciso acrescentar que de sua declaração de intenções (por melhores que elas possam ser) a uma verdadeira mudança de sistema de pensamento, vai uma imensa distância.

A "competitividade" é uma dimensão da esperteza. A competência está no âmbito da inteligência. Dizer que precisamos trabalhar por mais inteligência e menos esperteza equivale a propor que é necessário buscar mais individualidade e menos individualismo. A individualidade é o ponto de partida natural para a interpessoalidade. O individualismo é o marco inicial da competição predatória. O homem que se individualiza é aquele que se diferencia da massa, mas não imagina que pode se isolar de seus semelhantes. É o que se torna indivíduo sem se deixar alienar.

Não há, pois, individualidade sem interpessoalidade. Ser indivíduo é buscar a inteligência (que nasce da interpessoalidade) e saber lidar com a esperteza (que se origina no individualismo). Não nos esqueçamos de que o homem que se torna um indivíduo é uma síntese viva e criadora da condição humana, enquanto que aquele que mergulha no individualismo imagina-se sempre primeiro e único. E isso, como já foi dito, equivale a correr o risco de ser também o último.

Esperteza ("competitividade") é querer vencer eliminando os vencidos. Inteligência (competência) é poder vencê-los e estender-lhes a mão, para que possam amanhã ser também vencedores. A mão fechada é o começo da separação. A mão estendida é o início do abraço. É o ponto de partida para o pensamento complexo – marco inaugural do longo processo de busca da solidariedade.

10. PONTO FINAL

> *Cada vez que nasce uma criança há uma possibilidade de adiamento. Cada criança é um novo ser, um profeta em potencial, um novo príncipe espiritual, uma nova centelha de luz que se precipita na escuridão. Quem somos nós para decidir que não há mais esperança?*
> Ronald Laing

Chegamos às últimas linhas deste livro. Ao longo destas páginas, falou-se muito em cultura do patriarcado, pensamento linear e lógica cartesiana. Discutiram-se também as múltiplas dificuldades que sua predominância vem há tanto tempo criando para todos nós, e insistiu-se na necessidade do pensamento complexo.

Mais uma vez, lembro que essa proposta pode levar à conclusão de que o pensamento complexo é uma panacéia, que se propõe a resolver todas as nossas dificuldades.

Não é disso que se trata. Porém, quando começamos a aprender a utilizá-lo, logo percebemos que aos poucos nos tornamos capazes de uma compreensão de mundo antes julgada impossível, ou, na melhor das hipóteses, extremamente difícil. Descobrimos, por exemplo, que se deixarmos de tentar transformar tudo em problemas a resolver, os mistérios se tornam menos impenetráveis, porque surgem como parte integrante de nossas vidas, como sempre foram e como sempre teimamos em negar.

Ao longo deste texto, não tive a intenção de falar de jogos mecânicos. Falei de pessoas e de seu cotidiano. Não propus – nem proponho – uma competição entre os modelos mentais linear e sistêmico, ao fim da qual um deles deva ser derrotado e descartado. Também não busco uma síntese resultante da anulação de ambos. Falo de uma sinergia que não necessariamente será maravilhosa, mas que pode nos levar a uma condição diversa da que estamos vivendo agora, e que tanto nos apequena e amedronta.

Estou me referindo a algo que pode atenuar um modo de viver segundo o qual com enorme freqüência a palavra é separada do real, a justiça se preocupa menos com o sofrimento dos homens do que com a letra da lei, e esta busca verdades que pouco ou nada têm a ver com o cotidiano. Sugiro uma visão de mundo que ajude as pessoas a se verem mutuamente como outros legítimos, e não sempre como adversários, obstáculos, tubos de consumo-digestão-excreção a superar e excluir.

Não se trata de um projeto fácil de pôr em prática. O fato de ele ser possível não quer dizer que seja realizável. Por isso, não convém que o idealizemos em excesso, nem que fiquemos demasiadamente otimistas quanto à sua realização.

Ainda assim, mantenho a proposta. Não se trata de pegar ou largar. Pode ser pegar ou largar ao mesmo tempo. Pode ser nem pegar nem largar. Pode ser uma nova atitude. Pode nem mesmo ser uma atitude, e sim algo desconhecido, que ainda precisamos descobrir ou inventar.

É uma proposta desconcertante e um tanto assustadora, reconheço. Mas isso é que é complexidade – e isso é que é desenvolvimento humano.

NOTAS

1. Ver Humberto Maturana e Gerda Verden-Zöller, *Amor y juego; fundamentos olvidados de lo humano*, Santiago, Editorial Instituto de Terapia Cognitiva, 1997, p. 46.
2. Ver Riane Eisler, *O cálice e a espada*, Rio de Janeiro, Imago, 1989, p. 81. Os primeiros invasores da antiga Europa foram povos pastores vindos das estepes ao norte do Mar Negro. Eram povos guerreiros, hierárquicos, que adoravam deuses masculinos, ameaçadores, coléricos e punitivos. Marija Gimbutas os chamava de kurgos. Segue-se um trecho de um de seus trabalhos arqueológicos:
As antigas culturas européia e kurga eram a antítese uma da outra. Os europeus antigos eram horticultores sedentários propensos a viver em grandes comunas bem planejadas. A ausência de fortificações e armas atesta a coexistência pacífica dessa civilização igualitária, que provavelmente era matrilinear e matrilocal. O sistema kurgo compunha-se de unidades patrilineares, socialmente estratificadas, pastoris, que viviam em pequenas aldeias ou colônias sazonais, enquanto seus animais pastavam em vastas áreas. Uma economia baseada na agricultura, e a outra na criação de animais e no pastoreio, produziram duas ideologias contrastantes. O sistema de crenças da Europa antiga se concentrava no ciclo de nascimento, morte e regeneração agrícola, personificado pelo princípio feminino, a Mãe Criadora. A ideologia kurga, como é conhecida pela mitologia indo-européia comparativa, exaltava deuses guerreiros, viris e heróicos, provenientes do céu brilhante e trovejante. Não havia armas nas imagens da antiga Europa; enquanto isso, a adaga e a acha eram os símbolos predominantes dos kurgos, os quais, à seme-

lhança de todos os indo-europeus historicamente conhecidos, glorificavam o poder letal da lâmina afiada.

3. Ver Marija Gimbutas, *Learning the language of the Goddess*, www.levity.com/mavericks/frames 12.htm Para se ter uma idéia de como a atual cultura do patriarcado é conservadora e autoritária, na época em que Gimbutas publicou seu primeiro livro sobre a cultura matrística na Europa, o título por ela proposto foi *Goddesses and gods of old Europe* (*Deusas e deuses da Europa antiga*). O editor não o aceitou, de modo que a primeira edição da obra saiu com o título *Gods and goddesses of old Europe* (*Deuses e deusas da Europa antiga*). Só na segunda edição foi permitido o título primeiramente apresentado.
4. Ver Carlos Drummond de Andrade, *Science fiction*, In *Poesia e prosa*, Rio de Janeiro, Nova Aguilar, 1983, p. 389.
5. Ver Carl Sagan, *O mundo assombrado pelos demônios*, São Paulo, Companhia das Letras, 1996, p. 28.
6. *Id., ibid.*, p. 40.
7. *Id., ibid.*, p. 307.
8. *Id., ibid.*, p. 320.
9. *Id., ibid.*, p. 52.
10. *Id., ibid.*, p. 52.
11. Ver Platão, *A república*, II, 377b, c.
12. Para uma apreciação do livro de Adolf Hitler, *Mein Kampf* (*Minha luta*), ver Robert Downs, *Books that changed the world*, Chicago, American Library Association, 1978, p. 274 e seguintes.
13. Ver William Wordsworth, *Ode. Intimations of immortality from recollections of early childhood*, In William R. Benét e Conrad Aiken, eds., *An anthology of famous English and American poetry*. Nova York, The Modern Library/Random House, 1945, p. 200.
14. Ver Fernando Pessoa, *Obra poética*, Rio de Janeiro, Nova Aguilar, 1974, p. 207.
15. *Id., ibid.*, p. 207.
16. *Id., ibid.*, p. 222.
17. *Id., ibid.*, p. 234.
18. *Id., ibid.*, p. 238.
19. Como médico não tenho nenhum prazer em fazer isso, mas acho importante relatar aqui um fato representativo. Em 1979 escrevi um romance, *Peixes deitados de lado*, que contava a história de um milionário que, ao entrar na fase terminal de sua doença, acaba finalmente por dispensar o médico que o vinha acompanhando. Até aí, nada de extraordinário. Mas acontece que alguns anos depois a obra foi adaptada para a

televisão, em São Paulo, e o figurinista da minissérie, por sua própria iniciativa, apresentou o personagem do médico como inteiramente vestido de preto: terno, camisa, gravata, sapatos, tudo. E assim a série foi exibida para o público de todo o país.

20. Ver Fernando Pessoa, *Obra poética*, Rio de Janeiro, Nova Aguilar, 1974, p. 212.
21. *Id., ibid.*, p. 217.
22. Ver Jean-Jacques Rousseau, *Emílio ou da educação*, Rio de Janeiro, Bertrand Brasil, 1992, p. 9, nota 1. Eis o trecho citado:
A educação primeira é a que mais importa, e essa primeira educação cabe incontestavelmente às mulheres: se o Autor da natureza tivesse querido que pertencesse aos homens, ter-lhes-ia dado leite para alimentar as crianças. Falai portanto às mulheres, de preferência, em vossos tratados de educação; pois além de terem a possibilidade de para isso atentar mais de perto que os homens, e de nisso influir cada vez mais, o êxito as interessa também muito mais, porquanto em sua maioria as viúvas se acham quase à mercê de seus filhos e que então precisam sentir, em bem ou mal, o resultado da maneira pela qual os educaram. (...) As mães, dizem, estragam os filhos. Nisso, sem dúvida, estão erradas, mas menos talvez do que vós que os depravais. A mãe quer que seu filho seja feliz, que o seja desde logo. Nisso tem razão: quando se engana quanto aos meios, é preciso esclarecê-la. A ambição, a avareza, a tirania, falsa previdência dos pais, sua negligência, sua dura insensibilidade são cem vezes mais funestas às crianças que a cega ternura das mães.
23. Ver Ashley Montagu, *A superioridade natural da mulher*, Rio de Janeiro, Civilização Brasileira, 1970, p. 3, de onde foi extraído o trecho abaixo:
Seria interessante lembrar, para ilustrar a atitude tradicional em relação ao sexo feminino, que o verbete sobre a mulher, na primeira edição da Enciclopédia Britânica, publicada em 1771, constava de seis palavras: "A fêmea do homem. Ver *Homo*".
24. Ver Ashely Montagu, *op. cit.*, p. 138. Eis o trecho citado:
As mulheres vivem todo o espectro da vida; não pensam em termos de preto e branco, de sim e não ou de tudo ou nada, como os homens são propensos a fazer. Não resolvem assuntos de vida e morte dizendo: "Ponha-o contra a parede e mate-o". É mais provável que digam: "Dê-lhe outra oportunidade". Inclinam-se a fazer ajustamentos, a considerar as possíveis alternativas e a ver outras cores e gradações entre o preto e o branco. Em comparação com a maneira profunda como as mulheres estão comprometidas na vida, os homens parecem empenhados

apenas superficialmente. (...) Para o homem, sempre o amor, na vida, é coisa à parte; para a mulher, é a própria existência, em seu todo.
25. Ver William G. Clark e William A. Wright, eds., *The complete works of William Shakespeare*, Nova York, Grosset & Dunlap, 1911, *Love's labour's lost*, p. 182.
26. Ver David S. Landes, *A riqueza e a pobreza das nações; por que algumas são tão ricas e outras tão pobres*, Rio de Janeiro, Campus, 1998, p. *xxi*. O trecho citado é o seguinte:
O hiato ainda está aumentando? Nos extremos, claramente que sim. Alguns países não estão só *não* ganhando; estão cada vez mais pobres, relativamente, e, por vezes, em termos absolutos. Outros mal conseguem manter-se onde estão. Outros se esforçam por recuperar o atraso. A nossa tarefa (dos países ricos), em nosso próprio interesse tanto quanto no deles, é ajudar os países pobres a se tornarem mais saudáveis e mais ricos. Se não o fizermos, eles procurarão tomar o que não podem fazer; e se não podem ganhar exportando mercadorias, exportarão gente. Em suma, a riqueza é um ímã irresistível; e a pobreza um agente de contaminação potencialmente violento; não pode ser segregada, e a nossa paz e prosperidade dependem, a longo prazo, do bem-estar de outros.

REFERÊNCIAS BIBLIOGRÁFICAS

ADORNO, Theodor. *Consignas.* Buenos Aires: Amorrortu, 1973.
_____. *Minima moralia.* São Paulo: Ática, 1993.
ANDRADE, Carlos Drummond de. *Poesia e prosa.* Rio de Janeiro: Nova Aguilar, 1983.
ARENDT, Hannah. *The life of the mind.* Nova York: Harcourt Brace & World, 1978.
ARIÈS, Philippe. *Essais sur l'histoire de la mort en Occident: du Moyen Âge a nous jours.* Paris: Seuil, 1975.
ARISTÓTELES. *Ética a Nicômaco.* Os Pensadores. São Paulo: Abril Cultural, 1979.
ATLAN, Henri. *A tort et à raison: intercritique de la raison et du mythe.* Paris: Seuil, 1986.
_____. *Entre le crystal et la fumée: essai sur l'organisation du vivant.* Paris: Seuil, 1979.
BACHELARD, Gaston. *Le rationalisme apliqué.* Paris: Presses Universitaires de France, 1984.
BATAILLE, Georges. *La part maudite.* Paris: Minuit, 1967.
BATESON, Gregory. *Mind and nature: a necessary unity.* Londres: Wilwood House, 1979.
_____. *Steps to an ecology of mind.* Nova York: Ballantine Books, 1985.
_____. *A sacred unity: further steps to an ecology of mind.* Nova York: Harper Collins, 1991.
BAUDRILLARD, Jean. *A sociedade de consumo.* Rio de Janeiro: Elfos, 1995.
BECK, Aaron T. *Cognitive therapy and emotional disorders.* Nova York: The New American Library, 1979.

BECKER, Ernest. *The denial of death.* Nova York: Free Press, 1973.
_____. *The structure of evil: an essay on the unification of the science of man.* Nova York: George Braziller, 1968.
_____. *Escape from evil.* Nova York: Free Press, 1975.
BERGER, Peter L., LUCKMAN, Thomas. *The social construction of reality.* Garden City, Nova York: Doubleday, 1966.
BERLIN, Isaiah. *Limites da utopia: capítulos da história das idéias.* São Paulo: Companhia das Letras, 1991.
BERTALANFFY, Ludwig von. *General systems theory.* Nova York: Georges Braziller, 1968.
BETTELHEIM, Bruno. *O coração informado: autonomia na era da massificação.* Rio de Janeiro: Paz e Terra, 1985.
BISTRINA, Ivan. *Semiotik der kultur.* Tübingen: Stauffenburg, 1989.
BOCCHI, Gianluca, CERUTI, Mauro. *Origini di storie.* Milão: Feltrinelli, 1993.
_____, CERUTI, Mauro, NICOLAUS, Oscar, PIEVANI, Telmo. Workshop. *Quatro verbos do pensamento complexo: aprender, evoluir, inovar, habitar.* São Paulo: Associação Palas Athena, 1998.
BOHM, David. *Wholeness and the implicate order.* Londres: Routledge & Kegan Paul, 1980.
_____. *Unfolding meaning: a weekend dialogue with David Bohm.* Gloucestershire: Foundation House Publications, 1985.
____, KRISHNAMURTI, Jiddu. *The ending of time.* San Francisco: Harper and Row, 1985.
_____. *Thought as a system.* Londres: Routledge, 1997.
BORNHEIM, Gerd. *Reflexões sobre o meio ambiente: um caso político.* Pau Brasil (São Paulo), maio-junho: 27-35, 1985.
_____. *As origens antagônicas da ecologia: a luta ecológica nasce da razão instrumental de Descartes e da razão não manipuladora de Rousseau.* Rio de Janeiro: Jornal do Brasil, Idéias/Ensaios, 17.09.89.
BRANDÃO, Ailton B. *Marketing de paz.* Thot (São Paulo) 65: 29-34, 1997.
BRENTANO, Franz. *Psychology from an empirical viewpoint.* Londres: Routledge & Kegan Paul, 1973.
BUBER, Martin. *I and Thou.* Nova York: Charles Scribner's Sons, 1958.
BUNGE, Mario. *Intuición y razón.* Buenos Aires: Sudamericana, 1996.
BURNS, David D. *The new mood therapy.* Nova York: William Morrow, 1980.
CAMPBELL, Joseph. *O poder do mito.* São Paulo: Palas Athena, 1991.
_____. *Myths to live by.* Nova York: Penguin Books, 1993.
_____. *The mythic dimension: selected essays 1959-1987.* Nova York: Harper Collins, 1997.
CAMUS, Albert. *Le mythe de Sysiphe: essai sur l'absurde.* Paris: Gallimard, 1942.

Referências bibliográficas

CAMUS, Michel. *Para além das duas culturas: a via transdisciplinar.* Thot (Palas Athena, São Paulo) 65: 35-41, 1997.

CARVALHO, Edgard de A., ALMEIDA, Maria da C. de, COELHO, Nelly N., FIEDLER-FERRARA, Nelson, MORIN, Edgar. *Ética, solidariedade e complexidade.* São Paulo: Palas Athena, 1998.

CASSIRER, Ernst. *An essay on man: an introduction to a philosophy of human culture.* New Haven: Yale University Press, 1945.

_____. *The philosophy of the Enlightenment.* Boston: Beacon Press, 1951.

CASTORIADIS, Cornelius. *L'institution imaginaire de la societé.* Paris: Seuil, 1975.

_____. *Les carrefours du labyrinthe I.* Paris: Seuil, 1978.

_____. *Domaines de l'homme. Les carrefours du labyrinthe II.* Paris: Seuil, 1986.

_____. *Le monde morcelé. Les carrefours du labyrinthe III.* Paris: Seuil, 1990.

CASTRO, Gustavo de, CARVALHO, Edgar de A., ALMEIDA, Maria da C. de (Orgs.). *Ensaios de complexidade.* Porto Alegre: Sulina, 1997.

CERUTI, Mauro. *La danza che crea: evoluzione e cognizione nell'a epistemologia genetica.* Milão: Feltrinelli, 1994.

_____. *Evoluzione senza fondamenti.* Bari: Editori Laterza, 1995.

CHANG, Jung. *Cisnes selvagens: três filhas da China.* São Paulo: Companhia das Letras, 1997.

CIORAN, Émile M. *Exercices d'admiration.* Paris: Gallimard, 1986.

CLASTRES, Pierre. *La societé contre l'État.* Paris: Minuit, 1974.

DAMASIO, Antonio R. *Descartes' error: emotion, reason and the human brain.* Nova York: Grosset/Putnam, 1994.

D'AMBROSIO, Ubiratan. *Etnomatemática: arte ou técnica de explicar e conhecer.* São Paulo: Ática, 1990.

_____. *Transdisciplinaridade.* São Paulo: Palas Athena, 1997.

_____. *Etnomatemática e transdisciplinaridade: as razões do coração.* Thot (Palas Athena, São Paulo) 65: 3-8, 1997.

_____. *Universidades, transdisciplinaridade e experiência humana.* Instituto de Estudos de Complexidade e Pensamento Sistêmico (São Paulo). www.geocities.com/complexidade 1999.

DARTIGUES, André. *Qu'est-ce que la phénoménologie?* Tolouse: Édouard Privat Éditeur, 1972.

DELACAMPAGNE, Christian. *Figures de l'opression.* Paris: Presses Universitaires de France, 1977.

DE LASZLO, Violet S. *The basic writings of C.G. Jung.* Nova York: The Modern Library/Random House, 1959.

DELEUZE, Gilles. *Différence et répétition*. Paris: Presses Universitaires de France, 1968.
_____, GUATTARI, Félix. *L'anti-Oedipe*. Paris: Minuit, 1972.
DE BONO, Edward. *I am right – you are wrong*. Londres: Penguin Books, 1991.
_____. *Sur/petition*. Nova York: Harper, 1993.
_____. *Water logic*. Londres: Penguin Books, 1994.
_____. *Parallel thinking*. Londres: Penguin Books, 1995.
DeMAUSE, Lloyd. *Foundations of psychohistory*. Nova York: Creative Roots, 1982.
DEL NERO, Henrique. *O sítio da mente: pensamento, emoção e vontade no cérebro humano*. São Paulo: Collegium Cognitio, 1997.
DESCARTES, René. *Discours de la méthode*. Paris: J.Vrin, 1970.
DOWNS, Robert. *Books that changed the world*. Chicago: American Library Association, 1978.
DRUCKER, Peter. *Post-capitalist society*. Nova York: Harper-Collins, 1993.
DURAND, Gilbert. *Les structures anthropólogiques de l'imaginaire: introduction à l'archetypólogie générale*. Paris: Bordas, 1969.
_____. *Mito e sociedade: a mitanálise e a sociologia das profundezas*. Lisboa: A Regra do Jogo, 1983.
EAGLETON, Terry. *The illusions of postmodernism*. Cambridge, Massachusetts: Blackwell, 1996.
EBERSTADT, Nicholas. *Canibais do grande salto para trás*. Folha de S. Paulo, 29.06.97.
EHRENFELD, David. *The arrogance of humanism*. Nova York: Oxford University Press, 1978.
EISLER, Riane. *O cálice e a espada: nossa história, nosso futuro*. Rio de Janeiro: Imago, 1989.
ELIADE, Mircea. *Cosmos and history: the myth of eternal return*. Nova York: Harper and Row, 1964.
ENTRALGO, Pedro L. *La curación por la palabra en la antigüedad clásica*. Barcelona: Editorial Anthropos, 1987.
_____. *Teoría y realidad del otro*. Madrid: Alianza Universidad, 1988.
FAIRBAIRN, W.R.D. *An object-relations theory of the personality*. Nova York: Basic Books, 1952.
FELL, Lloyd, RUSSELL, David, STEWART, Alan (Eds.). *Seized by agreement, swamped by understanding: a collection of papers to celebrate the visit to Australia by Humberto Maturana*. Sydney: Hawkesbury Printing, 1994.
FERRY, Luc, RENAUT, Alain. *La pensée 68: essai sur l'anti-humanisme contemporain*. Paris: Gallimard, 1985.

FEYERABEND, Paul. *Adeus à razão*. Lisboa: Edições 70, s.d.
_____. *Contra o método*. Rio de Janeiro: Francisco Alves, 1977.
FLAUBERT, Gustave. *Bouvard e Pécuchet*. Rio de Janeiro: Nova Fronteira, 1981.
FODOR, Jerry. *The modularity of mind*. Cambridge: Massachussetts Institute of Technology Press, 1987.
FORRESTER, Viviane. *L'horreur économique*. Paris: Fayard, 1996.
FOUCAULT, Michel. *Les mots et les choses: une archéologie des sciences humaines*. Paris: Gallimard, 1966.
_____. *Naissance de la clinique: une archéologie du regard médical*. Paris: Presses Universitaires de France, 1975.
_____. *Surveiller et punir: naissance de la prison*. Paris: Gallimard, 1975.
FRANKL, Viktor. *Un psicólogo en el campo de concentración*. Buenos Aires: Editorial Plantin, 1955.
_____. *Man's search to meaning*. Boston: Beacon Press, 1963.
FRAZER, James G. *The golden bough: a study in magic and religion*. Londres: Macmillan, 1976.
FREITAS, Janio de. *O defeito que matou Senna*. Folha de S. Paulo, 03.05.94.
FREUD, Sigmund. *El porvenir de una ilusión*. Em *Obras completas*. Madrid: Editorial Biblioteca Nueva, 1948, 2 vols.
_____. *El malestar en la cultura y otros ensayos*. Madrid: Alianza Editorial, 1973.
FOERSTER, Heinz von. *Selected Papers*. Amsterdam: North Holland, 1978.
FROMM, Erich. *Escape from freedom*. Nova York: Holt, Rinehart and Winston, 1941.
_____. *The heart of man: its genius for good and evil*. Nova York: Harper & Row, 1964.
_____. *To have or to be?* Nova York: Bantam Books, 1982.
_____. *Anatomy of human destructiveness*. Nova York: Henry Holt & Co., 1973.
_____. *Psicanálise da sociedade contemporânea*. Rio de Janeiro: Zahar, 1976.
_____. *A linguagem esquecida: uma introdução ao entendimento dos sonhos, contos de fadas e mitos*. Rio de Janeiro: Zahar, 1980.
_____. *Análise do homem*. São Paulo: Círculo do Livro, s.d.
FULLER, R. Buckminster. *Synergetics: explorations in the geometry of thinking*. Nova York: Macmillan, 1982.
GAY, Peter. *The Enlightenment; an interpretation: the rise of modern paganism*. Londres: Wilwood House, 1966.
GLEICK, James. *Chaos: the making of a new science*. Nova York: Viking, 1987.
GIMBUTAS, Marija. *The early civilization of Europe*. Los Angeles: University of California Press, 1980.

_____. *The goddesses and gods of old Europe: 7000-3500 B.C.* Berkeley e Los Angeles: University of California Press, 1982.

GRAYLING, A.C. *Philosophy: a guide through the subject.* Oxford: Oxford University Press, 1996.

GROESBECK, C. Jess. *The archetype of the wounded healer.* Journal of Analytic Psychology 20(2): 1975.

GUATTARI, Félix. *As três ecologias.* Campinas, São Paulo: Papirus, 1989.

_____. *Chaosmose: un nouvel paradigme esthétique.* Paris: College International d'Études Transdisciplinaires, 1991.

GUILLAUME, Patrice. *Mito, metáfora e magia.* Thot (Palas Athena, São Paulo) 65: 20-28, 1997.

_____. *O duplo vínculo: um laço íntimo entre comportamento e comunicação.* Thot (Palas Athena, São Paulo) 68: 27-35, 1998.

HABERMAS, Jürgen. *The philosophical discourse of modernity.* Cambridge, Massachusetts: Massachussets Institute of Technology Press, 1990.

HARDIN, Garrett. *Promethean ethics: living with death, competition, and triage.* Seattle: University of Washington Press, 1980.

HARVEY, David. *Condição pós-moderna: uma pesquisa sobre as origens da mudança cultural.* São Paulo: Loyola, 1992.

HEIDEGGER, Martin. *Being and time.* Nova York: Harper & Row, 1962.

HORKHEIMER, Max. *Éclipse de la raison: suivi de Raison et conservation de soi.* Paris: Payot, 1974.

_____, ADORNO, Theodor W. *Dialectic of enlightenment.* Nova York: Herder and Herder, 1972.

HUSSERL, Edmund. *Ideas: general introduction to pure phenomenology.* Londres: George Allen & Unwin, 1931.

HUXLEY, Aldous. *Evolutionary humanism.* Buffalo, Nova York: Prometheus Books, 1990.

_____. *A situação humana.* São Paulo: Círculo do Livro, s.d.

JAEGER, Werner. *Paideia: a formação do homem grego.* São Paulo: Martins Fontes, 1979.

JAPIASSU, Hilton. *O mito da neutralidade científica.* Rio de Janeiro: Imago, 1975.

_____. *Interdisciplinaridade e patologia do saber.* Rio de Janeiro: Imago, 1976.

_____. *Nascimento e morte das ciências humanas.* Rio de Janeiro: Francisco Alves, 1978.

_____. *A crise da razão e do saber objetivo: as ondas do irracional.* São Paulo: Letras & Letras, 1996.

JOHNSON, George. *Nos palácios da memória.* São Paulo: Siciliano, 1994.

JUNG, Carl G. *Memories, dreams, reflections.* Londres: Routledge & Kegan Paul, 1963.
KAFKA, Franz. *O veredicto. Na colônia penal.* São Paulo: Brasiliense, 1986.
KAMENETZKY, Mario. *Consciência e diversidade cultural.* Thot (Palas Athena, São Paulo) 70: 78-91, 1999.
KANT, Immanuel. *Critique of pure reason.* Nova York: St. Martin's Press, 1963.
_____. *Fundamentação da metafísica dos costumes.* Em Kant, vol. II. Os Pensadores. São Paulo: Abril Cultural, 1980.
_____. *Critique of judgement.* Indianapolis, Indana: Hackett, 1987.
KLEINMAN, Arthur. *The illness narratives: suffering, healing, and the human condition.* Nova York: Basic Books, 1988.
KOHN, Alfie. *No contest: the case against competition.* Boston: Houghton Mifflin, 1992.
KOJÈVE, Alexandre. *Introduction à la lecture de Hegel.* Paris: Gallimard, 1979.
KRISHNAMURTI, Jiddu. *Freedom from the known.* Nova York: Harper and Row, 1969.
_____. *The wholeness of life.* San Francisco: Harper and Row, 1979.
_____. *Beginnings of learning.* Harmondsworth: Penguin Books, 1988.
_____. *Total freedom: the essential Krishnamurti.* Nova York: Harper-Collins, 1996.
_____. *Reflexions on the self.* Chicago: Open Court, 1997.
LA BOÉTIE, Etienne de, CLASTRES, Pierre, LEFORT, Claude, CHAUÍ, Marilena. *Discurso da servidão voluntária.* São Paulo: Brasiliense, 1986.
LAING, Ronald D. *The politics of experience.* Nova York: Ballantine Books, 1975.
_____. *The facts of life.* Harmondsworth: Penguin Books, 1977.
LAKATOS, Imre, MUSGRAVE, Alan (Eds.). *Criticism and the growth of knowledge.* Cambridge: Cambridge University Press, 1974.
LAKOFF, Robin T. *Talking power: the politics of language in our lives.* Nova York: Basic Books, 1990.
LANDES, David S. *A riqueza e a pobreza das nações: por que algumas são tão ricas e outras tão pobres.* Rio de Janeiro: Campus, 1998.
LAO-TZU. *Tao-te King: o livro do sentido e da vida.* São Paulo: Pensamento, 1995.
LAPASSADE, Georges. *Groupes, organisations et instituitions.* Paris: Gauthier-Villars, 1974.
LASCH, Christopher. *O mínimo eu: sobrevivência psíquica em tempos difíceis.* São Paulo: Brasiliense, 1986.
LEÃO, Emmanuel C. *Heráclito: fragmentos e origem do pensamento.* Rio de Janeiro: Tempo Brasileiro, 1980.

LEWIN, Roger. *Complexity: life at the edge of chaos*. Nova York: Macmillan, 1993.
LIPOVETSKY, Gilles. *A era do vazio: ensaios sobre o individualismo contemporâneo*. Lisboa: Relógio D'Água, 1989.
LORENZ, Konrad. *Behind the mirror: a search for a natural history of human knowledge*. Nova York: Harvest/HBJ, 1978.
LYOTARD, Jean-François. *La condition post-moderne*. Paris: Minuit, 1979.
MAC LEAN, Paul. *Triune concept of brain and behaviour*. Toronto: University of Toronto Press, 1973.
MAQUIAVEL, Nicolau. *O príncipe*. Rio de Janeiro: Vecchi, 1965.
MAFFESOLI, Michel. *A conquista do presente*. Rio de Janeiro: Rocco, 1984.
_____. *Le temps des tribus: le déclin de l'individualisme das la societé de masse*. Paris: Méridiens-Klincksiec, 1988.
_____. *Éloge de la raison sensible*. Paris: Éditions Grasset & Fasquelle, 1996.
MARCEL, Gabriel. *Diário metafísico*. Madrid: Ediciones Guadarrama, 1969.
MARCUSE, Herbert. *Eros e civilização: uma interpretação filosófica do pensamento de Freud*. Rio de Janeiro: Zahar, 1968.
_____. *A ideologia da sociedade industrial: o homem unidimensional*. Rio de Janeiro: Zahar, 1979.
MARIOTTI, Humberto. *Peixes deitados de lado*. São Paulo: Ática, 1979.
_____. *A indústria da banalidade*. Boletim da Câmara Brasileira do Livro (São Paulo) 128:13-14, 1993.
_____. *Gregory Bateson: as múltiplas conexões de um cérebro privilegiado*. Thot (Palas Athena, São Paulo) 60: 23-27, 1995.
_____. *Sinergia, criatividade e complexidade*. Thot (Palas Athena, São Paulo) 64: 21-28, 1996.
_____. *A literatura como forma filosófica*. Thot (Palas Athena, São Paulo) 67: 25-33, 1997.
_____. *O automatismo concordo-discordo e as armadilhas do reducionismo*. Thot (Palas Athena, São Paulo): 71: 58-69, 1999.
_____. *Organizações de aprendizagem: educação continuada e a empresa do futuro*. São Paulo: Atlas, 1999.
_____. *Autopoiesis, culture, and society*. Oikos www.oikos.org/maten.htm 1999.
MASLOW, Abraham. *Toward a psychology of being*. Princeton, New Jersey: Van Nostrand, 1962.
_____. *Motivation and personality*. Nova York: Harper & Row, 1970.
_____. *The farther reaches of human nature*. Nova York: Penguin Books, 1976.

_____. *Religions, values and peak-experiences.* Nova York: Penguin Books, 1976.
MATOS, Olgária. *Vestígios: escritos de filosofia e crítica social.* São Paulo: Palas Athena, 1998.
_____. *Neoliberalismo e exclusão social.* Thot (Palas Athena, São Paulo) 69: 3-8, 1998.
MATURANA, Humberto. *El sentido de lo humano.* Santiago: Dolmen Ediciones, 1993.
_____. *A ontologia da realidade.* Belo Horizonte: Editora UFMG, 1997.
_____. *Emoções e linguagem na educação e na política.* Belo Horizonte: Editora UFMG, 1998.
_____. *Da biologia à psicologia.* Porto Alegre: Artes Médicas, 1998.
_____, VARELA, Francisco. *Autopoiesis and cognition: the organization of the living.* Boston: Reidel, 1980.
_____, VARELA, Francisco. *The tree of knowledge.* Boston: Shambhala, 1992.
_____, VERDEN-ZÖLLER, Gerda. *Amor y juego: fundamentos olvidados de lo humano.* Santiago, Chile: Editorial Instituto de Terapia Cognitiva, 1997.
MAY, Rollo. *Man's search for himself.* Nova York: W.W. Norton, 1953.
_____. *Psychology and the human dilemma.* Princeton, New Jersey: Van Nostrand, 1968.
_____. *Love and will.* Nova York: W.W. Norton, 1969.
_____. *The courage to create.* Nova York: W.W. Norton, 1975.
_____. *The meaning of anxiety.* Nova York; W.W. Norton, 1977.
_____. *A descoberta do ser: estudos sobre a psicologia existencial.* Rio de Janeiro: Rocco, 1988.
_____. *The cry for myth.* Nova York: W.W. Norton, 1991.
_____, ANGEL, Ernest, ELLENBERGER, Henri F. (Eds.). *Existence: a new dimension in psychiatry and psychology.* Nova York, Basic Books, 1958.
McLUHAN, Marshall, POWERS, Bruce R. *The global village; transformation in world life and media in the 21st century.* Nova York/Oxford: Oxford University Press, 1989.
MERLEAU-PONTY, Maurice. *Phénoménologie de la perception.* Paris: Gallimard, 1945.
MILL, John S. *On liberty.* Indianapolis, Indiana: The Bobbs-Merrill Company, 1956.
MITSCHERLICH, Alexander. *Sobre la psicología del prejuício.* Em Eduardo Subirats, (Org.). *Psicología política como tarea de nuestra época.* Barcelona: Barral Editores, 1971.
MONK, Ray. *Wittgenstein: o dever do gênio.* São Paulo: Companhia das Letras, 1995.

MONTAGU, Ashley. *Darwin, competition and cooperation*. Westport, Connecticut: Greenwood Press, 1952.
_____. *A superioridade natural da mulher*. Rio de Janeiro: Civilização Brasileira, 1970.
MORIN, Edgar. *Le paradigme perdu: la nature humaine*. Paris: Seuil, 1976.
_____. *Pour sortir du XXe siècle*. Paris: Fernand Nathan, 1981.
_____. *Science avec conscience*. Paris: Fayard, 1982.
_____. *Introduction à la pensée complexe*. Paris: EST Éditeurs, 1990.
_____. *La complexité humaine*. Paris: Flammarion, 1994.
_____. *Une année Sisyphe*. Paris: Seuil, 1995.
_____. *Complexidade e liberdade*. Thot (Palas Athena, São Paulo) 67: 12-19, 1997.
_____. *Amour, poésie, sagesse*. Paris: Seuil, 1997.
_____. *O método. I. A natureza da natureza*. Lisboa: Publicações Europa-América, s.d.
_____. *O método. II. A vida da vida*. Lisboa: Publicações Europa-América, s.d.
_____. *O método. III. O conhecimento do conhecimento*. Lisboa: Publicações Europa-América, s.d.
_____. *O método. IV. As idéias: a sua natureza, vida, habitat e organização*. Lisboa: Publicações Europa-América, s.d.
_____. BOCCHI, Gianluca, CERUTI, Mario. *Un noveau commencement*. Paris: Seuil, 1991.
MONTAIGNE, Michel de. *Essais*. Paris: Garnier-Flammarion, 1969. (3 vols).
MUSIL, Robert. *O homem sem qualidades*. Rio de Janeiro: Nova Fronteira, 1989.
NOLL, Richard. *O culto de Jung: origens de um movimento carismático*. São Paulo: Ática, 1996.
NIETZSCHE, Friedrich. *The philosophy of Friedrich Nietzsche: Thus spake Zarathustra, Beyond good and evil, The genealogy of morals, Ecce homo, The Birth of tragedy*. Nova York: The Modern Library, s.d.
O'CONNOR, Joseph, McDERMOTT, Ian. *The art of systems thinking*. Londres: Thorsons, 1997.
PASCAL, Blaise. *Pensamentos*. São Paulo: Difusão Européia do Livro, 1957.
PENA-VEGA, Alfredo, NASCIMENTO, Elimar P. do (Orgs.) *O pensar complexo: Edgar Morin e a crise da modernidade*. Rio de Janeiro: Garamond, 1999.
PESSOA, Fernando. *Obra poética*. Rio de Janeiro: José Aguilar Editora, 1974.
PETRAGLIA, Izabel C. *Edgar Morin: a educação e a complexidade do ser e do saber*. Petrópolis: Vozes, 1995.

REFERÊNCIAS BIBLIOGRÁFICAS

PIRSIG, Robert M. *Zen e a arte da manutenção de motocicletas: uma investigação* sobre *valores*. Rio de Janeiro: Paz e Terra, 1984.
_____. *Lila: uma investigação sobre a moral*. Rio de Janeiro: Paz e Terra, 1993.
PLATÃO. *República*, II, 377b, c.
PRIGOGINE, Ilya, STENGERS, Isabelle. *Order out of chaos: man's new dialogue with nature*. Nova York: Bantam, 1984.
RABINBACH, Anson. *The human motor: energy, fatigue and the origins of modernity*. Nova York: Basic Books, 1990.
RIFKIN, Jeremy. *Biosphere politics: a new consciousness for a new century*. Nova York, Crown Publishers: 1991.
_____. *O fim dos empregos: o declínio inevitável dos níveis dos empregos e a redução da força global de trabalho*. São Paulo: Makron Books, 1995.
ROMERO, Emílio. *O inquilino do imaginário: formas de alienação e psicopatologia*. São Paulo: Lemos, 1997.
RORTY, Richard. *Consequences of pragmatism*. Minneapolis: Minnesota University Press, 1982.
_____. *Philosophy and the mirror of nature*. Oxford: Basic Blackwell, 1980.
ROSSET, Clément. *O princípio de crueldade*. Rio de Janeiro: Rocco, 1989.
ROSSI, Clóvis. *Confiança e crescimento*. Folha de S. Paulo, 04.06.96.
ROUSSEAU, Jean-Jacques. *Dialogues, rêveries, lettres à Malesherbes*. Em *Ouvres complètes*. Paris: Gallimard, 1959, vol. I.
_____. *Discours sur l'origine de l'inegalité*. Em *Ouvres complètes*. Paris: Gallimard, 1964, vol. III.
_____. *Emílio ou da educação*. Rio de Janeiro: Bertrand Brasil, 1992.
RUESCH, Jurgen, BATESON, Gregory. *Communication: the social matrix of psychiatry*. Nova York: W.W. Norton, 1951.
SÁBATO, Ernesto. *Heterodoxia*. Campinas, São Paulo: Papirus, 1993.
_____. *Antes del fin*. Barcelona: Seix Barral, 1999.
SAGAN, Carl. *O mundo assombrado pelos demônios*. São Paulo: Companhia das Letras, 1997.
SAHTOURIS, Elisabet. *Transformando organizações em organismos vivos*. Thot (Palas Athena, São Paulo) 65: 42-52, 1997.
_____. *Para uma visão orgânica de mundo*. Thot (Palas Athena, São Paulo) 70: 2-21, 1999.
SALMON, Wesley C. *Logic*. Englewood Cliffs, N.J.: Prentice-Hall, 1965.
SANVITO, Wilson L. *O cérebro e suas vertentes*. São Paulo: Roca, 1991.
_____. *O complexo cérebro-mente*. Thot (Palas Athena, São Paulo), 64: 14-22, 1997.
SARAMAGO, José. *Ensaio sobre a cegueira*. São Paulo: Companhia das Letras, 1995.

SARTRE, Jean-Paul. *Huis clos, suivi de Les mouches.* Paris: Gallimard, 1947.

_____. *O ser e o nada: ensaio de ontologia fenomenológica.* Petrópolis: Vozes, 1997.

SCHMIDT, Vera. *Educação psicanalítica na Rússia Soviética.* Em *Elementos para uma pedagogia anti-autoritária.* Porto: Publicações Escorpião, 1975.

SCRUTON, Roger. *Philosophy: an introduction and survey.* Nova York: Penguin Books, 1996.

SENGE, Peter. *The fifth discipline: the art & practice of the learning organization.* Nova York: Doubleday/Currency, 1990.

_____, ROSS, Richard, SMITH, Bryan, ROBERTS, Charlotte, KLEINER, Art. *The fifth discipline fieldbook: strategies and tools for building a learning organization.* Nova York: Doubleday/Currency, 1994.

SENNETT, Richard. *A corrosão do caráter: as conseqüências pessoais do trabalho no novo capitalismo.* Rio de Janeiro: Record, 1999.

SHAKESPEARE, William. *The complete works of William Shakespeare.* (William G. Clark e Wiliam A. Wrights, Eds.) Nova York: Grosset & Dunlap, s.d.

SHANNON, Claude E., WEAVER, Warren. *The mathematical theory of communication.* Urbana, Illinois: University of Illinois Press, 1949.

SMITH, Adam. *The wealth of nations.* Buffalo, Nova York: Prometheus Books, 1990.

SNOW, Charles P. *The two cultures: and a second look.* Nova York: Cambridge University Press, 1963.

SOLOMON, Jack. *The signs of our time. Semiotics: the hidden messages of environments, objects, and cultural images.* Los Angeles: Jeremy P. Tarcher, 1988.

SORMAN, Guy. *Les vrais penseurs de notre temps.* Paris: Fayard, 1989.

SPENGLER, Oswald. *A decadência do ocidente.* Rio de Janeiro: Zahar, 1973.

SPERRY, Roger W. *Science and moral priority; merging mind, brain, and human values.* Nova York: Columbia University Press, 1983.

STEVENSON, Leslie. *Seven theories on human nature.* Oxford: Oxford University Press, 1974.

STOCKER, Michael, HEGEMAN, Elizabeth. *Valuing emotions.* Cambridge: Cambridge University Press, 1996.

SULLIVAN, Harry S. *The interpersonal theory of psychiatry.* Nova York: Norton, 1953.

TABORI, Paul. *The natural history of stupidity.* Nova York: Barnes & Noble, 1993.

TARNAS, Richard. *The passion of the Western world.* Nova York: Ballantine, 1993.

TODOROV, Tzvetan. *A vida em comum: ensaio de antropologia geral*. Campinas, São Paulo: Papirus, 1996.
TEILHARD DE CHARDIN, Pierre. *Le phénomene humain*. Paris: Seuil, 1955.
TOCQUEVILLE, Alexis de. *Democracy in America*. Nova York: Anchor Books, 1969.
VAN DEN BERG, J.H. *A different existence: principles of phenomenological psychopathology*. Pittsburgh, Philadelphia: Duquesne University Press, 1972.
VARELA, Francisco J. *Sobre a competência ética*. Lisboa: Edições 70, 1995.
_____, MATURANA, Humberto, URIBE, Roberto. *Autopoiesis: the organization of living systems, its characterization and a model*. Biosystems 5:187-196, 1974.
_____, THOMPSON, Evan, ROSCH, Eleanor *The embodied mind: cognitive science and human experience*. Cambridge, Massachusetts: The Massachusetts Institute of Technology Press, 1997.
_____, (Ed.). *Sleeping, dreaming, and dying: an exploration of counsciousness with the Dalai Lama*. Boston: Wisdom Publications, 1997.
WATSON, Lyall. *Dark nature: a natural history of evil*. Nova York: Harper Collins, 1996.
WATTS, Alan. *Nature, man and woman*. Nova York: Pantheon Books, 1958.
_____. *Psychotherapy East and West*. Nova York: Pantheon Books, 1961.
WATZLAWICK, Paul, BEAVIN, Janet H., JACKSON, Don. *Pragmatics of human communication*. Nova York: W.W. Norton, 1967.
_____ (Org.). *A realidade inventada*. Campinas, São Paulo: Editorial Psy, 1994.
_____, KRIEGER, Peter (Orgs.). *O olhar do observador*. Campinas, São Paulo: Editorial Psy, 1995.
WEBER, Max. *The protestant ethic and the spirit of capitalism*. Nova York: Charles Scribner's Sons, 1958.
WELLES, James F. *Understanding stupidity: an analysis of premaladaptative beliefs and behavior of instituitions and organizations*. Orient, Nova York: Mount Pleasant Press, 1995.
_____. *The story of stupidity*. Orient, Nova York: Mount Pleasant Press, 1996.
WIENER, Norbert. *The human use of human beings*. Boston: Houghton Mifflin, 1954.
WIENPAHL, Paul. *The radical Spinoza*. Nova York: New York University Press, 1979.
WITTGENSTEIN, Ludwig. *Tractatus logicus-philosophicus*. São Paulo: Editora da Universidade de São Paulo, 1994.
_____. *Investigações filosóficas*. São Paulo: Nova Cultural, 1996.

WOLFF, Robert, MOORE JR., Barrington, MARCUSE, Herbert. *Crítica da tolerância pura*. Rio de Janeiro: Zahar, 1970.

WORDSWORTH, William. *Ode. Intimations of immortality from recollections of early childhood*. Em William R. Benét e Conrad Aiken (Eds.). *An anthology of famous English and American poetry*. Nova York: The Modern Library/Random House, 1945.

YALOM, Irvin D. *Existential psychotherapy*. Nova York: Basic Books, 1980.

ZAIDHAFT, Sérgio. *Morte e formação médica*. Rio de Janeiro: Francisco Alves, 1990.

APÊNDICE

> *Nenhum homem é uma ilha; qualquer homem é uma parte do todo. A morte de qualquer homem me diminui, porque faço parte da humanidade; assim, nunca procures saber por quem dobram os sinos: eles dobram por ti.*
>
> John Donne (1572-1631)

No trabalho com grupos, organizações e instituições, tenho utilizado o texto abaixo como instrumento de reflexão e mobilização. Trata-se de um resumo didático de tudo o que foi dito e repetido ao longo deste livro.

O QUE É COMPLEXIDADE

1. A complexidade não é um conceito teórico e sim um fato da vida. Corresponde à multiplicidade, ao entrelaçamento e à contínua interação da infinidade de sistemas e fenômenos que compõem o mundo natural. Os sistemas complexos estão dentro de nós e a recíproca é verdadeira. É preciso, pois, tanto quanto possível entendê-los para melhor conviver com eles.

2. Não importa o quanto tentemos, não conseguiremos reduzir essa multidimensionalidade a explicações simplistas, regras rígidas,

fórmulas simplificadoras ou esquemas fechados de idéias. A complexidade só pode ser entendida por um sistema de pensamento aberto, abrangente e flexível – o pensamento complexo. Este configura uma nova visão de mundo, que aceita e procura compreender as mudanças constantes do real, e não pretende negar a multiplicidade, a aleatoriedade e a incerteza, e sim conviver com elas.

3. Lembremos uma frase de Jean Piaget: "Os fenômenos humanos são biológicos em suas raízes, sociais em seus fins e mentais em seus meios". A experiência humana é um todo bio-psico-social, que não pode ser dividido em partes nem reduzido a nenhuma delas. Primeiro, percebemos o mundo. Em seguida, as percepções geram sentimentos e emoções. Na seqüência, estes são elaborados em forma de pensamentos, que vão determinar o nosso comportamento no cotidiano.

4. O modo como nos tornamos propensos (pela educação e pela cultura) a pensar, é que vai determinar as práticas do dia-a-dia, tanto no plano individual quanto no social. Do ponto de vista bio-psico-social, o principal problema para a implantação do desenvolvimento sustentado (e o desenvolvimento da cidadania) é a predominância, em nossa cultura, do modelo mental linear.

5. Por esse modelo, A só pode ser igual a A. Tudo o que não se ajustar a essa dinâmica fica excluído. É a lógica do "ou/ou", que deixa de lado o "e/e", isto é, exclui a complementaridade e a diversidade. Desde os gregos que esse modelo mental vem servindo de base para os nossos sistemas educacionais.

6. Essa lógica levou à idéia de que se B vem depois de A com alguma freqüência, B é sempre o efeito e A é sempre a causa (causalidade simples). Na prática, essa posição gerou a crença (errônea) de que entre causas e efeitos existe sempre uma contigüidade ou uma proximidade muito estreita. Essa concepção é responsável pelo imediatismo, que dificulta e muitas vezes impede a compreensão de fenômenos complexos, como os de natureza bio-psico-social.

7. O modelo mental cartesiano é indispensável para resolver os problemas humanos mecânicos (abordáveis pelas ciências ditas exatas e pela tecnologia). Mas é insuficiente para resolver problemas

humanos em que participam emoções e sentimentos (a dimensão psico-social). Um exemplo: o raciocínio linear aumenta a produtividade industrial por meio da automação, mas não consegue resolver o problema do desemprego e da exclusão social por ela gerados, porque se trata de questões não-lineares. O mundo financeiro é apenas mecânico, mas o universo da economia é mecânico e humano.

8. Desde os primeiros dias de escola (e de vida, dentro da cultura), nosso cérebro começa a ser profundamente formatado pelo modelo linear. Para ele, o predomínio de um determinado pensamento, com exclusão de quaisquer outros, é "lógico" e perfeitamente "natural". Essa é a base das ideologias em geral e do autoritarismo em particular. Desse modo, fenômenos como a exclusão social são também vistos como "lógicos", "naturais" e "inevitáveis".

9. O modelo mental linear forma a base do empirismo, que diz que existe uma única realidade, que deve ser percebida da mesma forma por todos os homens. Hoje, porém, sabe-se que não existe percepção totalmente objetiva (ver abaixo, no item 11, a posição de Humberto Maturana).

10. Por isso, nos últimos anos esse modelo de pensamento tem sido questionado de muitas formas, inclusive pelo pensamento complexo. Este permite entender os processos autopoiéticos (autoprodutores, auto-sustentados, autogestionados), dos quais as sociedades humanas constituem um exemplo.

11. O pensamento complexo baseia-se na obra de vários autores, cujos trabalhos vêm tendo ampla aplicação em biologia, sociologia, antropologia social e desenvolvimento sustentado. Uma de suas principais linhas é a biologia da cognição, de Maturana, que sustenta que a realidade é percebida por um dado indivíduo segundo a estrutura (a configuração bio-psico-social) de seu organismo num dado momento. Essa estrutura muda constantemente de acordo com a interação do organismo com o meio.

12. A diversidade de visões não impede (pelo contrário, pede) que cheguemos a acordos (consensos sociais) sobre o mundo em que vivemos. Esses consensos é que vão determinar as práticas sociais. Para que possamos chegar a consensos que levem em conta o

respeito à diversidade de pontos de vista, é necessário observar alguns parâmetros básicos:

- O que chamamos de racional é o resultado de nossas percepções. No início, elas surgem como sentimentos e emoções. Só depois é que se transformam em pensamentos, que geram discursos, que por fim são formalizados como conceitos.
- O racional vem do emocional, não o contrário. Isso não quer dizer que devamos deixar de ser racionais. Significa apenas que precisamos aprender a harmonizar razão e emoção, pensamento mecânico e pensamento sistêmico. Essa é a proposta básica do modelo complexo.
- Uma cultura é uma rede de conversações que define um modo de viver. Toda cultura é definida pelos discursos que nela predominam. Estes se originam nas conversações, que começam entre indivíduos, estendem-se às comunidades e por fim a todo o âmbito cultural.
- Os consensos sociais (que determinam, por exemplo, o que é permitido e o que não é, o que é real e o que é imaginário numa determinada cultura) resultam desses discursos, que por sua vez são oriundos das redes de conversação.
- Cresce-se numa cultura vivendo nela como um indivíduo participante da rede de conversações que a define. Crescer numa cultura significa, então, adquirir e desenvolver a cidadania.
- Uma cultura que não desenvolve a cidadania de seus membros não cresce, permanece subdesenvolvida. Logo, não pode sequer começar a pensar em desenvolvimento sustentado.
- Como vimos há pouco, todo sistema racional começa no emocional: o que pensamos vem do que sentimos. É por isso que nenhum argumento racional pode convencer pessoas que já não estejam desde o início convencidas ou propensas a isso.
- Os argumentos racionais são úteis para iniciar conversações. Mas se eles insistem em permanecer lineares (ou seja, excludentes, apegados ao "ou/ou"), isso significa que querem manter-se como

os únicos "verdadeiros", isto é, que não respeitam a diversidade. E esta, como sabemos, é a base da cidadania.

13. Dessa maneira,

- Não se pode desenvolver uma compreensão satisfatória de cidadania e de desenvolvimento sustentado com base apenas no pensamento linear.
- Por outro lado, o pensamento sistêmico, quando isolado, é também insuficiente para as mesmas finalidades.
- Há, portanto, necessidade de uma complementaridade entre ambos os modelos mentais. O pensamento linear não se sustenta sem o sistêmico, e vice-versa. O desenvolvimento sustentado precisa de um modelo de pensamento que lhe dê base e estrutura. Este é o pensamento complexo.
- Como os processos de pensamento hegemônicos em nossa cultura estão unidimensionalizados pelo modelo linear, só um esforço educacional que comece na infância terá possibilidades de reverter de modo significativo esse quadro. Isso implica pelo menos o prazo de uma geração.
- No caso dos adolescentes e adultos de hoje, é possível alcançar mudanças substanciais nessa área, desde que eles sejam educacional e culturalmente sensibilizados.
- Para isso, é fundamental a atuação das entidades do terceiro setor (entidades comunitárias), porque por meio delas é possível questionar a rigidez institucional e o modelo mental linear que, em geral, caracteriza as estruturas governamentais.

PENSAMENTOS LINEAR, SISTÊMICO E COMPLEXO

1. Em primeiro lugar, lembremos o exemplo de Joseph O'Connor e Ian McDermott. A Terra é plana? É claro que sim: basta olhar o chão que pisamos. No entanto, como mostram as fotografias dos satélites e as viagens intercontinentais, ela é obviamente redonda. Concluímos então que do ponto de vista do pensamento linear,

de causalidade simples e imediata, a Terra é plana. Uma abordagem mais ampla, porém, mostra que ela é redonda e faz parte de um sistema.

2. Precisamos dessas duas noções para as práticas do cotidiano. Mas elas não são suficientes, o que nos leva a ampliar o exemplo desses autores e dizer que:

a) do ponto de vista do pensamento linear a Terra é plana;
b) pela perspectiva do pensamento sistêmico ela é redonda;
c) por fim, do ângulo do pensamento complexo – que engloba os dois anteriores – ela é ao mesmo tempo plana e redonda.

3. Recapitulemos:

- O pensamento linear é a tradução atual da lógica de Aristóteles. Trata-se de uma abordagem, necessária (e indispensável) para as práticas da vida mecânica, mas que não é suficiente nos casos que envolvem sentimentos e emoções. Ou seja, não é capaz de entender e lidar com a totalidade da vida humana.
- O pensamento sistêmico é um instrumento valioso para a compreensão da complexidade do mundo natural. Porém, quando aplicado de modo mecânico, como simples ferramenta (como se vem fazendo nos dias atuais, principalmente nos EUA, no mundo das empresas), proporciona resultados meramente operacionais, que não são suficientes para compreender e abranger a totalidade do cotidiano das pessoas.
- Por outras palavras, o pensamento sistêmico pode proporcionar bons resultados no sentido mecânico-produtivista do termo, mas certamente não é o bastante para lidar com a complexidade dos sistemas naturais.
- É indispensável ter sempre em mente que, em que pese a sua grande importância, ele é apenas um dos operadores cognitivos do pensamento complexo. Por isso, quando utilizado, como tem sido, separado da idéia de complexidade, diminuem a sua eficácia e potencialidades.

- O pensamento complexo resulta da complementaridade (do abraço, como diz Edgar Morin) das visões de mundo linear e sistêmica. Essa abrangência possibilita a elaboração de saberes e práticas, que permitem buscar novas formas de entender a complexidade dos sistemas naturais e lidar com ela. O que, evidentemente, inclui o ser humano e suas culturas. As conseqüências práticas dessa visão bem mais ampla são óbvias.

ALGUNS PRINCÍPIOS DO PENSAMENTO COMPLEXO

- Tudo está ligado a tudo.
- O mundo natural é constituído de opostos ao mesmo tempo antagônicos e complementares.
- Toda ação implica um *feedback*.
- Todo *feedback* resulta em novas ações.
- Vivemos em círculos sistêmicos e dinâmicos de *feedback*, e não em linhas estáticas de causa-efeito imediato.
- Por isso, temos responsabilidade em tudo o que influenciamos.
- O *feedback* pode surgir bem longe da ação inicial, em termos de tempo e espaço.
- Todo sistema reage segundo a sua estrutura.
- A estrutura de um sistema muda continuamente, mas não sua organização.
- Os resultados nem sempre são proporcionais aos esforços iniciais.
- Os sistemas funcionam melhor por meio de suas ligações mais frágeis.
- Uma parte só pode ser definida como tal em relação a um todo.
- Nunca se pode fazer uma coisa isolada.
- Não há fenômenos de causa única no mundo natural.
- As propriedades emergentes de um sistema não são redutíveis aos seus componentes.
- É impossível pensar num sistema sem pensar em seu contexto (seu ambiente).
- Os sistemas não podem ser reduzidos ao meio ambiente e vice-versa.

ALGUNS BENEFÍCIOS DO PENSAMENTO COMPLEXO

- Facilita a percepção de que a maioria das situações segue determinados padrões.
- Facilita a percepção de que é possível diagnosticar esses padrões (ou arquétipos sistêmicos, ou modelos estruturais), e assim intervir para modificá-los (no plano individual, no trabalho e em outras circunstâncias).
- Facilita o desenvolvimento de melhores estratégias de pensamento.
- Permite não apenas entender melhor e mais rapidamente as situações, mas também ter a possibilidade de mudar a forma de pensar que levou a elas.
- Permite aperfeiçoar as comunicações e as relações interpessoais.
- Permite perceber e entender as situações com mais clareza, extensão e profundidade.
- Por isso, aumenta a capacidade de tomar decisões de grande amplitude e longo prazo.

O QUE SE APRENDE POR MEIO DO PENSAMENTO COMPLEXO

- Que pequenas ações podem levar a grandes resultados (efeito borboleta).
- Que nem sempre aprendemos pela experiência.
- Que só podemos nos autoconhecer com a ajuda dos outros.
- Que soluções imediatistas podem provocar problemas ainda maiores do que aqueles que estamos tentando resolver.
- Que não existem fenômenos de causa única.
- Que toda ação produz efeitos colaterais.
- Que soluções óbvias em geral causam mais mal do que bem.
- Que é possível (e necessário) pensar em termos de conexões, e não de eventos isolados.
- Que os princípios do pensamento sistêmico podem ser aplicados a qualquer sistema.
- Que os melhores resultados vêm da conversação e do respeito à diversidade de opiniões, não do dogmatismo e da unidimensionalidade.
- Que o imediatismo e a inflexibilidade são os primeiros passos para o subdesenvolvimento, seja ele pessoal, grupal ou cultural.

Impresso nas oficinas da
Palas Athena Gráfica
2008